교육혁명

교육혁명

너도 나도 잘 사는 세상 만드는 새 교육

이명현 지음

철학과 현실사

차례

Ⅰ — 교육개혁과 한국 교육의 미래 전망

Ⅱ __ 국가경쟁력과 한국 교육

Ⅲ __ 교육의 정치적 중립성

머리말

　여기에 모아놓은 글들은 내가 1973년 이래 대학에서 학생들을 가르치면서 한국의 교육현장에서의 일들을 들여다보고, 문제 있다고 생각한 점에 관해서 나의 소견을 여기저기에 발표했던 글들이다. 내가 본격적으로 교육개혁이란 국가적 대업에 관여하게 된 것은 문민정부 시절 1993년에 창설된 대통령 직속 교육개혁위원회에 상임위원으로 개혁 작업에 본격적으로 임무를 떠맡게 되면서부터였다.

　나는 대학의 전공 영역의 하나인 교육학 전공자가 아니다. 본래 철학이라는 학문은 모든 지적 탐구의 토대가 되는 문제들에 관심을 가졌던 전통을 지니고 있다. 서양의 고대 그리스의 철학자 플라톤만 하더라도, 사람이 살 만한 이상적 공동체를 구상할 때에도 교육의 문제는 그 핵심에 있었다. 나도 오늘 한국사회가 제대로 된 공동체가 되기 위해서 한국의 교육이 어떻게 굴러가야 하는가에 지대한 관심을 갖게 되었다. 그래서 비록 속칭 교육 전문가는 아니지만, 한국 교육이 지닌 근본적 문제들에 관해 이모저모를 탐색하게 되었다. 사회의 일각에서는 교육 전문가도 아닌 사람이 교육개혁위원회의 중심 역할을 맡는 것에 대해 온갖 비난의 화살이 쏟아지기도 했다. 나는 이러한 일각의 비난의 소리를 자양분으로 삼고 나의 임무에 매진하여 소위 5 · 31 교육개혁 작업을 수행했다.

　5 · 31 교육개혁은 한국 역사에 있어서 문명 전환에 호응하는 새로운

교육 패러다임의 전환으로 평가되기도 했다(안병영 · 하연섭, 『5 · 31 교육개혁 그리고 20년』, 다산출판사, 2015 참조). 나는 5 · 31 교육개혁 작업을 하면서 '에듀토피아(Edutopia)'라는 신조어를 구상하기도 했다. 그것은 교육(education) + 유토피아(utopia)라는 두 단어의 합성어이다. 에듀토피아란 '언제 어디서나, 자기가 원하는 교육을 받을 수 있는 세상'이라는 내용을 지닌 말이다. 이런 에듀토피아가 미래 한국사회 문명이 이룩해야 할 새로운 세상이다. 한국의 미래 교육 비전으로 제시된 언어다.

이것이 가능하기 위해서는 재래처럼 일정한 시간과 일정한 공간의 장벽에 갇혀 있는 교육체제를 뛰어넘지 않으면 안 된다. 그것은 바로 인터넷(internet)이라는 새로운 과학기술을 교육에 도입함으로써 길이 열린다.

5 · 31 교육개혁은 바로 전통 교육체제로부터 벗어나 새로운 에듀토피아를 향하는 중간 과정의 요강을 엮어놓은 것이라 말할 수 있다.

여기에 모아놓은 글들은 그러한 구상을 하면서 발표한 단상들이다.

Ⅰ _ 교육개혁과 한국 교육의 미래 전망

5 · 31 교육개혁의 회고와 한국 교육의 미래 전망

올해로 5 · 31 교육개혁이 20주년을 맞이합니다. 10년이면 강산이 변한다고 했으니, 그 사이 강산이 두 번이나 변할 수 있는 시간이 흘러갔습니다. '5 · 31 교육개혁'이란 별칭은 언론계가 달아준 개혁안의 이름입니다. 그 본명은 '세계화, 정보화 시대를 주도하는 신교육체제 수립을 위한 교육개혁 방안'입니다. 이 교육개혁 방안은 김영삼 대통령의 문민정부가 시동을 건 대한민국 교육 청사진이었으나, 김대중 정부, 노무현 정부, 이명박 정부를 거쳐 현 박근혜 정부에 이르기까지 대한민국 교육의 기본 축을 형성해 왔습니다.

서양의 대철학자 헤겔은 "인류 역사는 자유의식의 발전의 역사"라고 언명한 바 있습니다. 저는 감히 "인류 역사는 교육의 깊이와 폭의 발전사"라고 주장하고자 합니다. 그리고 일찍이 고대 그리스의 대철인 아리스토텔레스는 "인간은 이성적 동물(rational animal)"이라고 규정하였습니다. 그런데 '이성적'이라는 말은 '교육적'이라는 말로 이해할 수 있습니다. 지구 안에 존재하는 동물 가운데 교육적 활동을 하는 존재는 인간존재뿐이기 때문입니다. 교육의 깊이와 폭의 발전에 따라 원시사회로부터 문명사회로 발전되어 온 것이 바로 인류문명사이기도 합니다.

이러한 시각에서 볼 때 대한민국 정부가 20년 전에 시동을 건 신교육체제는 한반도 위에 사는 한국 사람들의 역사 전개에 있어서 매우 뜻 깊은 사건이라 볼 수 있습니다. 아놀드 토인비는 인류 역사의 전개과정을 도전과 응전(Challenge and Response)이라는 핵심 개념으로 설명하였습니다. 오늘날 지구 위에 존재하는 문명은 지구촌화(Globalization)와 정보화(ICT)라는 도전 앞에 서 있습니다. 개별 국가는 이러한 신문명의 도전에 어떻게 대응하느냐에 따라 그 역사의 운명이 판가름 날 것입니다. 5 · 31 교육개혁은 이러한 신문명에 대한 교육적 대응책으로 제시되었습니다.

한반도 위에 살았던 우리 조상들은 지난 조선 말기에 인류사의 변방에서 헤매며 온갖 수난의 역사 속에서 살아왔습니다. 35년 동안의 일제 식민지 통치로부터 해방을 찾은 후 수립된 대한민국은 그 후 산업화와 민주화의 압축성장이라는 놀라운 역사를 일궈냈습니다. 5 · 31 교육개혁은 건국 후 50년이 되던 1995년에 시동을 걸었습니다. 이 새로운 교육의 틀을 통해 신문명의 중심에 우뚝 설 수 있는 신인간의 출현을 교육개혁의 비전으로 삼았습니다. 인류문명의 변방으로부터 중심으로 이동하는 신한국의 탄생을 염원하는 대담한 희망이 저변에 깔려 있었습니다.

지난 세기를 지배했던 핵심 범주는 자유와 평등이었습니다. 그래서 그 둘 사이에 어디에 방점을 찍느냐를 놓고 갈등의 담론과 활동이 있었습니다. 그런데 그 갈등의 두 편에 공통적인 사유방식은 획일성(uniformity)이었습니다. 획일적 사고체계 속에서는 다양성이 살아 숨쉴 수 없습니다. 5 · 31 교육개혁안을 관통하는 핵심 개념은 다양성입니다. 인간은 이성이라는 공통적인 특질이 있긴 하지만, 그 속을 들여다보면 개인마다 지닌 특성이 다릅니다. 그렇기에 교육은 개인들이 지닌 다양한 특질들을 최고도로 육성하여, 각자마다 자아실현(self-realization)을 할 수 있도록 도와주어야 합니다. 각자의 행복은 개인마다 다른 자아실현을 함으로써 나타나는 결과물입니다. 쉽게 표현하면 개개인에게 알맞은 '맞춤 교육'을 실현하고자 하는 것이 5·31 교육개혁안을 관통하는 철학입니다.

지금까지 이 땅의 교육이 청소년들을 획일적인 잣대로 재어 한 줄로 세우려는 교육이었다면, 5·31 교육개혁이 제시하는 교육적 틀은 청소년들이 각자의 소질과 특성과 소망에 따라 인생을 살아가게 하는 '여러 줄 세우기 교육'이라 표현할 수 있을 것입니다. 두부모와 같이 똑같은 인간상은 획일적 사고의 산물입니다. 이런 인식의 대전환은 하루 이틀에 이루어질 수 없습니다. 지난 20여 년은 그런 인식의 전환을 위한 값있는 진통의 과정이었습니다.

우리가 오늘 직면하고 있는 문명은 그 어느 때보다도 창조적 사고능력을 지닌 인간의 육성을 요청하고 있습니다. 창조적 사고는 작은 칸막이나 벽 안에 갇혀 있는 사고에서는 탄생하지 못합니다. 작은 칸막이나 벽을 허물고 지금까지 접촉하지 못했던 다른 것(difference)과의 연결이나 만남을 통해 새로운 것이 탄생될 수 있습니다. 5·31 교육개혁이 지향하는 것은 다른 것과의 연결이나 만남이 가능하도록 학문 사이의 높은 벽을 허물어버리는 제도적 개혁을 하는 것입니다. 그리고 학생들로 하여금 고등교육기관인 대학 안에 존재하는 학문과 학과의 장벽을 벗어나 자유스럽게 넘나들게 함으로써 창조적 사고의 훈련을 받도록 하는 데 초점을 맞추었습니다.

지금까지 인류는 인간과 인간의 관계가 혈연과 사회계급, 국경, 종교라는 커다란 장벽에 갇혀 성숙한 소통을 할 수 있는 인간을 육성하지 못했습니다. 제대로 된 소통이 안 된 세상에서는 씨족 간의 갈등과 전쟁, 계층 간의 갈등, 민족과 국가 간의 갈등과 전쟁, 그리고 종교전쟁으로 지구 공동체가 평화의 삶을 살 수 없었습니다. 각종의 칸막이와 벽을 넘어선 '열린 소통 능력'의 함양만이 인류를 갈등과 투쟁의 역사로부터 벗어나 더불어 잘 사는 지구촌 문명의 길로 인도할 것입니다. 그리고 열려 있는 성숙한 소통 능력은 자연과의 소통에도 이루어져야 할 것입니다. 여기에 있어서는 사실을 존중하는 정신과 수리논리적 능력의 함양이 필수적입니다. 인류문명은 지금 최대의 시련에 직면하고 있습니다. 그렇기에 인간과 자연과의 성숙한 소통 능력을 어떻게 키워나가느냐가 미래교육의 최대의 과제로 부상하고 있습니다.

오늘날 한국 고등교육의 혁신이야말로 한국의 미래를 위한 최대의 과제가 아닐 수 없습니다. 고등교육의 혁신을 위해서는 ICT 기술의 첨단화를 최대한 활용하는 지혜를 짜내야 할 것입니다. 우리는 아직도 전통적인 고등교육의 방식에 매달려 있습니다. 한 예로, 영상 기술을 동원하면 고등교육의 비용을 크게 절감할 수 있는 방안이 마련될 수 있을 것입니다. 그리고 고등교육을 혁신할 때 있어서 가장 경계해야 할 것은 국가 주도의 획일적인 혁신 방안을 강요하는 것입니다. 대학은 두뇌의 본산이므로, 대학 스스로, 각 대학의 사정에 적합한 새로운 길을 찾아가도록 국가는 큰 틀과 제도로서 여건을 마련해 주는 데 머물러야 할 것입니다. 고등교육의 자율성이 최대한 활성화되도록 해야 할 것입니다.

5·31 교육개혁이 이룩한 두 가지의 행정적, 재정적 업적은, 첫째, 교육기본법, 초중등교육법, 고등교육법 등 교육 3법의 새로운 제정이고, 둘째, GNP 5% 교육재정의 확보를 들 수 있습니다. 이 두 가지의 성취는 한국 교육을 굳건한 반석 위에 올려놓는 획기적 사건이라 평가할 수 있습니다. 5·31 교육개혁이 이룩하지 못한 세 가지 사항이 있는데, 교육자치제도, 사학 관련 제도 정비, 교원양성체제 혁신 등입니다. 유감스럽게도 이 세 가지 사항은 5·31 교육개혁 이후 남겨진 한국 교육계가 풀어야 할 중요한 개혁과제입니다.

현재 한국의 교원양성제도는 지난 산업문명의 초기에 정착된 서양의 제도에 기반을 둔 제도입니다. 따라서 현재 인구의 태반이 고등교육을 받는 상태 아래에서는 교사의 전문성의 수준이 낮습니다. 그래서 선진국에서는 대학원 수준의 교육을 받은 사람이 교사의 직을 수행하도록 하고 있습니다. 그리고 현재 우리나라의 사범대 출신자들은 충원 인력을 초과함으로써 별도의 임용시험을 거쳐 교사에 임명되고 있습니다. 따라서 교원양성교육을 전문대학원 수준으로 격상할 필요가 있으며, 교사 충원 인력 수만큼만 전문대학원 입학생을 선발하여 별도의 임용시험을 없애는 것이 필요합니다.

그리고 현행 교육자치제도는 여러 차례의 땜질식 처방으로 만들어진 가건물과 같은 제도일 뿐 아니라, 어떤 선진국에서도 그 유례를 찾아볼 수 없는 광역 단위의 지방자치단체장 선출과 같은 선출제도로 운영되고 있습니다. 선진국의 교육자치는 소규모의 공동체 구성원 안에서 선출된 교육 전문가에 의해서 운영되는 교육 공동체입니다. 현행의 도 단위에서 선출되는 교육감은 선거 행위 자체가 교육 전문가에 의해서는 감당하기 매우 어려운 제도입니다. 선거 비용과 조직력에서 있어서 그렇습니다. 현행 지방자치제도의 개혁과 더불어 전면 개편이 절실히 요청됩니다.

그리고 현재 사립학교는 산업화 과정에서 국가 재정의 궁핍으로 인하여 정부의 핵심적 임무라고 할 수 있는 교육을 민간 부문에 내맡긴 결과 나타난 기형적 교육 형태입니다. 한때는 60%에 해당하는 중고등학교가 사립학교였습니다. 선진국의 경우 중고등학교는 전부가 공립이거나, 일부만 민간이 운영하는 사립학교입니다. 이제 한국 경제도 국가의 핵심 기능이라 할 수 있는 국민 기본교육에 투자할 때가 되었습니다. 그뿐만 아니라, 현행 평준화 제도 아래에 있는 사립학교는 엄격한 의미에 있어서 사학이라 볼 수 없습니다. 말하자면 공립도 사립도 아닌 절름발이 사학인 셈입니다. 이제는 이것을 정리할 때가 되었습니다. 그 기본 방향은 말할 것도 없이 소수의 능력 있는 사학만 남겨두고 대부분의 사학을 국가가 환수하여 공립학교로 전환시켜야 합니다. 단, 최초의 사학 법인 설립자에게는 적정한 보상을 해야 할 것입니다. 그리고 소수의 사학은 사학 본연의 교육정신에 따라 자율적으로 운영되도록 해야 합니다.

마지막으로 한 가지 제안하고자 하는 것은 이러한 미래의 장기적 교육설계를 담당할 국가교육설계기구를 국회 산하에 설치할 것을 제안합니다. 교육이 단기적인 포퓰리즘(populism)에 따라 움직이면 백년대계(百年大計)가 아니라, 일년소계(一年小計)로 전락하고 말기 때문입니다. 단적인 예로 과외 비용을 줄인다는 대의명분으로 정권마다 바뀌는 대학 입학전형의 변경이 초래한 것은 무엇입니까? 입시제도의 잦은 변경이 초래한 것은 과외 비용의 축소가 아니라 과외 비용의 증가였다는 역설적인 사실입니다. 표를 노리는 정치집단이 교육에 손을 대어 초래한 재앙이 바로 그런 실패한 교육적 실험이었음은 만각이지만, 지금은 깨우쳐야 할 때가 되었습니다.

'5 · 31 교육개혁 20주년 학술 세미나' 발표문(2015년 5월 19일)

자녀가 부모의 대리만족 대상인가

곧 5월이다. 봄 햇살이 밝게 부서지는 이맘때쯤이면 아이들 교육문제에 대한 생각이 머릿속을 맴돌곤 한다. 나들이를 나온 아이들의 얼굴이 그 어느 때보다 사랑스럽게 느껴지기 때문이다. 이러던 차에 미국 예일대학 법대 고홍주 학장의 어머니인 전혜성 여사가 쓴『섬기는 부모가 자녀를 큰 사람으로 키운다』라는 책이 소개됐다. 이 땅의 교육문제를 다시 한 번 생각해 보지 않을 수 없다.

너무나 잘 알려져 있지만 유대인의 교육열은 정평이 나 있다. 그들은 자기들의 고향 유대 땅을 떠나 세계의 떠돌이가 되어 살면서도 자식교육 하나만은 자기 삶의 마지노선처럼 붙들고 늘어져온 민족이다. 그런 까닭에 오늘날 유대인은 세계 어디에서나 감히 남들이 얕잡아 볼 수 없는 '무서운 사람들'로 살아가고 있다.

교육열 하나만 가지고 말한다면 한국의 어머니들을 능가할 어머니가 어디에 또 있을까. 맹자의 어머니가 자식의 교육을 위해 세 번 이사를 했다지만, 오늘 한국의 어머니들은 세 번이 아니라 열 번이라도 이삿짐 싸는 것을 마다하지 않는다. 강남 아파트 값 폭등의 뇌관 역할을 한 것은 경기도의 작은 도시 지역에 도입된 고교 평준화 제도 때문이라는 얘기가 나오는 것도 이와 무관치 않다.

정권이 바뀔 때마다 집권당 정치인들은 대학입학전형 방식에 손을 대어 민심을 사볼까 하고 요리조리 바꾸어보지만, 전혀 먹혀들지 않는다. 역설적이게도 몸의 상처처럼 손을 대면 댈수록 더 악화되는 면도 있다. 열화 같은 교육열이 정부 당국의 모든 조치를 무력화시키기 때문이다.

그렇다고 한국 어머니들의 뜨거운 교육열을 그냥 나무랄 수만은 없다. 어쨌거나 사람 이외에 자원이라고 별것이 없는 한국이, 나라를 새로 세운 지 50-60년 만에 세계 경제력에 있어서 10위에 올라오게 된 것은 이 뜨거운 교육열이 아니고서는 불가능한 일이었다.

한국은 의무교육제도가 필요 없는 나라이다. 우리보다 못사는 많은 나라들은 국가가 학부모에게 자식을 학교에 보내도록 애를 쓰지만 그게 잘 먹혀들지 않는다. 여기에 비하면 우리는 얼마나 다행스러운가.

그러나 문제는 분명히 있다. 뜨거운 교육열 자체가 문제가 아니라, 교육관이 문제이다. 무조건 좋은 점수를 받아서 소위 인기 대학, 인기 학과에 자기 자식이 입학하는 것만을 자식교육의 궁극 목표로 삼는 교육관이 문제이다.

학부모가 자녀교육을 생각할 때 먼저 고려해야 할 것은 자기 자식이 어떤 자질과 성품 그리고 취향을 가지고 있느냐를 잘 살피는 것이다. 그런 다음에 자기 자녀의 특성에 알맞은 삶의 방향을 찾도록 도와줘야 한다. 부모가 희망하는 삶을 자식에게 강요하는 것은 자식의 인격을 무시하는 일일뿐 아니라, 자식에게 행복보다는 불행의 덫을 씌워주는 '잘못된 사랑'이다. 세상의 인기를 좇아가는 삶이 성공적일 수 없다는 것은 부모들이 이미 자신의 체험으로 알지 않는가.

인간은 다양한 특질을 가지고 태어나서 다양한 방식으로 세상을 살아가게 되어 있다. 이러한 인간의 다양성을 무시하고 소위 '인기 있다는 삶의 방식'을 무차별적으로 자기 자녀의 교육에 적용하려는 태도는 세상의 근본 이치와도 어긋난다.

국가의 교육제도 또한 이러한 다양성을 무시한 획일적인 균질화를 도모하게 되면, 학부모의 교육관이 올바르다고 해도 제대로 된 교육을 할 수 없나. 이런 시각에서 볼 때 한국의 교육이 제대로 움직여가기 위해서는 학부모의 올바른 교육관뿐 아니라 국가의 교육제도 또한 인간의 다양성을 살피는 방향으로 바로잡혀야 할 것이다. 그럴 때 한국인도 유대인 못지않은 훌륭한 일꾼이 될 수 있을 것이다.

『동아일보』(2006년 4월 28일)

다른 것이 아름답다

한여름에 겨울옷을 걸치고 다닌다. 거기다가 한술 더 떠서 옛날부터 입고 다닌 역사적 전통을 가진 '뼈대 있는 옷'이라고 자랑까지 곁들인다. 이런 사람의 언행(言行)을 어떻게 보아야 할까? '때를 모르는 사람의 짓거리'라고 보는 게 대부분의 사람의 진단일 것이다.

때를 안다는 것은 앎의 알파이다. 그리고 거기에 알맞은 몸짓을 하는 것은 지혜의 첫걸음이다. 아니 어쩌면 때를 알고 거기에 알맞은 실천을 하는 것이 지혜의 알파일 뿐 아니라 오메가일 수 있다. '철모르는 아이'라는 말이 있는데 아이만 철모르는 게 아닌 것 같다. 철모르는 어른도 세상에 적지 않다. 역사의 철이 바뀌고 있는데도 늘 어제 하던 이야기를 되뇌고 있을 뿐 아니라, 어제 하던 일에만 집착하려는 사람들이 있다. 겨울이 가고 봄이 지나 여름이 다가오고 있는데도 겨울옷을 비싼 옷이라고 자랑하며 걸치고 다니길 고집한다면, 그것은 옷만 알고 때는 모르는 사람이다. 어쩌면 그는 옷의 본질에 대해서도 제대로 모르는 사람이다. 옷이 어떤 재료로 어떻게 만들어진 것이며 그것의 가격이 얼마인가를 아는 것으로 옷의 참 본질을 알았다고 할 수 없다. 어느 때에 입는 옷인가를 모른다면 옷에 관해 제대로 안다고 말할 수 없다. 때에 따라 멋있는 옷이 달라진다는 것을 모르면 옷을 제대로 안다고 할 수 없다.

동양에서는 그래서 '시중(時中)'을 매우 중요한 진리의 원리로 거론했다. 그것은 '때에 알맞음'이다. 언행(言行)은 때에 알맞아야 한다. 적어도 인간의 삶과 관련된 언행은 그렇다.

인산은 때에 맞추어 살기 위해서 옷만 만드는 것이 아니다. 사람들이 만들어놓은 모든 제도와 법률이 사람들이 때에 맞추어 살기 위해 만들어놓은 일종의 옷이다. 제도의 틀, 그것은 인간이 자연 속에서 자기의 삶을 성공적으로 꾸려가기 위해서 만들어놓은 옷이다.

인류의 역사는 어쩌면 각종 제도의 틀의 전시장이라 할 수 있다. 역사의 때에 알맞은 새로운 제도의 옷들을 인간은 꾸준히 만들어왔다. 한때 훌륭하던 제도의 틀들도 역사의 때가 바뀌면 골동품실로 안치되어 역사의 현장으로부터 사라져갔던 것이다. 그것은 골동품으로서의 가치는 지니겠지만 오늘 나의 삶을 지탱해 주는 생필품으로서의 가치는 소멸된다.

이러한 이치를 모르는 사람은 '철모르는 인간'이 저지르는 우스꽝스러운 몸짓과 말을 내뱉기 마련이다. 말하자면 저 '시중(時中)'의 참뜻을 모르는 사람이다.

그러면 오늘은 어떤 때인가? 아무도 단언할 수는 없다. 그러나 한 가지 분명해 보이는 것은 역사의 기본 틀이 근본적으로 바뀌는 '문명의 대전환기'가 아닌가 하는 것이다. 말하자면 '역사의 철이 바뀌는 때'가 바로 오늘이 아닌가 하는 것이다. 이런 판단이 옳다면 우리는 크게 마음먹지 않으면 안 된다. 지금까지 우리가 애지중지하며 사용해 온 온갖 제도의 틀들을 역사의 골동품 창고에 넣는 작업과 함께 새 틀을 만드는 엄청난 대역사(大役事)에 착수해야 할 것이다. 때에 알맞은 새 옷으로 갈아입어야 한다.

한국은 지난 50여 년 동안 독립의 새 나라를 꾸려가기 위해 엄청난 고투(苦鬪)를 감내해 왔다. 한마디로 줄여 말한다면 근대적 산업국가와 민주국가로서의 기본 틀을 갖추어가느라고 진땀과 눈물을 쏟아 부었다. 교육계는 그 가운데서 중심 역할을 해왔다고 자부할 만하다. 역사는 사람의 노력 없이는 이룩될 수 없는 것이며 더구나 사람의 질은 역사의 발전에 핵심적인 변수이기에 교육의 공헌 없이 역사의 발전은 생각할 수 없기 때문이다. 지난 50년 동안의 한국 교육은 참으로 괄목할 만한 발전을 거듭해 왔다. 이것은 결코 교육계가 스스로 내뱉는 수사적인 자화자찬이 아니다. 지난 50년의 한국의 발전 뒤에는 50년의 교육 발전이 버팀목으로 서 있었기에 가능했던 것이다. 이를 누가 부정할 수 있겠는가.

그런데 문제는 오늘의 대격변의 때이다. 이 새로운 역사의 철이 다가오고 있는데 우리 교육계가 그동안 애지중지해 왔던 그 제도의 틀을 그냥 그대로 붙들고 있어서야 되겠는가 말이다. 겨울옷을 그냥 걸치고 있어서야 되겠는가. 새 철이 다가오고 있는데 거기에 알맞은 새 옷을 준비해야 할 것이 아닌가.

지난 몇 년 동안 우리가 교육개혁의 이름 아래 추진해 온 여러 가지 노력들은 한마디로 새 계절에 알맞은 새 옷을 준비해 온 노력들이었다. 처음에는 입던 옷을 던져버리자는 소리에 노여움을 표시하는 사람도 있었으며, 그 당위성은 인정하면서도 실천에 있어서는 거부의 몸짓을 보인 사람도 있었다. 또한 오늘도 자신이 놓여 있는 기존의 이익의 틀을 보호하려는 마음에서 여러 가지 그럴듯한 아름다운 말로 새 옷으로 갈아입기를 거부하는 사람들이 있는 듯하다.

옛말에 "좋은 약은 입에는 쓰지만 병에는 이롭다(良藥苦口 利於病)"는 말이 있다. 쓴 것은 잠시다. 병의 고통은 길 뿐 아니라, 병은 죽음으로 우리를 인도할 수도 있다. 세상에 공짜가 어디에 있는가? 값을 지불하지 않고 무엇을 얻을 수 있는가?

개혁이 그렇게 달콤한 것이기만 하다면 개혁해야 될 때에 개혁하지 못해서 망한 나라가 어디 있겠는가? 우리는 지나간 우리의 역사로부터 배워야 한다. 우리가 역사에 관심을 가지는 것은 한갓 이야깃거리로 심심풀이를 하는 데 그 참뜻이 있지 않다. 실패의 역사로부터 교훈을 얻지 못한다면 역사책을 뒤적일 필요가 무엇이겠는가.

지난 우리의 역사에서 새 옷으로 갈아입어야 할 때에 낡은 옷만을 그냥 고집하다가 실패의 역사, 고통의 역사를 불러들였던 그 실패의 참상을 우리는 쓰라린 가슴으로 대면해야 한다. 그리고 그런 실패를 다시 반복하지 않겠다는 것을 우리는 몇 번이고 다짐해야 한다.

그럴 때 오늘의 개혁의 고통은 참을 만한 것이 될 것이다. 고통 없이 개혁은 불가능하다. 개혁은 장밋빛 미래를 우리 마음에 그려보게 하는 하나의 환상의 노래가 아니다. 그것은 역사의 병을 고치는 쓴 약이다.

그러면 우리가 지금까지 즐겨 사용해 온 교육의 틀은 무엇이 잘못되었는가? 이 작은 지면에서 구체적인 내용들을 언급할 수는 없다. 내가 여기서 그 가운데 가장 고질적인 것을 하나 지적하자면, 한 가지 자로 모든 것을 재고 평가하여 전 국민을 '한 줄로 세우는 교육'이다. '획일주의 교육의 틀'은 지금 더 이상 효용을 발휘할 수 없는 때가 되었다. 어쩌면 저 획일주의 교육의 틀은 지난 50년 동안 이 땅의 교육 발전을 이룩한 기본 전략이었다고 볼 수 있다. 저 획일적인 교육의 틀이 이룩해 놓은 것은 엄청난 양적 발전이라 해도 과언이 아니다.

이제 우리에게 필요한 것은 다양한 사람들에게 다양한 교육적 요구를 만족시켜 줌으로써 교육의 질을 높이는 일이다. 교육의 다양화가 우리가 앞으로 추구해야 할 중요한 지표가 되어야 할 것이다. 이것은 다양한 자질과 능력을 한 가지 척도로 재는 것이 아니라 다양한 척도로 재는 교육이요, 다양한 기준에 따라 다양한 사람대접을 하는 교육이다. 이러한 교육을 통해서 이룩되는 사회가 바로 '더불어 잘 사는 열린사회'이다.

이러한 다원적 가치의 밑바닥에는 마음의 팽배가 놓여 있다. "다른 것이 아름답다(Difference is beautiful)." 여기서 다른 것은 배척의 원인이나 거부의 대상이 아니다. 획일적 틀에서 다른 것은 배척의 원인이며 거부의 대상이다. 더 나아가 그것은 이물(異物)일 뿐 아니라, 없애버려야 할 적이요 원수로 간주된다.

헤겔은 일찍이 변증법(dialectics)을 체계화하여 서양의 핵심적 발상법으로 그것을 정착시킨 바 있음을 우리는 알고 있다. 이러한 변증법적 사고에 따르면 다른 것(difference)은 반대로 발전되고 드디어 모순으로 귀결된다. 말하자면 다른 것은 모든 갈등과 대립의 원천으로 인식되고 있다. 따라서 다른 것은 통합과 질서의 방해물로 인식되고 있는 셈이다.

그런데 동양의 음양사상에 있어서는 '다른 것'이 참된 통합과 차원 높은 질서의 기초로 간주되고 있음을 우리가 주목할 필요가 있다. 음(陰)과 양(陽)은 다른 것이다. 그런데 음은 자기와 다른 양이 존재함으로써 자기 존재를 유지할 수 있다. 양 또한 마찬가지다. 음과 양은 서로 다르기 때문에 서로를 살려준다. 다른 것이 서로를 보충해 줌으로써 완전한 하나가 된다. 음과 양은 맞물려 있다. 맞물려 있는 것은 서로가 다르다. 여기서 우리는 서로 다른 것들의 맞물림의 묘상(妙相)을 읽을 수 있다. 다르지 않으면 맞물릴 수 없다. 맞물림은 단순한 통일이 아니라 차원 높은 통합의 질서이다. 참된 사회는 더불어 사는 사회요, 그것은 서로 다른 것들이 맞물려 있음의 관계로 엮어져 있는 모듬살이다.

획일적인 자로 재서 사람을 한 줄로 세워 서열화하는 교육, 그래서 많은 귀여운 인간들을 쓸모없는 인간으로 내동댕이치는 교육은 이제 그만해야 할 때가 되었다. 어떤 인간이든 자기가 할 수 있는 것을 찾아서 하고 그것을 통해서 자기 존재의 존엄을 느끼게 할 수 있는 새로운 틀을 우리가 개발해야 한다. 그것은 "다른 것이 아름답다"는 새로운 통찰을 밑바탕으로 삼고 출발해야 한다. 다른 것은 기회와 배척의 원인이나 대상이 아니라, 나를 존재케 하는 나의 존재의 근거임을 우리가 깨달아야 한다.

21세기에 우리 인류가 살아남을 수 있기 위해서는 무엇보다도 다름의 철학을 배우지 않으면 안 될 것이다. 따라서 21세기를 위한 우리의 교육개혁도 "다른 것이 아름답다"는 이 명제를 토대로 삼고 이루어져야 할 것이다.

새로운 문명은 새로운 사고의 틀, 신문법(新文法)을 요구한다. 교육에 있어서도 신문법이 요청된다. 다른 것이 아름답다는 신문법은 21세기를 위한 우리의 교육개혁에 하나의 지표가 될 수 있을 것이다.

『전문대학교육』(1998년 6월)

철학이 없는 사회

불혹(不惑)의 나이가 넘도록 한 번도 사람 된 구실을 제대로 하지 못하여 부끄러움을 느끼며 사는 터에, 요즈음 만나는, 글줄이나 읽었다 하는 '먹물'들이 내뱉는 말, '이 사회에 철학이 없음'을 탄식하는 소리를 듣고부터 더욱 마음에 알 수 없는 통증을 느낀다. 그 탄식 소리는 바로 나를 향하여 "너 철학을 한답시고 떠들어대는 자가 고작 하는 짓이 청년들 앞에서 자기도 알 수 없는 그 무슨 난해한 말장난, 그것도 자기의 것이 아닌 남의 것, 남의 것 중에서도 서양 놈의 것들을 가지고 횡설수설하면서 대학교수라는 그럴듯한(?) 직위에다, 매달 꼬박꼬박 80여 만 원의 월급을 받아 흥얼거리면서 살고 있으니, 도대체 너는 무얼 하는 놈이냐"라고 꾸짖는 음성으로 들리기 때문이다. 철학하는 것이 본업인데 이 땅에 철학이 없다고 하니, 나는 과연 무얼 하고 있단 말인가. 정말 부끄러운 일이 아닐 수 없다.

나와 같이 철학을 팔아먹고 사는 소위 '철학 전문가'들이 말하는 '철학'은 흔히 많은 보통 사람들이 말하는 철학과는 그 말의 뜻에서 거리가 있는 것도 사실이긴 하다. 그렇다고 해서 전혀 동떨어진 것도 아니다.

철학은 우선 그 내용보다도 '생각하는 방식'에 더 큰 비중을 두어왔다. 그것은 크게 두 가지 특징을 지닌 것으로 여겨져 왔다. '뿌리에까지 헤치고 들어가 샅샅이 살펴보는 것'이 그 첫째요, '낱개로만 보지 않고, 그것이 다른 모든 것과 어떻게 서로 얽혀 있는가를 들여다보는 것'이 그 둘째이다. 앞의 것이 근본적 사고라면 뒤의 것은 포괄적 사고라고 할 수 있다.

쉽게 표현하면 앞의 것은 '깊이 있게 봄'이요, 뒤의 것은 '넓게, 멀리 봄'이다. 그리고 여기서 '본다는 것'을 달리 표현하면, 번뜩이는 이성(理性)의 비판적 사고이다.

이성이 인간과 단순한 동물을 구별하는 특성이라는 것은 인류문명이 확립한 가장 자명한 명제의 하나이다. 그럴진대 철학적 사고란 인간의 가장 본질적인 특성이 되는 셈이다. 물론 인간도 동물의 특성을 가지고 있기에, 먹고 자고 배설하며 또 종족 번식을 위한 활동을 한다. 그리고 그것은 물론 매우 중요한 일이다. 그것은 삶의 기초이다. 그것을 떠나서 인간의 삶은 불가능하다. 철학적 사고가 인간의 본질적 특성이라고 해서 인간의 지고(至高)한 삶을 위해서 철학적 사고만을 삶의 내용으로 삼을 수는 없는 일이다.

'잘 먹고 잘 산다'는 말을 종종 듣는다. 좋은 말이다. 그런데 중요한 것은 '어떻게'이다. 바로 이 '어떻게'가 철학적 사고가 관여하게 되는 국면이다. 우리가 아무것이나 닥치는 대로 아무렇게나 먹고 산다면, 결국 우리는 단순한 짐승 이상의 것이 될 수 없을 것이다. 그러니 '철학이 없는 사회'란 말은 우리가 단순한 짐승이 아닌 인간이라는 우리의 인간적 자존심을 뼛속까지 찌르는 통증을 일으키는 언어가 아닐 수 없다.

입만 벌렸다 하면 우리가 들먹이기 좋아하는 5천 년의 한국 역사에서 오늘처럼 한국 사람이 분주하게 움직였던 때는 일찍이 없었던 것 같다. '왕성한 삶의 의지'의 몸짓들을 우리는 이 땅 어디에서나 발견할 수 있다. 이것은 지금 우리가 지닌 최대의 자본이요 자원이다. 놀고먹는 개 팔자를 부러워하던 때는 이미 옛날이 되어버렸다.

참으로 좋은 일이다. 분주함과 열심은 무언가를 해낼 것이기 때문이다.

그런데 왜들 탄식하고 있는가? 아무 '뿌리도 없고, 넓게 멀리 바라보지도 않고' 작성된 청사진에 따라 이루어지는 공사(工事)들에 다가올 내일의 결말이 두렵기 때문이다. 철학적 사고에 토대하지 않은 삶의 결과들의 끝머리가 미리 내다보이기 때문이다.

야바위꾼들이 벌이는 한탕 해먹기 운동이 그러한 반철학적인 천박한 몸짓의 본보기이다. 야바위꾼에게는 내일이 없다. 눈앞에 당장 있는 것 이외에 모든 것은 무(無)이다. 즉물적(卽物的) 사고의 화신이 바로 야바위꾼이다. 내일을 이야기하는 것은 우둔의 극치로 인식되고 있다. 내일은 무엇이 되더라도 좋으니, 눈앞에 타오르는 육(肉)의 영광의 불꽃이 있으면 그만인 것이다. 야바위꾼의 시뻘건 얼굴을 보면 세계에 대한 낙관으로 가득 차 있는 것 같으나, 마음의 깊은 곳에는 지독한 도덕적 허무주의가 자리 잡고 있다. 우리가 야바위꾼들에게 마음속으로부터 축복의 박수를 보낼 수 없는 까닭이 여기에 있다.

지금 우리는 인류 역사의 새로운 전환의 문턱에 서 있다. 인류 역사의 중심무대가 우리 곁에 서서히 다가오고 있다. 야바위꾼 식으로 벌이는 한탕 굿 가지고는 그 중심무대에 올라설 수 없다. 어찌하여 무대 위까지는 올라갔다가도 천하의 웃음거리가 되어 퇴장하고 말 것이다.

이제 우리에게 필요한 것은 뿌리에서부터 차분히 생각을 다듬으며, 넓게 그리고 멀리 내다보는 일에 착수하는 것이다. 모든 날치기 공사는 역사로부터 클레임(배상 청구)을 받기 마련이기 때문이다. 모든 날치기 공사의 모태는 도덕적 허무주의이다. 이 세계를 지배하는 참된 도덕적 원리가 없다는 도덕적 무력감을 극복함으로써만 우리는 우리 모두가 겪어온 한(恨)의 역사의 굴레로부터 해방될 수 있을 것이다.

탁 트인 성숙한 사회 안에서 떳떳하고 인간답게 살고자 하는 것은 한국인 모두의 소망이다. 도덕적 무력감의 극복, 그것은 그러한 사회를 만들기 위해 우리가 착수해야 할 첫 작업이다.

『조선일보』(1985년 1월 9일)

삶과 직업

 삶은 행위의 연속 과정이다. 삶이 따로 있고 행위가 따로 있는 게 아니다. 산다는 것은 밥 먹고 일하는 것과 같은 여러 가지 행위들의 다발로 엮어진다. 물론 빈둥거리며 살 수도 있다. 빈둥거리는 것도 휴식이나 배회라는 하나의 행위이다.

 삶의 방향을 결정하는 것은 가치관이다. 우리는 이렇게 혹은 저렇게 살 수 있다. 우리는 이런 행동 혹은 저런 행동을 할 수 있다. 어떤 행동을 하면서 사느냐를 결정하는 것, 그것이 바로 가치관이다. 우리는 무엇이 옳고 무엇이 그른가를 머릿속에서 판단한다. 가치판단은 그러므로 사고의 영역에서 이루어진다.

 인간은 생각하는 존재이다. 온 우주를 생각하며, 국가와 민족을 생각한다. 그리고 이웃과 친구를 생각하며, 자기의 부모와 형제를 생각한다. 또한 자기의 짝을 생각하며, 자기의 아들과 딸을 생각한다. 이 모든 존재들을 생각할 뿐 아니라, 사랑과 증오와 같은 감정을 품기도 하며, 또 그것에 대한 가치평가도 한다.

인간은 그리 생각만 하는 존재가 아니다. 인간은 행동하고 실천하는 존재이다. 물론 행동은 사고와 별개의 것이 아니다. 그러나 우리의 행동이 우리의 사고와 항상 일치하지도 않는다. 사고와 행동의 불일치에서 우리는 갈등을 느끼며 번민한다. "마음은 원이로되 육신이 약하도다"라는 탄식과 고백은 바로 사고와 행동의 불일치에서 나오는 갈등의 적나라한 표현이다.

우리가 머릿속으로 옳다고 믿는 일을 실천에 옮기지 못할 때 우리의 마음은 번민에 싸인다. 여기서 우리는 자신의 연약함과 마주 선다. 연약한 자기의 모습을 보기가 여간 싫은 것이 아니다. 못 본 척하거나 덮어두고 싶은 게 보통 사람의 심성이다. 그렇게 함으로써 번민으로부터 벗어나려고 꾀한다. 그러나 그것은 '회칠한 무덤'처럼, 손바닥으로 하늘을 가리려는 것처럼 어리석은 일이요, 부질없는 일이다. 그것으로부터 나오는 것은 거짓이요 위선뿐이다.

진실과 진리에 살려면 자기를 직시하는 용기를 지니지 않고서는 불가능하다. 용기 가운데 가장 용맹스러운 용기는 자기 자신을 직시하는 용기이다. 참 삶의 시작은 자기 자신을 직시하는 용기를 지니는 데서 비롯한다.

나의 삶의 주인공이 나 자신이라는 것은 너무나 자명한 일이다. 그러나 우리는 이 너무나도 자명한 사실과 멀리 떨어져 살아간다. 자기가 자기 삶의 참된 주인이 아닌 채 살아간다. 실존철학자들은 그러한 삶의 모습을 '자기소외'라는 말로 표현했다. 남의 장단에 맞추어 춤을 추듯, 정체가 분명치 않은 그 어떤 소문과 시류에 자기의 몸을 맡겨버리고 살아가는 것이 바로 자기소외의 삶이다.

자기가 자기의 참 주인으로 살기 위해서 우리가 제일 먼저 해야 할 것은 자기가 누구인지를 분명히 인식하는 일이다. 자기인식은 자기 자신을 직시하는 용기 없이는 불가능하다. "범 무서운 줄 모르고 덤비는 하룻강아지"는 자기인식이 결여된 행동의 표본인지도 모른다. "못 올라갈

나무는 아예 쳐다보지도 말라"는 속담이 암시하는 것은 명료한 자기인식에 토대한 행동을 하라는 말이다. 그럴 때 우리는 부질없는 욕망으로부터 나오는 갈등과 번민으로부터 해방될 수 있다.

삶은 행위의 다발이다. 어떤 행위를 하는가에 따라 삶의 질과 방향이 결정된다. 가치 있는 행위로 우리의 삶이 엮어질 때, 우리 삶은 가치 있는 삶이 된다. 어떤 행위를 하는가는 행위를 하는 주체가 어떤 가치판단을 하는가에 의해 결정되기도 하지만, 행위를 하는 주체의 역량에 의해 좌우된다. 그러므로 행위자의 역량과 가치판단은 행위를 결정하는 두 가지 큰 기둥이다. 물론 그 행위를 둘러싸고 있는 사회적, 자연적 조건도 이에 못지않게 중요한 변수인 것은 말할 것도 없다. 그러나 그러한 외적 변수들은 우리의 영향권 밖에 있다. 그것들은 우리로서는, 적어도 당장에는 어쩔 수 없는 조건들이다. 그러한 우리 삶의 외적 변수는 다름 아닌 자신과 인간과의 관계라는 삶의 일반적 구조이다. 물론 이와 같은 삶의 일반적 구조 자체가 우리 인간의 노력에 의해 변경될 수 있으며 개조될 수 있다. 그러나 하나의 인간 행위라는 미시적 관점에서 보면, 그것들은 당장 어쩔 수 없는 것들이다. 따라서 나의 행동을 결정함에 있어서 내가 좌지우지할 수 있는 요소인, 가치판단의 문제와 자기 역량에 대한 명료한 인식이 무엇보다 중요하다.

인간의 행동은 그저 막연하게 아무렇게나 선택되고 행해지는 것이 아니다. 그 어떤 가치와 욕구에 의해 촉발되어 행위는 나타난다. 인간이 만일 자기의 욕구와 가치를 최대로 실현시켜 주는 일에 몰두할 수만 있다면, 그는 행복한 존재이다.

인간은 무엇보다도 자기의 생존을 유지하기 위해서 그 무엇인가를 해야 한다. 인간의 기본적 행동은 바로 생존을 유지하기 위한 행동이라 할 수 있다.

직업은 생존과 직결된 삶의 수단을 얻는 것을 제일차적 목적으로 삼는 일이다. 따라서 직업은 모든 사람에게 있어서 필수불가결의 일이다. 그러면 직업은 단순한 밥벌이나 돈벌이에 불과한 것인가?

독일어로 직업을 '베루프(Beruf)'라고 한다. 직역하면 '부름 받음(소명)'이라는 말이다. 여기서 직업은 단순한 밥벌이나 돈벌이로 이해되는 것이 아니라, 신이 불러 세워놓은 자리로 이해되고 있다. 소명으로서의 직업관을 우리는 여기서 읽을 수 있다. 이것은 물론 기독교적 전통에서 통용된 직업관임은 말할 것도 없다.

영어로 직업을 '오큐페이션(occupation)'이라고 한다. 여기서는 '나 자신을 사로잡는 것', '나를 점령한 것'이 곧 직업으로 이해되고 있음을 우리가 본다. 직업이란 내 쪽에서 보면 나 자신을 내맡긴 일로 볼 수 있다. 헌신과 몰입이 가능한 일이 곧 직업인 셈이다.

직업은 하루 하고 그만둘 수 있는 그런 일이 아니다. 평생을 한결같이 나의 온갖 정력과 관심, 그리고 온갖 노력을 모두 바칠 수 있는 일이 바로 직업이다. 이것은 물론 당위적 관점에서 본 직업 개념이다.

실제에 있어서 누구나 싫건 좋건 직업은 아무렇게나 내동댕이쳐도 좋은 그런 일시적인 관심거리가 아니다. 그것은 한 인간이 성장한 후 일생을 마치는 때까지 기나긴 시간 동안 한 인간의 피와 땀을 바쳐야 하는 일이며, 하루의 삶의 대부분을 바쳐야 하는 그런 일이다. 직업은 그렇기에 단순한 소일거리는 아니다.

인간은 모태에서 떨어져 나와 세상에 첫 얼굴을 드러냄으로써 생물학적 탄생을 경험하며, 직업을 가짐으로써 사회적 탄생을 경험하게 된다. 생물학적 탄생과 더불어 사람은 반쪽 사람이 되며, 사회적 탄생과 더불어 옹근 사람이 된다. 직업은 한 인간이 독자적으로 자기의 삶을 유지해 가는 수단을 제공해 주며, 사회적 존재로서의 그의 활동의 광장을 제공해 주기 때문이다. 그러므로 한 인간이 어떤 직업을 가지고 어떤 자세로 일하느냐 하는 것은 한 인간이 어떤 삶을 사느냐 하는 삶의 본질적 문제와 직결된다. 이런 의미에서 직업의 선택, 직업에 대한 태도는 삶의 중대한 문제이다. 직업이 이처럼 중대한 문제이기에 직업의 선택을 눈앞에 놓고 있는 사람의 마음이 많은 번민에 싸이게 되는 것은 너무나 당연하다.

청년은 가능성의 꿈을 먹고 사는 존재이다. 가능성은 우리의 마음을 자유의 넓은 바다를 왕래하게 한다. 가능성의 세계에서는 많은 것들이 우리의 마음을 유혹한다. 이것도 하고 싶고 저것도 하고 싶다. 유혹의 손길은 여기저기서 손짓한다. 가능성의 세계에서는 어떤 욕심쟁이도 만족을 느낄 수 없다. 모든 것이 가능한 것이 가능성의 세계이기 때문이다. 우리가 만일 가능성의 세계에 실제로 존재할 수 있다면, 인간은 모든 갈등에서 해방될 수 있을 것이다. 그러나 가능성의 세계는 현실세계가 아니다. 인간에게 있어서 가능성의 세계는 오직 사고 속에서만 존재한다. 가능성의 세계란 다름 아닌 사고의 세계이다.

현실은 가능성의 세계를 모두 수용하지 못한다. 현실은 가능세계의 일부에 지나지 않는다. 생각할 수 있는 것은 너무나 많지만 현실은 그 가운데 일부만을 받아들인다. 원하는 것이 한두 가지가 아니지만, 현실은 그 모두를 실현시켜 주지 못한다. 인간의 고뇌는 바로 여기에 있다. 생각하는 세계는 현실의 세계보다 너무나 엄청나다. 현실의 공간은 사유 가능의 공간을 모두 수용하기에는 너무나 협소하다. 마음이 원하는 것만큼 현실의 육체는 따라가지 못한다.

이상(理想)은 사고 가능세계의 다른 표현이다. 이상과 현실의 괴리가 다름 아닌 가능세계와 현실세계의 갈등이다. 현실세계의 공간이 가능세계를 모두 담지 못하는 데서 인간의 갈등은 나타난다. 우리의 마음이 사고 가능세계에 너무 집착하면 우리의 마음은 번민에서 헤어날 수가 없다. 이상의 포로가 되고 나면 갈등의 포로가 되지 않을 수 없다.

청년은 이상에 산다. 따라서 청년은 갈등의 한가운데 묻혀 있기 마련이다. 현실은 청년의 이상을 모두 담기에는 너무나 비좁다. 이 비좁은 현실의 공간은 그의 마음을 질식시킬 것같이 느끼게 한다.

청년은 현실의 문턱에 서 있는 존재이다. 그가 현실 속에 진입하기 위해서는 그의 가능성의 세계를 현실세계가 수용할 수 있는 형태로 변용시키지 않으면 안 된다. 이때 요구되는 것은 현실에 대한 냉철한 인식이다. 그 현실의 일부를 구성하고 있는 것 가운데 자기에게 가장 중요한 것은 자기 역량이다. 자기 역량에 대한 투철한 인식이 없이 현실에 진입할 때, 그의 계획은 성공보다 실패의 확률이 매우 높다. 직업 선택은 현실 진입의 맨 처음 단계에 놓여 있는 중대한 문제이다.

꿈은 클수록 꿈으로서는 매우 바람직하다. 그러나 그것이 단순한 꿈으로서만 계속 남아 있지 않기를 원한다면, 우리는 그 꿈을 현실 속에 수용될 수 있도록 조정해야 한다.

꿈이 없는 청년은 청년이라 할 수 없다. 청년은 꿈꾸는 존재이기 때문이다. 그러나 꿈속에서만 머무는 자는 현실 속에서 일하며 성취할 수가 없다. 역사를 움직이려면 현실 속에서 일해야 한다. 역사란 현실의 연속 과정이기 때문이다.

그렇기에 좋은 꿈, 큰 꿈을 꾸는 것 못지않게 중요한 것은 그 꿈을 현실 속에서 실현할 수 있도록 조정하는 지혜를 갖는 일이다. 인간은 꿈꾸는 존재이다. 그러나 그보다도 분명한 것은 그가 꿈꾸는 것은 현실의 세계 속이라는 사실이다. 그러나 보다 높은 차원에서는 우리가 현실이라 부르는 것도 하나의 꿈일지도 모른다. 그럼에도 불구하고 밥 먹고 숨 쉬는 것은 단순한 꿈속의 사건은 아니다.

직업 선택은 단순한 꿈속의 사건은 아니다. 그러므로 현실에 대한 투명한 인식은 직업 선택을 앞에 놓고 있는 현실 진입 후보생들에게 무엇보다 중요한 일이 아닐 수 없다.

『신앙과 지성』(1988년 여름)

인재가 나오려면

비록 농사꾼이 아니라도, 농작물을 잘 키우는 데 토양이 얼마나 중요한가를 우리는 잘 알고 있다. 모든 자람에는 터전이 있어야 하며, 그 터전의 좋고 나쁨에 그 자람의 질이 크게 의존하고 있다는 것을 꾼이 아닌 사람도 잘 알고 있다.

사람도, 농작물과 똑같은 자연물은 아니지만, 그 자람의 잘되고 못됨에 터전의 좋고 나쁨이 큰 몫을 차지하고 있다. "개천에서 용 난다"는 속담이 없는 것도 아니지만, 아무 데서나 사람이 제대로 자랄 수는 없다. 물론 악조건에도 불구하고, 가끔은 예외적인 경우가 나타나기도 하지만, 옥토였다면 더 좋은 결실을 맺을 수 있을 것이다.

옛 우리의 조상들은 사람 나는 곳을 풍수지리(風水地理)로 풀이하기도 하였다. 출중한 인물이 태어나는 자연의 조건들을 열거하는 것이 풍수지리의 입장인 것이다. 물론 사람도 자연 안에 존재하는 자연의 아들의 한 가지인 이상, 어찌 자연의 조건에 영향을 받지 않을 수 있을까.

음력은 지구에 가장 가까운 천체인 달의 움직임의 율동을 시간의 매듭으로 표현해 놓은 것이다. 그러한 달의 율동이 인간의 존재 조건을 숙명적으로 결정짓는다고 보는 가정이, 생년월일을 가지고 사람의 운세를 점치는 사람들의 마음 밑바닥에 숨어 있었다. 이런 생각도 사람됨의 근거를 자연 속에서 찾으려 했던 우리의 전래적인 발상의 하나이다.

이런 생각들은 일종의 자연적 운명론에 속한다. 태어나던 때의 자연적 조건에 의해 이미 사람의 됨이 결정되었을 뿐 아니라, 이미 형성된 그러한 됨의 조건들이 앞으로 다가올 미래의 삶의 방식도 선험적으로 결정한다는 생각이 그러한 운명론의 으뜸가는 생각이라 할 수 있다.

인간은 자연의 아들임에 틀림없기에, 자연의 조건들이 인간에게 매우 심대한 영향을 끼치고 있음에 틀림없다. 하지만 인간은 단순한 자연의 아들이 아니다. 태어날 때 갖춘 자연적 장치를 밑천으로 삼아, 새로운 가능성을 창조해 내는 존재가 인간이다. 문화와 문명은 바로 그러한 인간이 창조해 내는 가능성의 세계이다.

인간은 자연의 묘상에 움터 나와서, 문화와 문명의 터전에서 자라는 존재이다. 사회의 틀은 바로 그러한 문화, 문명의 터전의 다른 이름이다. 그렇기에 어떤 사회의 터전에 놓이게 되는가에 따라 동일한 어린아이가 이런 사람 혹은 저런 사람으로 달리 만들어진다.

그런데 사회의 터전은 오랜 시간에 걸쳐 알게 모르게 여러 가지 감(재료)이 모여 농축되어 만들어진 것이다. 그렇기에 그것을 갑자기 몇 사람이 이렇게 혹은 저렇게 쉽사리 바꾸기 매우 어렵다. 그것이 전통이 지닌 위력이요, 전통의 관성이다. 그러나 그것이 한 번에 한두 사람이 급조(急造)할 수 있는 것은 아니라 하더라도, 자연의 법칙처럼 우리가 어쩔 수 없는 그런 불변의 실체는 아니다.

사회의 터전은 사람의 작품이다. 그렇기에 못된 것은 부수고, 새 것, 바람직한 새 가능성을 창조해 낼 수 있다. 나는 사람이 제대로 자라기 어려운 사회적 터전의 하나로 '올라가는 사람 허리띠 잡아 끌어내리는 버릇'을 들지 않을 수 없다. 이런 사회적 묘상에서는 사람다운 사람이 제대로 자라기 매우 어렵다고 나는 생각한다. 한마디로 이런 상황에서는 '자라려는 의지'가 곧 터부의 대상이 된다. 다 같이 못난 놈 되기 운동의 광신자가 될 수 있을 뿐이다.

성경에도 "선지자가 고향에서 푸대접 받는다"고 하였지만, 이런 심성이 보편화되어 있는 세상에서는 사람이 제대로 자랄 수가 없다. 자라나는 것을 차마 마음이 쓰려서 그냥 볼 수가 없어 나 못 먹는 밥에 재나 뿌리자고 달려드는 사람이 한둘이 아닌 세상에 어떻게 사람이 쓸 만하게 자랄 수 있겠는가 말이다.

여기에 '근본적인 태도의 전환'이 요청된다. 남의 성장을 보고 배가 쓰리고 아파서 독을 뿌리고 싶은 마음의 밑바닥에는 자기의 성장의 가능성을 부정하는 마음이 도사리고 있다. 자기는 그대로 있고 남만 자란다고 볼 때, 남의 자람은 자기에게 상대적 격하로 인식되기 마련이다. 이것은 자기를 부정의 눈으로 봄으로 도달케 되는 입장이다.

그러나 태도를 자기부정에서 자기긍정으로 전환하여 세상을 보라. 자기가 자랄 수 없다는 생각을 버리고, 자기는 계속 자랄 수 있으며, 또 자라고 있다고 생각하자. 그때 나의 친구와 나의 이웃의 성장은 나의 미래의 모습을 제시해 주는 하나의 지표와 증거로 인식될 것이다. 그렇기에 시기와 질투의 시선 대신에 찬탄과 희망의 눈길로 내 친구와 이웃의 성장을 쳐다보게 될 것이다.

이것은 모두 못난 놈 되기 운동으로부터 모두 잘난 사람, 멋있는 사람 되기 운동에로의 탈바꿈이다. 그것은 서로 잡아먹기로부터 서로가 서로를 부추기고 살려주기로 우리의 태도와 생각을 바꾸는 일이다.

산다는 것은 하나의 예술이요, 지혜의 작품이다. 어리석은 자는 흉측한 작품밖에 만들지 못한다. 올라가는 사람 허리띠 잡아 끌어내리려는 생각은 남만 못되게 하는 것이 아니라, 결국은 자신마저도 더욱 못되게 하는 귀결을 낳고 만다.

길게 봄이 지혜의 눈이요, 가까이밖에 보지 못함이 어리석음의 눈이다. 남의 기쁨에 박수를 치는 것은 길게 보는 지혜의 몸짓이요, 남의 밥에 재를 뿌리는 것은 짧게 보는 어리석은 자의 몸짓이다.

어리석은 자는 자기에게 참으로 이로운 것이 무엇인지를 제대로 읽지 못한다. 그가 자기에게 이로운 것이라고 생각하여 쫓는 것은 결국 자기에게 이롭지 않은 결과를 가져다줄 뿐이다.

세상은 함께 사는 모듬살이다. 모듬살이를 성공적으로 살기 위해서는 지혜가 필요하다. 그 으뜸 되는 지혜가 이웃의 기쁨에 박수를 보내며, 거기서 자기의 희망을 읽으며 스스로 기뻐하는 마음과 태도를 가지는 것이다.

우리가 남의 안된 일을 보고, 공감하고 같이 슬퍼할 수는 있다. 물론 이것은 매우 중요한 삶의 지혜이다. 그러나 그것보다도 더 중요한 삶의 높은 지혜는 남의 웃음에 동참하는 일이다. 이웃이 울 때 같이 우는 것보다 더 소중한 것은 이웃이 웃을 때 같이 웃는 일이다.

내가 이웃이 웃을 때 같이 웃어주면, 그도 내가 웃을 때 같이 웃어줄 것이다. 세상에서 가장 슬픈 일은 내가 슬플 때 아무도 슬퍼해 주지 않는 것이라기보다는, 내가 웃을 때 아무도 웃어주지 않는 일이다.

자랑이 금기에 묶여 있는 세상은 웃음이 빈곤한 세상이다. 웃음이 빈곤한 세상에서는 시기와 질투가 풍요로울 뿐이다.

사람은 그냥 자라지 않는다. 사람은 웃음과 박수를 먹고 자란다. 시기와 질투는 사람을 시들게 하는 사회의 공해이다. 웃음과 박수의 사회적 비료가 풍성한 묘밭에서 인재는 무성하게 자란다. 인재가 풍성한 세상이라야 나도 잘 살 수 있다. 사람의 삶은 혼자 잘 살 수 없는 모듬살이의 삶이기 때문이다.

다른 모든 사람은 시기와 질투의 공해에 시들게 해놓고 혼자 무성하게 잘 자랄 수 있다고 생각하는 사람은 참으로 어리석은 사람이다. 그는 삶의 본질을 모르는 사람이다.

오늘 한국은 많은 인재를 요구한다. 인재는 하늘에서 갑자기 떨어지지 않는다. 인재는 사회의 묘밭에서 키워지는 것이다. 우리는 사람을 제대로 키울 사회의 묘밭, 마음의 묘밭을 과연 준비하고 있는가.

『고려화재』(1987년 4월)

대화란 무엇인가

대화는 주고받는 말이다. 말을 주고받는 일이 가능하려면, 말을 주고받는 주체가 있어야 한다. 주체는 둘일 수도 있으며 그 이상일 수도 있다. 또 말을 주고받는 주체가 하나일 수 있는데, 그때는 자기와의 대화, 자문자답(自問自答)을 하는 경우이다. 그리고 대화의 주체는 인간인 것이 보통이지만, 새나 개, 말 같은 동물일 수도 있고 꽃과 같은 식물일 수도 있으며 저 하늘의 별과 같은 천체(天體)일 수도 있다. 자연과의 대화가 바로 여기에 해당된다. 앞으로는 자동기계인 로봇와의 대화도 가능하게 될 것이다.

대화가 가능하려면, 오는 말길과 가는 말길이 모두 열려 있어야 한다. 오는 말길만 열려 있고 가는 말길이 닫혀 있을 때 나타나는 언어가 명령과 지시(指示)이다. 명령과 지시는 오기만 하는 말의 일방통행이다. 오는 말길은 닫혀 있고 가는 말길만 열려 있을 때 가동되는 언어가 일방적인 주장과 요구이다.

대화의 단절이란 일방통행의 말길만이 가동될 때 나타나는 현상이다.

대화가 단절된 곳에는 만남도 없다. 대화는 인간의 만남의 한 방식이다. 서로 눈빛을 주고받음으로써도 인간은 서로 만날 수 있다. 그러나 그것은 만남의 원초적인 형태이며, 만남의 시초일 뿐이다.

대화는 이성적(理性的) 존재로서의 인간의 만남의 방식이다. 인간의 이성적 능력은 언어에 의해 드러난다. 그렇기에 인간이 언어를 사용한다는 사실은 인간이 이성적 존재라는 사실을 구체적으로 보여준다. 이성의 현장은 언어의 현장과 같다. 이성은 언어를 통해서 자신을 드러내기 때문이다.

주먹이나 이빨로 두 인간은 서로 만날 수도 있다. 그리고 총과 폭탄으로 서로 만날 수도 있다. 이것은 모두 물리적인 힘의 만남이다. 폭력과 폭력의 만남이다.

눈빛과 눈빛의 만남은 두 사람을 사랑의 관계 속에 끌고 들어갈 수도 있다. 그러나 주먹과 주먹의 만남은 두 사람을 적대적 관계로 바꾸어놓으며, 폭탄과 폭탄의 만남은 인간을 적대적 관계에 놓이게 할 뿐 아니라, 너의 존재를 부정하거나 나와 너 모두의 존재를 부정하는 데 도달하고야 만다. 그러한 폭력의 만남은 인간을 '사망의 골짜기'로 인도할 뿐이다. 그것은 인간을 어둠 속으로 인도할 뿐이다.

대화는 진리에 이르는 길이다. 인간은 서로 말을 주고받는 과정 속에서 자기 자신과 세계에 관해 더욱더 투명한 인식에 도달할 수 있다. 그리고 자신과 세계에 대한 투명한 인식을 얻음으로써 우리는 진리에 더욱 가까이 접근할 수 있다.

서양에서 스승 중의 스승으로 떠받들어지고 있는 소크라테스는, 대화를 진리의 산파술(産婆術)이라 보았다. 그가 제자들과의 대화를 통하여 진리를 탐구했다는 것은 너무나 잘 알려진 사실이다. 대화는 소크라테스에게 있어서 진리 발견법인 동시에 진리 창출의 방법이었다. 소크라테스의 제자인 플라톤은 그의 모든 저술을 대화의 형식으로 썼다. 플라톤에게 있어서 대화는 보통 사람들이 한가한 시간에 주고받는 가벼운 말의 교환을 넘어선, 진지하고 차원 높은 진리 파악의 방법이었다.

대화는 단순한 언어의 왕래 과정이 아니다. 서로 아무 연관이 없는 말들의 왕래는 진정한 대화가 아니다. 겉으로 보기에는 대화 같으나, 실제에 있어서는 일방적인 주장이나 독백을 각기 내뱉고 있을 뿐이다. 진정한 대화는 가는 말과 오는 말이 서로 맞물려 있을 뿐 아니라, 앞선 말에 비해 나중 말은 앞말이 포함하지 못한 그 '어떤 새로움'을 포함하게 됨으로써, 대화의 진행은 '점진적인 향상'의 과정을 형성하게 된다.

그러므로 이러한 대화는 진리를 향한 점진적 인식(認識)의 확대 과정이라고 파악될 수 있다. 소크라테스와 플라톤이 대화를 소중히 여긴 까닭이 바로 여기에 있다.

독일의 철학자 헤겔은 이러한 대화(dialogue)가 변증적(dialectic)임을 간파하고 이로부터 변증법(辨證法)이라는 사유방식을 체계화했다. 일반적으로 변증법의 기본 골격은 정(正, thesis), 반(反, antithesis), 합(合, synthesis)으로 간단히 정식화된다. 이 세 가지 계기(契機)를 대화의 경우로 풀이해 보면, 어떤 한 가지 의견이 나오면 그와 상반되는 또 다른 의견이 제시된다. 여기서 두 의견은 일단 대립되어 서로 자기의 입장들을 고수한다. 그런데 이와 같은 서로 양립 상태에 있던 대립은 더 이상 양립이 불가능한 상황으로 발전하여 두 가지의 입장 모두가 부정되는 데 이른다. 이 양자의 부정을 통하여 나타나는 새로운 입장이 합, 즉 종합(綜合)이다.

그런데 우리가 눈여겨보아야 할 것은 서로 대립적인 두 가지 입장의 부정을 통해 나타난 합이 단순한 산술 평균적 절충이 아니라는 점이다. 그리고 합은 단순한 혼합이 아니다. 두 가지의 대립된 입장이 부정된다는 것은, 두 가지 입장이 각기 자기와 상반된 입장에 자신을 비추어 봄으로써 자기의 모습을 분명하게 인식하게 되며, 그러한 참된 자기인식은 드디어 자기의 좁은 테두리 안에서 본 자기를 내던져버리게 된다는 것을 의미한다.

이와 같은 변증적 종합은 과연 우리의 대화에서 실제로 가능한 것인가? 물론 가능하다. 그러나 탐욕에 사로잡힌 사람들 사이의 대화에 있어서는 그것이 불가능하다. 엄격히 말해서 탐욕에 사로잡힌 사람들은 서로 참된 대화를 주고받지 못한다. 마주 앉아 서로 대화를 하는 것 같아도, 실제로는 저마다 독백을 내뱉고 있을 뿐이다.

대화를 통해 변증적 종합에 도달하려면, 대화자들이 탐욕으로 가득 찬 마음을 비우고, 오직 진리에 목말라 하는 경건한 자세를 지녀야 한다. 그렇기에 대화가 꽃피는 문화적 토양이 형성되지 않으면, '대화하자'는 언어는 또 하나의 탐욕적인 사술(詐術)로 끝나고 만다.

흔히 '지성(知性)은 자기 자신을 객관화하는 능력'이라고 말한다. 대화가 가능한 문화적 토양은 바로 이러한 지성이 활성화되는 세상이다. '우물 안 개구리', '돼지 셈법'에 사로잡힌 의식의 소유자들에게 대화는 불가능하다. 자기는 늘 예외로 접어놓고 남들만 보고 신사적인 행동을 하라고 명령하는 자, 자기는 규칙을 깨고 남들에게만 규칙을 지키라고 외쳐대는 자들은 원칙적으로 대화의 정신과 아무 관련이 없는 자들이다. 이들은 밀실 속에서 제작된 명령과 지시와 유시(諭示)에 대한 일사불란한 복종을 최대의 미덕으로 안다.

밀실 안에서 제작된 명령과 지시와 유시에 의해 다스려지는 나라가 다름 아닌 독재국가이다. 그렇기에 이러한 독재국가에서 지성을 멸시하고 탄압하는 것은 대화를 근본적으로 적대시하기 때문이다. 독재국가치고 반(反)지성적인 사회가 아닌 곳이 없는 것은 바로 이 때문이다. 지성인을 '문제'의 인물로 보는 것은 그 사회가 참으로 '문제가 있는 사회', 독재적인 사회라는 산 증거이다.

민주사회란 다름 아닌 말이 자유롭게 가동되는 '말이 열린 세계'이다. 민주사회는 대화에 의해 공동체의 문제를 해결해 가는 사회이다. 그렇기에 그것은 말길이 탁 트인 사회요, 말이 존중되는 사회요, 대화의 촉매인 지성이 소중히 여겨지는 사회이다. 말의 원활한 유통을 가능케 하는 말길을 막아놓고 대화를 하자고 하는 것은 자기모순이요, 하나의 겉치레에 지나지 않는다. 그리고 그 겉치레 뒤에 숨어 있는 것은 속임수일 뿐이다.

오늘날 우리 주위에는 대화를 말하는 사람들이 갑자기 많아졌다. 여하튼 좋은 현상이다. 그러나 문제는 대화를 말하는 사람들이 참으로 대화를 가능케 하는 대화의 정신을 갖추고 있는가 하는 점이다. 대화를 참으로 하겠다는 진실한 의도와 참 대화를 할 수 있는 빈 마음, 이것은 대화의 정신의 두 가지 구성요소이다. 대화에 대한 진실한 의도와 빈 마음이 없이, 그저 대화하자고 떠들어대는 것은 종교 사기꾼의 천당 이야기와 다를 바 없다. 그것은 '회칠한 무덤'이요, 양두구육(羊頭狗肉)일 뿐이다.

오늘 이 땅에 대화를 하겠다는 사람들이 먼저 해야 할 것은 말길을 활짝 열어놓는 일이다. 말길을 막아놓고서 말을 통해 문제를 해결하자는 것은 앞뒤가 안 맞는 말일 뿐 아니라, 모순된 자기의 실체를 드러내는 결과밖에 가져오지 못할 것이기 때문이다. 막힌 말길을 터놓는 것은 민주화의 선행조건이 아닐 수 없다. 입에 재갈 물린 백성들이 득실거리는 사회를 민주사회라고 떠들어댄다고 해서, 그 말을 곧이들을 바보가 세상에 몇이나 있을까.

실천에 의해 담보되지 않은 언어가 낳는 것은 불신뿐이다. 실천을 담보할 수 없을 때 침묵을 하는 것은 정직한 행위일 수 있다. 우리에게 오늘 필요한 것은 정직이다. 정직만이 좌절과 불신의 늪으로부터 우리를 구제할 수 있다.

진정한 대화의 토대는 정직이다. 소리를 낸다고 모두 말이 아니다. 말에 합당한 사물과 행위가 동반될 때, 참된 말이 된다. 말에 합당한 사물과 행위가 동반되지 않은 말, 즉 실천에 의해 담보되지 않은 말은 헛소리, 거짓 소리이다. 헛소리나 허튼소리 가지고는 대화가 이루어질 수 없다. 헛소리와 허튼소리의 오감은 세상에 소음 공해만 끼칠 뿐이다.

소도 한 번 빠진 구덩이에는 다시 발을 들여놓지 않는다는 속담이 있다. 짐승을 속이는 데도 한계가 있다는 말이다. 하물며 사람이야 말해 무엇하랴. 불신은 헛소리를 이미 경험한 정상적인 사람이 또 헛소리를 접했을 때 나타내는 정상적인 반응이다. 사기꾼의 성공은 그렇기에 언제나 시한부일 뿐이다. 때가 되면 그의 성공은 깊은 좌절과 참패로 역전되기 마련이다. 사람들이 늘 바보로 남아 있지 않기 때문이다.

오늘 우리가 처한 역사적 난국은 대화로 풀어야 한다. 그러기 위해 무엇보다 요구되는 것은 모두 '정직한 말'을 하는 것이다. 그리고 그 정직한 말들이 원활하게 오고 갈 수 있도록 말길을 활짝 열어놓아야 한다. 그러한 정직한 말들이 거침없이 오고 갈 때만 참된 대화는 이루어지며, 그 참된 대화를 통하여 이 지난(至難)한 역사의 매듭은 풀리게 될 것이다.

진리만이 오늘 우리의 역사를 희망의 역사로 전환시킬 수 있다. 대화는 바로 우리를 진리로 인도하는 유일한 길이다.

『한국인』(1986년 8월)

어디로 갈 것인가

1983년 8월이 끝나가는 어느 날 오스트리아의 키르히베르크라는 산골 마을에서 일어난 일이다. 나는 그때 매년 거기서 열리는 국제학술회의에 참석하고 있었다. 아침 회의가 끝나고 점심을 먹은 뒤, 각국에서 모여든 철학자들은 여기저기 무리지어 모여서 식후 객담을 즐기고 있었다. 마침 내가 우연히 낀 무리는 대부분 동구권에서 온 철학자들이었다. 그 가운데는 폴란드에서 온 철학자도 있었다. 이 소리 저 소리 하던 끝에 나는 폴란드에서 온 철학자에게 그 당시 한창 화제의 초점이 되었던 바웬사에 대해 이야기를 꺼냈다.

"노동자가 주인이라는 사회주의 나라인 당신의 나라에서 어떻게 바웬사와 같은 노동자들의 대표를 그렇게 마구 잡아 가두고 박해를 가할 수 있지요?"

이 말을 들은 폴란드 철학자는 대답을 하지 않은 채 빙긋이 웃고만 있었다. 그 대신 옆에 서 있던 다른 동구권 나라의 철학자가 입을 열었다.

"세상에 노동자가 주인 노릇하는 나라가 어디 있소? 노동자가 주인이라는 것은 선전에 불과할 뿐이오. 당신은 그 말을 진실로 믿고 있는 모양인데 노동자가 나라 주인 노릇하는 곳은 이 세상 어디에도 없는 것이 아니겠소."

이렇게 말하자 거기에 서 있던 사람들은 나를 쳐다보며 웃음을 터뜨렸다. 나는 같이 웃을 수도 없어 눈만 끔벅거리고 있었다. 그러자 옆에 서 있던 서구권 나라에서 온 한 철학자가 나를 향해 이렇게 말했다.

"당신이 달고 있는 이름표를 보니 한국에서 온 모양이군요. 내가 당신네 나라에 관심을 갖고 있는 것은 정치적인 이유 때문입니다. 요즘은 좀 자랑할 만한 일이라도 있습니까?"

그는 마치 몰아붙이듯이 나에게 말하는 것이었다. 어쩌면 나의 일생을 두고 잊을 수 없는 사건이 되는지도 모른다.

외국에 나가면 애국자가 되지 않는 사람이 없는 것 같다. 외국인이 자기 나라를 비방하는 것을 들으면, 어떻게 해서라도 변호하고 싶어지는 것이 상례이다. 이것은 비단 나에 대한 한정된 사정은 아닐 것이다. 한국 땅에서 일어나는 일이 비난을 받을 경우, 반드시 '한국'의 이름이 들먹여지는 형편이고 보면, 한국 사람인 나도 같은 비난의 대상 속에 포함되고 만다. 그러니 자기보호본능의 발동에서라도 자기 나라를 변호할 수밖에 없는 처지에 놓이게 되는 것이다. 그러나 숨긴다고 해서 있는 것이 없어질 수도 없으며, 변호한다고 해서 좋지 않은 것이 좋은 것이 될 수도 없는 일이다.

참된 의미에서의 '자주적(自主的)'인 하나의 민족국가의 수립, 그리고 사람이 사람답게 살 수 있는 삶의 터전으로서의 민주사회의 건설, 이것은 20세기 초부터 한국 사람들이 마음에 품어온 역사적 숙원이었다. 그러나 그 민족적 숙원은 아직도 '제대로' 실현되지 못했다. 외세의 개입이 그 실현을 가로막고 있는 중요한 역사적, 인과적 변수로 지적되어 왔다.

역사는 그렇다고 결코 남에게 책임을 전가할 수만은 없는 것이다. 역사 속에 살고 있는 역사의 주인공이 자기의 역사에 대한 책임을 결코 면할 수 없다. 이 땅에 살고 있는 사람들이 이 땅의 역사의 향방에 대해 책임을 지지 않을 수 없다.

35년 동안의 식민화로부터의 해방이 하나의 자주적인 민족국가의 수립으로 이행되지 못한 채, 오늘과 같은 분단의 비극적 상황이 초래된 것도 궁극적으로는 우리의 역량 부족 때문이었다는 것을 우리가 시인하지 않을 수 없다. 민주적 삶의 공간의 확보만 해도 그렇다. 그것이 외세의 개입과 결코 무관한 일은 아니지만, 외세의 개입에 그 책임을 전가만 하는 것은 사려 깊은 우리가 취할 온당한 자세일 수 없다.

비록 비틀거리는 걸음일망정, 민주 행군을 시작한 지도 벌써 40년이다 되어간다. 40세를 불혹(不惑)의 나이라 했으니 이제는 우리 역사도 뒷골목이나 배회할 때는 지났다. 세계 역사의 무대 위에 버젓이 설 수 있는 성숙한 민주사회를 형성해야 할 때가 되었다. 어른의 나이가 되어 어린애 짓거리만 하고 있을 수는 없다.

지금이야말로 참다운 의미에서 애국심이 더없이 요청되는 때이다. 애국심이란 낱말이 우리에게 매력을 지닌 언어가 되어서가 아니다. 수많은 건달들과 협잡꾼들이 벌여놓은 언어가 바로 애국심이란 낱말이란 것을 몰라서 하는 소리가 아니다.

우리 역사는 지금 희망과 절망의 갈림길 앞에 서 있다. 새로운 문명의 주인공에 이르는 희망의 행로와 국제적 노예의 삶으로 인도하는 절망의 행로가 우리 앞에 놓여 있다. 어디로 갈 것인가? 그것은 우리가 어떤 역사적 혜안을 가지고 역사적 결단을 내리느냐에 달렸다. 우리가 만일 목전의 떡에 눈이 벌겋게 달아올라 허둥거리게 되면, 우리는 이 역사적 천기(天機)를 놓치고 말게 될 것이다. 그리고 우리 역사는 19세기 말 한국사회를 뒤엎었던 절망의 먹구름에 휩싸이고 말게 될 것이다.

이제 우리가 어떤 처지에 있건 모두가 함께 힘써야 할 것은 역사의 '최소치(最小値)'를 확보하는 작업이다. 민주화를 위한 '공정한' 제도적 틀의 확보가 바로 그것이다. 그것은 우리 모두가 발을 딛고 설 수 있는 최소의 거점이기 때문이다. 딛고 설 땅이 없이는 아무것도 시도할 수 없다.

'혼자' 몽땅 얻으려는 독단적 몸짓도, '당장' 몽땅 얻으려는 성급한 몸짓도 오늘의 상황에는 적합하지 않다. 독단과 성급함 대신에, 남의 소리에도 귀를 기울이는 관용과 내일을 바라보며 오늘에 대처하는 혜안이 바로 오늘의 역사가 요청하는 최대의 덕목이다.

통행금지가 풀리면 온 나라가 도둑과 간첩의 천국이 될 것이라고 우려하던 사람들이 있었다. 다행스럽게도 그것은 하나의 단순한 우려에 불과했음이 증명되었다. 그렇기에 그것은 노파심에 나온 기우였고, 현실과 동떨어진 착각이었다.

한국에 민주화의 봄이 찾아오면 한국사회가 혼란의 북새통이 되지 않을까 염려하는 사람이 없는 것도 아니다.

허나 그것은 저 통행금지에 대한 기우만큼이나 현실과는 거리가 있는 생각이다. 이제 우리가 신통치 않다고 보는 나라들까지도 모두 세계사적 대세에 따라 새로운 모습으로 세계무대에 등장하고 있다. 아무려면 한국 사람이 그렇게도 뒤처질 수야 있을까.

일렬종대의 사회

"행복이 성적순인가?" 이것은 15세의 소녀가 남긴 유언의 항변이다. 그것은 오늘 한국 땅에 만연된 사회적 질병에 대한 죽음의 항변이다. 오죽이나 그 질병이 고통스러웠으면 나이 어린 소녀가 죽음까지 마다하지 않았을까. "난 친구를 많이 사귀고 싶고 남을 사랑하고 싶다. 그러나 어머니는 친구를 사귀지 못하게 한다. 나는 이런 어머니 밑에서 매일매일 썩어 들어간다. 난 이 삶에 경멸을 느낀다." 이것은 그 소녀가 남긴 여섯 통의 유서 가운데 가장 친한 친구에게 보낸 유서의 한 대목이다.

오늘 이 땅의 젊은 꽃들을 시들게 하는 질병은 '성적순 병(病)'이다. 오늘 이 나라처럼 대학입시를 둘러싼 기사가 온 나라를 법석하게 하는 나라를 나는 알지 못한다. 나는 소위 서양의 선진국이라는 나라들에서 그런 풍경을 본 적도 없으며 들어본 적도 없다.

사람은 누구나 제 잘난 맛에 사는지 모른다. 심리학자는 그것을 '인정받으려는 욕구'라고 표현한다. 학교에서 좋은 성적을 얻는 것은 바로 그러한 욕구를 충족시켜 줄 것이다. 그래서 이 땅의 어머니들은 자기의 자녀들에게 성적지상주의를 설파하고 강요하게 되는 것인지도 모른다. 그것이 마치 인생의 궁극적인 목적인 양 말이다.

이러한 개인들의 욕구들이 조화롭게 충족되도록 하는 것은 무엇인가? '올바른 사회적 틀'이 바로 그것이다. 온갖 법률과 제도가 그러한 기능을 수행하는 데 목적이 있다. 개인들이 지닌 상충하는 욕구들을 조정하고 충족시키는 장치가 바로 법률과 제도가 해야 할 일이다. 법과 제도면 모두 존중되고 떠받들어져야 하는 것이 아니다. 세상에는 '올바른 사회적 틀'로서의 기능을 제대로 수행하지 못하는 법과 제도가 있어왔으며 현재도 있다. 인류의 역사에 진보가 있다면, 그것은 바로 저 불구(不具)의 법과 제도를 정상의 것으로 대체하는 과정이었다고 말할 수 있다. 법과 제도는 완전무결한 존재인 신의 창조물이 아니라, 오류 가능성을 지닌 사람의 아들이기 때문이다.

오늘 이 땅을 지배하는 '사회적 틀'은 과연 어떤 것일까? 불구인가, 정상인가? 우리 모두 마음을 가라앉히고 곰곰 성찰해 보자. 우선 교육제도부터 한번 들여다보자. 대학 이전까지의 교육은 소위 평준화라는 잣대에 의해 통제되고 있다. 민주사회의 두 기둥이 자유와 평등이라면, 평준화는 평등의 이념의 실현을 지향하고 있는 듯이 보인다. 그러나 그 평준화가 사회 전체 수준의 하향 조정으로 기울어지고 있다면, 그것은 다 같이 못난 놈 되기 운동에 불과할 것이다. 평등의 이념이 소중한 까닭은 다 같이 잘난 사람 되기 운동을 지향하는 데 있을 것이다. 그러기 위해서는 열악한 위치에 있는 학생과 학교의 질적 수준을 높이기 위한 지원 장치가 마련되어야 할 것이다. 그러나 지금 형편은 어떠한가? 교육세를 거두기 시작한 지 벌써 오래되었건만, 그중 얼마나 교육을 위해 쓰이고 있는가?

대학교육의 형편은 어떠한가? 이른바 '학원문제'라고 부르는 근본적인 문제는 일단 제쳐놓고, 눈치전쟁으로 불리는 '선시험 후지원'의 입시제도가 겨냥하는 것은 과연 무엇일까? 들리는 말에 의하면, '선시험 후지원'의 제도가 노리는 것은 재수생을 줄이는 것이라고 한다. 이번 눈치 전쟁을 한탕 치르고 나서, 문교 당국이 발표한 시정 방향이라는 것을 보면, 그 제도의 과녁이 무엇인지를 더욱 분명히 보여준다. 각 대학 학과의 커트라인과 지원 상황을 제때에 공시한다는 것은 선택 결정을 위한 자료들을 충분히 마련해 준다는 데 그 의의가 있는 것처럼 보인다. 어찌 보면 합리적 선택을 위한 적절한 조치같이 보인다.

그러나 문제는 보다 깊은 데 있다. 지금 이 나라의 대학 이전의 교육은 '일렬횡대의 사회'로 귀결되어 가고 있으며 대학교육은 '일렬종대의 사회'를 지향하고 있다. 어찌 한 나라의 교육이 이처럼 일관성이 없을 수 있을까. 대학 이전까지 평준화의 통제 속에 묶여 있던 사람들이 갑자기 '성적순으로 앞으로 나란히' 구호에 맞춰 비평준화의 서열사회로 재편성되는 것이 오늘 이 나라의 교육의 현실이다. '옆으로 나란히' 구호에 맞추어 섰다가 '앞으로 나란히' 구호에 맞추어 재정렬하느라고 이 땅의 사람들은 지금 진땀을 흘리고 있는 것이다. 그야말로 힘겨운 기동훈련이 아닐 수 없다.

선시험 후지원 제도는 일견 합리적 선택을 부양하는 장치라고 주장될 수 있음직하다. 합리적 선택이란 선택에 필요한 여러 가지 자료가 투명하게 주어졌을 때에 가장 성공적으로 이루어질 수 있겠기 때문이다. 그러나 현실은 어떠한가? 선시험 후지원 제도가 생겨난 후, 학교 간의 격차는 자로 대고 줄을 그은 듯이 분명하게 되어가고 있으며, 소위 인기학과와 비인기학과의 성적 분포도 분명한 선을 나타내고 있다. 정말로 성적순에 따라 소위 인기학교 인기학과 순으로 일렬종대로 늘어선 세상이 되어가고 있다. 세상이 이런 판국에 "행복이 성적순이다"라는 처세술을 자식들에게 가르치지 않을 부모가 몇이나 될까? "행복이 성적순인가?"라는 유언을 남긴 15세 어린 소녀의 항변은 한 어머니에 대한 항변이라기보다는, 오늘 이 땅에 몸담고 살고 있는 모든 어머니와 아버지들에 대한 항변이 아닐 수 없다. 그리고 그 항변은 목숨을 끊은 그 한 어린 소녀만의 항변은 아닐 것이다.

그러면 출구는 없는가? '올바른 사회적 틀'을 고안, 시행하는 것이 바로 그 출구이다. 민주사회는 흔히 사람이 사람답게 사는 사회라고들 한다. 그리고 그러한 민주사회의 중요한 특성으로 '가치의 다원화'를 든다. 그리고 그러한 가치의 다원화는 입가에 맴도는 구호가 아니라, 사회의 구조로서 표현되어야 한다. 하나의 기준에 의해 늘어선 사회가 바로 일렬종대의 사회이다. 그것은 수직적인 권위주의적 사회요, 오직 명령과 구호에 따라 움직이는 획일적 사회이다.

다원적 사회는 사람들이 좋다고 하는 것들이 골고루 분산되어 있는 사회이다. 정치적 힘과 경제적 힘, 그리고 온갖 사회적 가치가 여러 가지 기준에 의해 고루 나누어져 있는 사회이다. 한 가지 기준만이 존중되는 사회, 한 가지 기준의 서열에 의해 상하가 분명하게 금이 그어져 있는 사회는 민주사회가 아니다. 물론 그것은 몇 사람만 재미 보기엔 안성맞춤인 세상이다. 민주사회는 모든 사회 구성원이 각자의 특성과 기준에 따른 욕구가 존중됨으로써, 모두가 재미를 보는 세상이다. 선다형 시험점수만 높은 사람이 재미 볼 수 있는 세상은 좋은 세상이 아니다. 여러 가지 다른 잣대를 가지고 각 학교가 학생을 선발하도록 제발 좀 놔두는 것이 다원적 사회의 형성과 운영의 이념에 합치하는 것이 아닐까. 노자(老子)의 무위(無爲)사상은 이 시대의 명약(名藥)이 아닐 수 없으리라.

『한국일보』(1986년 1월 26일)

희망은 있는가

세 밤을 자고 나면 1985년은 끝난다. 언제부터인가 인간은 시간을 토막 내어 한 시간 두 시간을 세며, 하루 이틀을 가리며, 한 달 두 달을 손꼽으며, 해가 바뀌어 또 새로운 해가 다가온다는 생각을 하며 살아왔다. 그리고 인간은 이러한 시간의 토막이 남기고 간 흔적을 더듬으며 온갖 사념(思念)의 세계에 침잠한다.

오늘은 바로 그러한 돌아봄에 잘 어울리는 시간인지도 모른다. 요즘 떠들썩하는 소위 망년회라는 것도 사실은 그러한 돌아봄의 계기로 시작된 일일 것이다. 돌아봄의 대상은 과거이다. 이미 사라져버린 시간의 토막이다. 그 시간의 토막 속에 침전되어 있는 온갖 사건들이다.

지난 362일을 메운 사건들은 이루 헤아릴 수 없이 많다. 내가 아침에 일이나 세수한 것도 사건이 아닌 것은 아니지만, 우리는 그것을 대수롭지 않게 여긴 나머지 사건 취급도 하지 않는다. 세상을 깜짝 놀라게 하는 사건만 사건 취급을 한다. '올해의 10대 뉴스'라고 지목해 놓은 사건들이 바로 그 전형적 예들이다.

2 · 12 총선으로부터 시작되는 올해의 10대 뉴스가 우리에게 보여주는 것은 무엇인가? 그것은 우리의 이맛살을 찌푸리게 하는 것인가, 우리의 이마의 근육을 활짝 펴게 하는 것인가? 이 나라의 정치가 자아내는 모양은 어떠하며, 경제가 돌아가는 모양은 어떠하며, 학문과 예술과 종교가 되어가는 모양은 어떠한가? 그리고 언론과 교육과 후생은 어떠한가? 이런 물음을 자꾸 늘어놓는 나를 보고 어떤 이는 이렇게 짜증을 낼는지 모른다.

"생각하기도 싫다. 제발 말도 꺼내지 마라. 그걸 모르는 사람이 어디 있느냐. 그냥 밀려 가보는 거지 뭐. 별 뾰족한 수가 있나. 뭐 아는 척하고 이 소리 저 소리 해보았자 입방아에 지나지 않아. 그냥 눈감고 가는 데까지 가보는 거지. 뭐 별수 있어." 정말 망연자실이다. 눈감고 꼬부라진 외나무다리 위를 걷는 사람의 형세, 그것이 바로 우리가 지금 놓인 상황인가.

눈을 좀 크게 뜨고 오늘 우리의 모양을 한번 점검해 보자.

오늘 '막다른 골목이다', '위기다', '막혔다'로 표현되는 이 나라 정치가 끌어안고 진땀을 흘리고 있는 것은 무엇 때문인가? 도대체 무엇이 우리를 꿈속에서 가위눌린 사람처럼 곤혹을 느끼게 하는가? 아무리 풀려고 해도 더욱더 엉클어져만 가는 것 같은 이 상황의 정체는 도대체 무엇인가? 우리가 이런 모양을 하고 있는 것은 그 무슨 악령의 장난 때문인가?

너나 할 것 없이 '민주'를 외치고 있는데도 민주화가 오늘 이 땅의 정치의 쟁점이 되고 있는 까닭은 무엇인가? 그것이 어찌 오늘만의 이야기인가. '민주, 민주' 하며 민주 연습을 시작한 지도 벌써 40년이 다 되어가고 있지 않은가. 이래 가지고서야 어떻게 나라를 사랑한다고 할 수 있겠는가. 애국심이란 세계 어디에 내놔도 부끄러움 없는 나라를 만들겠다는 결의여야 하지 않겠는가. 그런데 애국을 말하는 분들이 도모하고 있는 일은 과연 그런 것인가.

그리고 이 나라의 경제의 깊은 속은 꿰뚫어보지 못한다고 하더라도 주위만이라도 둘러보면 어떠한가? 빚은 고슴도치 오이 지듯 잔뜩 져놓았으니 좋은 물건을 잘 만들어 외국에 팔아 본전을 빼고 남은 돈으로 갚아야겠는데, 그 전망이 그리 밝지 않으니 걱정이 태산 같다는 이야기들이다. 소위 선진국으로의 수출 장벽이 높아간다는 사실이 그런 걱정의 하나요, 선진국으로부터의 수입 개방 압력이 그 다른 하나이다.

그야말로 좌우로부터 엄습해 오는 협공에 직면해 있는 것이 이 나라의 경제의 모습이다. 어디 그뿐인가. 그동안 이 땅의 알맹이들이, 월남의 전쟁터와 중동의 뜨거운 모래 들판과 이 나라의 공장과 들판에서 피땀 흘려 공동으로 쌓아놓은 이 땅의 재화가 소수의 흥청거림에 탕진되어 가고 있는 반면, 다른 한쪽에서는 직장을 잃고 생계를 꾸려나가기 어려운 사람의 숫자가 늘어가고 있지 않은가.

더 들먹일 필요조차 없는 이야기들이다. 그걸 모르는 사람이 이 땅에 어디 있겠는가. 그저 모두 우리를 우울하게 하는 이야기들뿐이니, 눈을 감고 대포나 한잔 들이켜며 세월을 잊어보는 수밖에 없지 않은가. 세월을 잊는 모임, 망년회(忘年會)가 그래서 오늘 우리의 유일한 출구요 위안이 되는 것일까?

그러나 그것은 일시적일 뿐이다. 눈감는 것도 잠깐일 뿐이다. 언제나 눈감고 살 수는 없다. 보기가 두렵고 듣기가 지겹고 생각하기가 끔찍하더라도, 보아야 할 것은 보아야 하며 들어야 할 것은 들어야 하며 생각해야 할 것은 생각해야 한다. 그래야 살길이 열린다. 보고 듣고 생각해야 할 것은 오늘 우리가 발을 딛고 서 있는 발바탕의 정체가 무엇인가 하는 것이다. 발바탕의 다른 이름은 현실이다.

'현실'은 '지금 있는 것'이다. 지금 있는 것은 그저 있는 것이 아니다. 모든 있음은 과거로부터 유래한 것이요 과거의 열매이다. 그리고 그것은 그냥 오늘만 있는 것이 아니다. 그것은 내일로 펼쳐져 간다. 우리는 가끔 오늘에 너무 열중한 나머지, 오늘밖에 생각이 미치지 못한다. 그러나 오늘에 뿌린 씨앗은 반드시 내일 거두기 마련이다. 역사가는 이것을 역사의 심판이라고 표현한다.

우리의 과거가 비록 한(恨)의 역사였다 할지라도, 오늘에 강한 삶의 의지만 있다면 슬퍼할 것이 없다. 그리고 설사 오늘의 현실이 막혀 있다 하더라도, 내일에 희망을 걸 수 있다면 우리의 가슴은 설렐 수 있다. 희망의 씨앗은 오늘을 사는 우리의 마음속에 있다. 희망의 씨앗은 우리의 선의지(善意志) 속에 잉태된다.

40년 가까이 유산(流産)만 거듭해 온 민주의 아기도 우리에게 선의지의 모태만 준비되어 있다면 탄생의 기약은 보장받을 수 있다. 외국 물건이 쏟아져 들어와 이 나라의 시장을 덮어버릴 것을 걱정하기 전에, 우리의 마음이 허황된 것을 두려워해야 한다. 외국 물건이 태산같이 쌓여 있다 하더라도, 우리의 생존을 위하는 참마음에서 그것을 안 사면 그만이 아니겠는가? 무엇이 애국이며, 무엇이 애족인가? 그리고 보릿고개를 걱정하던 때가 언제였기에 벌써 다 잊어버리고 그렇게 방만한 짓거리들에 열을 올리고 있는가. 차디찬 고지에서 총을 들고 떨고 있는 우리의 아들과 형제들과 어두운 감방에서 떨고 있는 사람들, 그리고 따뜻한 라면 한 그릇도 아쉬워하며 이 땅의 이 구석 저 구석에서 떨고 있는 불쌍한 우리의 형제들을 생각하는 것이 애국이요 애족이 아닐까.

'몰아 가지려는 생각'을 몰아내고 '나누어 가지려는 생각'을 나누어 가질 수 있을 때에, 바로 그때에 우리에게 희망의 싹이 움트게 될 것이다.

『한국일보』(1985년 12월 29일)

자아의 발견

　인간의 위대성은 자기인식(自己認識)의 능력 속에 있다. 인간이 은이나 금 그리고 다이아몬드보다 귀한 것도 그 때문이며, 장미나 백합보다 더 소중한 것도 그 때문이다. 그리고 날쌘 범이나 사자보다 사람이 위대한 것도 그 때문이다. 그리고 인간들 사이의 크기(偉大性)의 차이도 이 자기인식의 심도(深度)에 달렸다.

　자아(自我)의 발견은 인간의 자기인식 능력의 구체적 표현이다. 자기 자신을 발견한다는 것은, 그러나 잃어버렸던 만년필을 벽장에서 발견하는 것과는 근본적으로 다르다. 만년필은 공장에서 합격필증의 딱지가 붙여지는 순간 완성품으로 굳어진다. 그것은 이미 이렇게 될 수도 있고 저렇게 될 수도 있는 존재가 아니라, 일정한 형태로 고정되어 버린 존재이다. 그러나 인간은 모태(母胎)에서 출세(出世)하는 순간 완성품으로 태어나는 것이 아니다. 생리적 성숙을 완성의 기준으로 삼는다면, 20여 세가 되면 완성된 인간이라 볼 수도 있을 것이다. 그러나 인간은 단순한 하나의 생물이 아니다.

인간은 과거, 현재 그리고 미래라는 시간의 세 계기를 통해 형성되어 가는 역사적 존재이다. 인간은 그러므로 이미 고정된 항존적(恒存的) 실체가 아니다. 자아를 발견한다는 것은 거울에 비친 자기의 모습을 보는 것과 같은 것이 아니다. 한 인간이 누구인가는 시간의 세 계기의 긴장관계 속에서 이루어지는 한 인간의 역사 속에서만 밝혀질 수 있다. 따라서 시간의 역동적 계기 속에 전개되는 역사야말로 인간의 모습을 드러내주는 장(場)이다. 기성품으로서의 과거가 미래에 의해 하나의 가능성으로 파악되어 현재의 창조적 축(軸)에 의해 구체화되는 것이 삶의 역사의 역학(力學)이다.

자아의 발견은 이러한 삶의 역학의 응시에서만 가능하다. 이러한 자아의 발견은 역사를 바꾸는 모든 창조적 행위의 전제조건이다.

우리는 모두 한국인이다. 그리고 우리는 창조적 인간이기를 희망한다. 그러므로 우리의 자아의 발견은 지상과제가 아닐 수 없다. 우리 가운데 많은 사람들이 우리의 지난날의 내력을 들춰내는 일에 모든 열정을 바치는 것을 보고, 우리의 마음은 기쁨에 사로잡히게 된다. 그러나 옛 우리의 모습을 들춰내는 것이 곧바로 오늘의 한국인에 있어서의 자아의 발견과 동일시될 수 없음은 너무나 명백하다.

오랫동안 종놈의 신세로 살던 머슴이 자기는 운명적으로 종일 수밖에 없다고 생각한다. 이 머슴의 종 운명론의 논거는 바로 그가 종의 피를 받고 세상에 나왔다고 믿는 데 있다. 그의 아버지도 종이었고, 그의 아버지의 아버지도, 또 그의 아버지의 아버지의 아버지도 종이었고…. 이 머슴에게 자기의 조상이 종이 아니었다는 것을 보여주는 족보의 발굴은 그를 그의 종 운명론으로부터 해방시켜 줄 것이다. 그러나 그것은 그를 종 운명론이라는 관념으로부터 해방시켜 줄 수 있음에는 틀림없지만, 그를 그의 종 신세로부터 해방시키는 것을 의미하지는 않는다.

그가 그의 종 신세로부터 해방되기 위해서는 오늘 그 자신이 종이 하는 짓을 중단하고 새로운 방식으로 행동하지 않으면 안 된다. 자기 조상의 족보를 둘러메고 전시(展示)하는 것으로 현재의 못난 그의 신세를 면할 수는 없을 것이다. 우리가 옛 우리의 모습을 살펴보는 것은 내일을 내다보며 오늘을 살고자 하는 창조적 의지 때문이다.

문화란 인간이 그에게 주어진 삶의 조건 속에서 어떻게 그의 삶을 영위해 갔느냐를 보여주는 삶의 궤적(軌跡)이다. 달리 표현하면, 그것은 인간과 그의 삶의 조건이라는 두 변수(變數)에 의해 결정되는 하나의 함수(函數)이다. 따라서 문화는 불변의 실체가 아니다.

우리의 전통문화는 옛 우리가 그때의 삶의 조건과 대결하며 삶을 영위해 간 하나의 삶의 방식이다. 오늘 우리가 직면한 삶의 조건은 옛 우리(우리 조상)의 그것과 판이하다. 우리의 전통문화는 옛 우리가 씨름해야했던 삶의 조건에 알맞게 내려진 삶의 처방이다. 감기약에 특효인 처방이 설사에도 특효란 논리는 성립되지 않는다.

여기서 우리는 옛 우리의 모습을 들춰내는 작업의 의의가 무엇인가에 대한 암시를 얻을 수 있다. 의사의 진단에 필요한 자료는 환자의 현재의 신체적 조건에 대한 보고서 외에 과거의 그의 신체적 상황을 알려주는 기록이라는 것은 하나의 상식이다. 그러나 그의 과거의 신체적 상황을 알려주는 기록이 현재의 신체적 조건을 알려주는 보고서를 압도하는 비중을 지니게 될 때, 그 의사의 진단은 그 환자의 병을 고칠 수 없는 것이 되거나, 오히려 그 진단에 근거한 처방약이 새로운 병을 유발할 수도 있을 것이다.

옛 우리의 문화는 한마디로 '감성(感性)의 문화'이다. 이성(理性)보다는 감성의 원리에 따라, 주어진 삶의 조건 아래서 인간의 자기실현(自己實現)을 구현한 문화이다. 그것은 이론적이기보다 시적(詩的)이요, 논리적 논증(論證)보다는 직관적(直觀的) 통찰(洞察)이 군림한 문화이다. 그리고 계약에 의한 공적(公的) 집단으로서의 우리보다는 뜨거운 피에 의해 맺어진 가족으로서의 우리를 중심으로 하는 세계이며, 객관화된 이성으로서의 법(法)보다는 감성의 자연스러운 발로인 정(情)에 의해 다스려지는 세계였다.

그리고 그것은 인간의 욕망을 충족시켜 줄 대상들을 더 많이 획득함으로써 행복을 추구하기보다는 마음속에 도사린 욕망의 가지들을 쳐냄으로써 마음의 평정(平靜)을 추구한 세계였다.

$$\text{행복} = \frac{\text{성취}}{\text{욕망}}$$

이와 같은 행복의 공식에서 '분모(分母)를 줄여라'가 옛 우리의 삶의 지혜였다. 그렇기에 이성의 계략에 의해 자연을 도둑질하여 욕망을 충족시켜 줄 대상을 확대하려 하기(자연의 정복)보다는 자연에 맞추어 순응 내지 조화하는 것을 이상으로 삼았다. 욕망을 만족시켜 줄 대상들을 자연으로부터 점점 많이 빼내는 행복의 공식의 '분자(分子)를 늘려라', 즉 문명의 진보란 관념이 우리에겐 없었다.

온갖 이성의 계략과 계량(計量)은 잔꾀로 낙인찍혀 거부되었다. '뜨끈뜨끈한 정(情)', 그것만이 우리의 삶을 고양시켜 줄 최상의 원리라고 믿었다.

그러나 이러한 동방(東方)의 '고요한 정감의 세계'에 드디어 '서방(西方)의 폭풍'이 휘몰아쳤다. 고요한 열반적정(涅槃寂靜)의 세계가 혼돈의 세계로 바뀌었다. 서방의 이성의 잔꾀로 고안해 낸 대포의 폭음에 동방의 섬세한 신경이 경련하지 않을 수 없었다. 동양인의 열등의식은 여기서 생겨난 하나의 신경증 노이로제이다.

인간은 감성과 이성이라는 두 가지 정신적 기능을 가진 존재이다. 인간에 있어서 바람직한 상태는 그것들이 균형을 이루고 있을 때이다.

옛 우리(우리 조상들)는 그들의 삶의 조건의 도전에 대해 '감성의 응전(應戰)'을 했다. 그것은 그 당시의 삶의 조건에는 알맞은 것이었는지 모른다. 우리의 옛 조상들은 아무런 저항도 없이 자기의 생명을 내어주는 식물과 순응적(順應的) 관계를 맺어왔다. 서방의 원조(原祖)들은 잔꾀를 부리지 않으면 생명을 부지할 수 없었던 맹수와의 결투가 그들의 삶의 조건이었다. 그들의 삶의 조건의 도전은 동방의 원조(原祖)의 것보다 훨씬 강렬한 것이었다. 따라서 이성의 계략이 더욱 요청되는 삶의 조건이었다. 이 삶의 조건의 도전에 서방의 원조들은 '이성의 응전'에 의해서만 생명을 부지할 수 있었는지 모른다.

이러한 서방의 응전 방식은 서구의 합리적 사고로 발전되어 갔다. 서방의 합리적 사고가 자연에 적용되었을 때 과학을 산출했고, 그것이 다시 과학기술과 산업화를 유발시켰다. 그리고 그것은 인간 사이의 관계를 합리적 원리에 따라 질서지어 놓는 계약적 사회를 형성했다. 이것을 모두 합쳐 우리는 오늘 '근대화(近代化)'라 부른다. 이 근대화의 모델을 본떠 몸치장을 하기에 오늘 온 인류는 열광한다.

그러나 행복의 공식의 분자 늘리기에 열을 올려 자연을 도둑질하기에만 여념이 없는 서방의 문명의 모델은 자기모순적 적신호를 발견한다.

이제까지 추구해 온 과학기술에 의한 기하급수적 산업의 확대는 그냥 놔두면 머지않아 중요한 자연자원은 곧 밑바닥이 드러날 것이요, 온 땅덩어리는 기계의 배설물인 독가스로 가득 찰 것이라는 컴퓨터에 의한 명세서가 나와 있으니 말이다(Dennis L. Meadows, *The Limits to Growth*, 1972). 넉넉잡아 백 년이면 그렇게 된다는 계산이다. 그리고 인간에 대한 합리적 이해의 지식이 확대됨에 따라 그것을 이용하여 인간을 근본에서부터 철저히 조정할 수 있는 가능성이 도사리고 있다. 인간을 행복하게 하기 위해 마련된 서방의 이성적 문화 모델은 결국 인류의 종식과 인간 조종이라는 결과를 예견케 하고 있다.

지금 서방은 이성 비대증(肥大症)이란 병에 걸려 있다. 우리의 병은 감성의 예민성을 과도하게 신장시킨 데 있다. 그렇기에 우리는 자연과 인간의 관계를 합리적으로 다루는 데 부족했다. 요즈음 서방의 청년문화는 이성의 원리보다는 감성의 원리를 목청 높여 강조한다. 그것은 그들의 병이 감성의 결핍에서 온 이성과 감성의 불균형에 있기 때문이다. 그리하여 그들은 동방에서 치유를 구하려 한다. 그러나 우리의 병은 이성의 결핍에서 야기된 이성과 감성의 불균형에 있다.

따라서 감성적 요소를 더욱 많이 수혈(輸血)함으로써 우리의 병이 나을 수 없음은 너무나 명백하다. 오늘 우리 문화의 불균형은 서구의 그것과 정반대의 것에 기인한다. 서방은 이성에서 감성으로, 동방은 감성에서 이성으로 진행할 것을 오늘의 역사는 요청한다. 그리하여 각기 이지러진 것을 채워 균형을 이룰 때, 인류의 역사는 서방과 동방이 서로 만나게 될 것이다.

『주간조선』(1976년 7월 18일)

공(公)과 사(私), 법질서와 인정

'망연자실'이란 말이 있다. 나는 이 표현을 써본 적이 없다. 그런데 요즘 대한민국 땅에서 벌어지는 사태를 보면서 망연자실이라는 말이 떠오른다. 요즘 젊은이들은 '멘붕'이라는 말을 입에 올린다. 비슷한 상황을 나타내는 언어인지도 모르겠다.

마음을 가다듬고 보자면, 지금 이 땅에서 벌어지는 사태는 한마디로 정치적 빅뱅(Big Bang)이라고나 할까? 그 빅뱅 속에 있는 존재는 그야말로 망연자실할 수밖에 없다. 자연세계의 빅뱅도 엄청나지만, 정치적 빅뱅 속에 놓여 있는 사람이야말로 제정신을 차리기가 쉽지 않다.

1948년 이 땅에 대한민국이라는 정부가 세워진 후 이승만, 윤보선, 박정희, 전두환, 노태우, 김영삼, 김대중, 노무현, 이명박 등 아홉 명의 국가원수가 나왔다. 그리고 오늘의 박근혜 정권이 탄생했다. 이들 열 명의 국가원수에 대한 평가를 후대 사람들은 무엇이라고 할까? 오늘날 역사가들은 지난 아홉 명의 국가원수에 대해 제각기 다른 평가를 내리고 있다. 그래서 오늘날 한국의 근대사에 대한 이해가 제각각 충돌하고 있다.

후세의 역사가는 어떻게 말할지 모르지만, 나는 오늘의 사태를 보며 어처구니가 없다는 말이 입가에 돌 뿐이다.

인정(人情)이란 말이 있다. 어쩌면 박근혜라는 자연인은 인정에 끌려 살다 보니, 최순실 사태와 같은 엄청난 일이 불거지게 되었다고 말하는지도 모르겠다. 어찌 보면 박근혜라는 가냘픈 여인은 어린 나이에 어머니와 아버지를 흉탄에 잃고 멘붕에 빠져서 찢어진 마음을 감싸준 사람들에 대한 너무나 자연스러운 인정에 이끌렸는지도 모른다. 가엾은 자연인의 운명이다.

국가원수라는 자리는 자연인의 처지와 전혀 다른 삶의 공간이다. 국가원수의 자리는 공적 영역이요, 자연인의 자리는 사적 영역이다. 차원이 다른 두 가지 영역이다. 오늘 이 땅에서 벌어지는 사태는 차원이 다른 두 영역을 혼동하는 데서 생겨난 매우 불행한 사태이다.

보통 사람들도 가끔 이 두 영역을 혼동한다. 소위 김영란법은 이 두 영역에 분명한 선을 긋고 있다. 인정에 뿌리박은 전통적 인간관계에 익숙한 한국인들에게 김영란법은 매우 껄끄럽게 느껴진다. "법 없이 살 사람"이란 말이 한때 이 땅에서 애용되었다. 그런데 현대사회란 모름지기 법이라는 규율에 의해서 움직이는 세상이다.

지금 우리가 숨 쉬는 세상은 공(公)과 사(私), 법(法)과 인정(人情)을 확연히 구분할 수 있어야 민주시민의 품격을 지닐 수 있는 세상이다.

그렇기에 국가원수뿐 아니라 공직은 누구나 할 수 있는 자리가 아니다. 민주시민으로서의 기초적인 자질도 제대로 갖추지 못한 자들이 너무도 큰 권력욕에 눈이 벌겋게 달아올라, 세상을 온통 혼돈에 빠트리고 있지 않은가.

『성숙의 불씨』(2016년 11월 15일)

자율적 존재로의 환희와 고뇌

대학생활 4년은 분명히 우리의 삶에 있어서 가능성이 극대화되는 계절임에 틀림없다. 인간의 감성과 이성 그리고 신체 모두가 그 가능성의 극한을 향해 팽배되는 계절이 바로 이 시기이다. 폭발하여 작열할 것만 같은 정열, 순서가 없이 넘쳐 밀어닥치는 저 관념의 홍수, 그리고 주체할 길 없이 뻗쳐오는 근육의 힘이 소용돌이 속에서 꿈틀거리는 생명의 리듬, 그것이 바로 4년의 대학생활이다. 정열은 사랑 속에서 점화하며 불의에 저항하는 대열 속에서 폭발한다. 분출하는 새 관념들은 폐쇄된 기존 세계의 관념체계를 비판하며 새로운 가능성을 암시하려 든다. 근육은 하늘과 땅의 모든 공간을 자기의 운동의 광장으로 삼으려 한다. 그리하여 대학의 젊음은 사랑을 노래하며 진리를 모색하며 강렬한 생명력을 뿜어대는 기염을 토하게 된다. 분명히 대학의 4년은 우리 삶의 노른자위임에 틀림없다. 그렇기에 대학생활의 찬미는 우리 인생의 황금기에 대한 예찬이다.

삶의 질서에는 반복이란 없다. 한 번 지나가버리면 다시 돌아오지 않는다. 응석과 아양도 여기에는 전연 무력하기만 하다. 삶의 질서는 그만큼 냉혹하기도 하다. 일과는 반복되지만 삶의 계절은 내처 제 길을 따라 움직여갈 뿐이다. 가만히 돌이켜보면 우리가 대학의 문 앞에 이르기까지 우리의 삶은 정말 다양한 것이었다. 진리가 무엇이라고 인식하게 되기까지 우리는 하고많은 날들을 인쇄된 종잇장들과 그 얼마나 많은 씨름을 했던가. 우리가 세상에 태어나 걸음마를 배우고 난 다음 뛰는 걸 배우고 혼자서 동네에 나갔다가 집을 겨우 찾아 돌아오는 것을 배우고 난 다음부터, 우리는 무겁디무거운 책 뭉치를 운반하고 다녀야 했다. 정말 그 하고많은 날들을 그렇게 보내야 했다. 그리고 그 시절 우리의 모든 행사는 엄격히 어른들의 눈 아래 통제되어 있었다. 그러나 처음에는 저 보이지 않는 통제의 정체조차 의식하지 못했다. 그러다가 차차 그 통제의 손길을 의식하면서 우리의 몸짓은 통제로부터 탈출을 지향하게 되었다. 대학의 문을 두드리던 우리의 주먹은 그 통제의 문을 두드려 부수고 나서려는 탈출의 몸짓이었다. 어른이란 통제의 손길로부터 벗어나 있는 존재를 가리킨다. 대학 시절이란 바로 그러한 어른이 되는 시기이다. 이제는 자기의 힘으로 스스로를 통제할 수 있게 되었기에 또 다른 존재의 힘에 의해 움직여질 필요가 없기 때문이다.

타인으로부터의 통제에서 벗어난다는 그 해방의식은 우리에게 무한한 가능성의 희열을 안겨주었다. 여기서 우리는 자율적 인격적 존재의 환희가 무엇인가를 분명히 체험할 수 있다. 그러나 우리는 차츰 자기의 힘만으로 오직 자기만의 결정에 의해 모든 것이 이루어져야 한다는 사태 앞에서 심한 공포와 불안에 사로잡히게 되지 않을 수 없다.

스스로에게 주어진 자유는 무한한 가능성을 열어 보여준다. 이 무한한 가능성은 자기 자신의 존재의 확장을 기약해 주기에 존재의 환희를 느끼게 해주었으나, 그것은 동시에 허공 앞에서의 불안을 불러일으킨다. 그것은 바로 자유가 지닌 야누스의 두 얼굴이다. 무엇으로부터의 해방이라는 의미에서 자유는 한없는 기쁨을 안겨준다. 오직 혼자만이 무엇을 결정한다는 의미에서의 자유는 끝없는 불안과 고뇌를 불러일으킨다. 여기서 우리는 어른이 된다는 것(자율적인 존재)의 환희와 고뇌를 체험한다. 대학 시절은 그러한 환희와 고뇌의 계절이다. 우리의 삶 자체가 환희와 고뇌의 이중주이지만, 대학의 계절은 그 체험의 강도가 한결 강렬하다는 점에서 다른 삶의 계절과 구별된다. 생(生)이 지닌 저 이중적 성격을 그것은 가장 농도 짙게 보여준다. 그렇기에 그것은 삶의 진실을 드라마틱하게 표현해 주는 인생의 표본이다.

4년의 대학생활의 도가니 속을 통과하는 동안 우리가 깨닫게 되는 것은, 사랑은 그저 감미롭기만 한 것이라거나, 인간과 세계의 진상이 무엇인지 알게 되었다는 것에만 그칠 수 없다. 우리 모두가 사랑은 항상, 아니 영원히 장밋빛이길 바람에도, 꼭 그렇게만 되지 않는 소이연(所以然)이 무엇인가를 깨닫게 되는 고통스러운 인식을 어렴풋하게나마 갖게 된다. 그리고 중고등학교 교과서에 서술되어 있듯이, 인간과 세계의 진상이 무엇인지 명료하게 간단히 대답될 수 있는 것이 아님을 깨닫는 지적(知的) 절망과 아픔을 우리는 체험한다.

대학을 졸업한다는 것은 그러므로 뜨겁고 짙은 정열, 진리를 향해 응시하는 번쩍거리는 눈동자, 윤기 찬 피부와 탄력 있는 근육으로 충만된 성시(盛時)로부터의 떠남을 뜻하는 것 같다. 다시 돌아갈 수 없는 그 성시를, 그러나 너무 서글퍼할 것도 못 된다. 삶의 각 계절에는 제 나름대로의 고유한 의의를 지니고 있다. 아무리 새싹이 움트는 봄이 좋다 하더라도, 봄이 봄으로만 그치면 여름의 그 무성한 푸르름을 볼 수 없을 것이요, 여름이 여름으로만 그치면 가을의 풍요한 열매를 거두지 못할 것이다. 우리는 생명의 질서세계 안에서 존재할 뿐이다. 생명의 운동은 부단히 움직이는 것이요, 그것은 끊임없는 변화의 운동이요, 따라서 어떤 하나의 상태에 머물러 있을 수 없음을 말한다. 삶의 어떤 하나의 계절에 그대로 고착되어 있을 수도 없고, 또 옛것에로 귀환할 수도 없다. 삶의 질 서에 역행하는 모든 우리의 소원은 부질없는 하나의 영탄에 불과하다.

대학의 계절은 인생의 여름이다. 생명력이 극대화된 계절이다. 아무리 무성한 과수(果樹)라도 열매를 맺는 성숙의 계절을 맞이하지 못한다면 무엇이 좋을 것인가. 그러므로 대학의 졸업은 삶의 참된 성숙을 위한 조용하고 차분한 시작이 아닐 수 없다. 이제부터는 광기가 아니라 다듬어진 감성과, 순서도 없이 분출하는 관념의 홍수가 아니라 정렬된 이성의 사고가 지배하는 성숙의 계절이 기다리고 있다.

정말 이제까지 16년이란 기나긴 시간 동안 종이 위에 박힌 문자와 씨름하다 보니, 이제는 지쳐 있을 만도 하다. 푹 쉬고 싶다는 생각에 사로잡힐 만도 하다. 거기에 행복이 도사리고 있을 것같이 보일는지도 모른다.

우리는 흔히 아무것도 하지 않고 쉬는 데 행복이 도사리고 있는 것 같은 상념에 빠진다. 그러나 그것은 사실 자세히 들여다보면 삶의 진실이 아님이 드러난다. 삶이란 생명의 리듬의 연속이다. 리듬이란 서로 다른 것이 번갈아 나타나는 운동이다. 그것을 높낮이로 표현할 수도 있다. 그러나 그것을 달리 표현하면 긴장(stress)과 이완(relax)의 연속적인 계기 관계(繼起關係)라 할 수 있다. 우리가 말하는 행복감이란 이러한 생명의 리듬이 순조롭게 진행되었을 때 나타나는 주관적 느낌을 지시하는 표현에 지나지 않는다.

쉰다는 것은 이완, 즉 릴랙스인데, 긴장 없는 이완이란 있을 수 없다. 긴장이란 열심히 무엇인가를 하는 활동을 의미한다면, 열심히 무엇인가를 하지 않고 그냥 쉰다는 것은 이완이 될 수 없다. 따라서 행복감이 뒤따를 수 없다.

이것은 우리가 아무것도 하지 않고 얼마 동안 빈둥거려 보면 곧 깨닫게 되는 평범한 진리이다. 일을 열심히 하지 않고 가만히 앉아 있는다는 뜻에서 '평안히 살았으면' 하는 우리의 소원이 얼마나 삶의 진상과 거리가 먼 것인가를 깨닫게 된다.

경대 앞에 조용히 앉아 얼굴 맵시와 옷맵시에 전념하면서 행복을 찾으려 하는 것은, 분명히 긴장과 이완의 계기운동이라는 생명의 리듬에 비추어 볼 때 자기모순적인 행위에 불과함이 명백해진다. 열심히 살아 보지 않은 사람에게 삶의 행복이 어떤 것인가를 물어볼 필요가 없다.

우리가 사는 오늘의 시대는 인류 역사상 유례를 찾아볼 수 없을 정도로 인간으로서 여성이 지닌 의의가 재검토되고 있는 때이다. 여성의 가능성의 개발을 향해 긴장된 노력이 요청되고 있다. 더욱이 새로운 역사의 창조가 요청되는 오늘 한국의 상황에서 여성이 지닌 역할은 결정적이라는 사실을 길게 설명할 필요가 없다. 새 역사의 창조는 새 인간의 창조를 통해서만 가능하며, 새 인간의 창조는 새로운 가치관과 사고방식을 가진 새로운 세대의 출현을 통해서만 가능하기 때문이다. 어머니로서 여성의 역할을 우리가 여기서 다시 길게 이야기해 무엇하랴. 아쉬움과 함께 떠나는 대학가, 그러나 새로운 작업을 기다리는 성숙의 계절이 졸업생 여러분 앞에 서 있음을 알기에 여러분은 서슴없는 행복감에 싸여 있을 수 있는 것이다.

『성심대학보』(1977년 2월 24일)

철학 박사

말은 사물이나 사태를 보여주는 거울이다. 그러나 때로 말은 울퉁불퉁한 거울이나 때가 잔뜩 낀 거울과 같이 사물이나 사태의 비뚤어지거나 불투명한 모습을 보여주기도 한다. 말이 지닌 다의성(多義性)과 애매성은 바로 그런 역할을 하는 장본인이다. 사물이나 사태의 분명한 모습을 전달하려고 하는 사람에게는 다의성과 애매성은 없어서 좋은 언어의 특성이 아닐 수 없다. 그러나 어떤 사람들에게 있어서는 바로 이 언어의 특성이야말로 참으로 천만다행으로 여겨지는 언어의 성질이다. 언어의 다의성과 애매성은 필요에 따라 여러 가지 모습으로 사태를 나타냄으로써 온갖 종류의 기묘한 연출을 할 수 있게 하기 때문이다. 세상에는 이러한 언어의 다의성과 애매성의 덕을 톡톡히 보고 있는 사람들이 많다. 만일 직업별로 보면 아마도 정치를 업으로 삼는 사람 가운데 그 덕을 보는 사람들이 제일 많을 것 같다. 그러나 알게 모르게 그 덕을 보는 사람은 어디서도 만날 수 있다.

'철학 박사'란 말이 있다. 외국에 가서 역사나 신문학을 공부한 사람도, 교육학이나 언어학을 공부한 사람도, 문학이나 정치학을 공부한 사람도 자기가 철학 박사학위의 소지자란 것을 내세우는 사람들이 있다. 몇 년 전 일이다. 화학을 전공하여 외국에서 박사학위를 받은 어떤 선배 집을 방문한 일이 있다. 그 선배가 백발이 성성한 자기 부친에게 필자를 소개하며, "이 사람은 '진짜 철학 박사'입니다"라고 했다. 그 선배가 자기 부친에게 하고자 한 말은, 필자는 철학을 공부해서 박사학위를 받은 사람이라는 것이었다. 그런데 철학을 공부하지도 않은 사람이 철학 박사의 학위를 가졌노라고 말하는 근거는 무엇일까?

서양의 대학에서 주는 학위 명칭 가운데 'Doctor of Philosophy'(약자로 Ph.D)라는 것이 있는데, 이것을 직역하면 철학 박사란 말이 된다. 이 학위는 무엇을 공부했건 상관치 않고 주어지는 박사학위 명칭이다. 미국의 경우 전문대학원이 아닌 Graduate School이라는 대학원에서 주는 박사학위는 모두 Ph.D이다. 이 Ph.D를 받고 한국에 돌아와 번역하는 것은 본인의 소관으로 되어 있는 게 우리의 형편인 것 같다. 그래서 사람들은 자기가 정치학을 전공했으면 정치학 박사로, 음악을 전공했으면 음악 박사로 혹은 철학 박사로 번역해서 제 편리한 대로 사용한다. 이렇다 보니 우리나라에서 철학 박사로 행세하는 사람들의 정체가 제대로 드러나기 어렵게 되어 있다.

서양에서 'Philosophy'란 말은 200-300년 전까지만 해도 인간을 포함한 모든 현상에 관한 원리적인 탐구를 모두 지칭하는 말이었다. 학문의 분과화가 오늘날과 같은 형태로 틀이 잡힌 것은 수십 년 내의 일이다. 따라서 우리가 철학이라고 번역하는 '필로소피아'라는 서양 말은 다른 분과 학문과 구별되는 뜻으로 사용되는 오늘날의 철학이란 말과 다른 뜻을 지닌 말이었다. 이런 점에서 볼 때 Ph.D는 그냥 박사로 번역하고, 자기 전공을 앞에 붙여 부름이 언어로 인한 혼란을 막는 하나의 방법이 될 것이다.

『서울신문』(1979년 9월 10일)

알찬 실험대학

몇 년 전부터 여러 대학이 '실험대학'으로 선정되어 대학교육의 질을 높이기 위한 교육적 실험을 수행해 왔다. 그 실험의 내용 중 두드러진 것은 크게 다음 두 가지로 요약될 수 있을 것 같다. 계열별 모집과 졸업에 필요한 이수 학점수를 160학점에서 140학점으로 줄인 것. 이러한 제도상의 변화를 기획한 사람들이 무엇을 노리고 있었는지 필자는 직접 들은 바 없으나, 짐작건대 다음과 같은 것이 아닐까 한다. 계열별 모집을 통하여 학생들에게 학과 선택에 필요한 사전 지식과 시간적 여유를 부여하고, 졸업에 필요한 이수 학점의 양을 줄이는 대신 교육 내용을 좀 더 알차게 하자는 데 있었을 것이다.

필자는 대학교육의 질을 높이기 위한 방향을 모색하는 '실험대학'의 취지에 적극적인 갈채를 보내고 싶다. 한 나라의 대학교육의 질은 하나의 사회, 하나의 국가의 질을 결정한다는 명제가 진리임을 필자는 알기 때문이다. 그러나 필자가 제안하고 싶은 것은 실험대학은 현재와 같은 수준에 머물러서는 안 되겠다는 점이다.

한마디로 말하면 계열별 '모집'에 그칠 것이 아니라 계열별 '졸업'을 시켜야 하고, 단순히 학점수만 줄이는 행정적 조치에 그칠 것이 아니라 내실을 얻도록 정책적 차원의 지원이 있어야 한다. 선진국의 대학에서 읽히는 수준의 책들이 충분히 마련되어 있지 않은 상황에서 이수 학점수만 줄이면 결국 학생들이 졸업장만 비싸게 사는 결과밖에 되지 않을 것이다. 따라서 국가 정책적 차원에서 양서(良書) 출판과 번역에 대한 적극적인 지원이 절실히 요청된다.

그러면 계열별 졸업은 왜 필요한가? 한마디로 잘라 말하면 전공병(專攻病)으로부터 치유되기 위해서이다. 도대체 학부 학생들을 특정한 학과에 가두어놓고 한 가지 분야의 공부만 시키는 것은 누구를 위함이며 무엇에 쓰자는 것일까? 대학 4년 과정을 졸업하고 나가는 길은 크게 두 가지, 사회에 나가 실무에 종사하거나 대학원을 거쳐 학문 탐구에 전념하는 학자가 되는 것이다.

학부에서 한 가지 공부만 하는 것은 어디에도 크게 쓸모가 없을 뿐 아니라 거인적(巨人的) 성장에 오히려 장애가 된다는 사실을 깊이 통찰할 필요가 있다. 우리가 사회에서 부딪히는 문제들은 어떤 하나의 학문 이론이 해결할 수 있는 단일한 현상이라기보다는 여러 학문의 이론이 동시에 동원됨으로써 해결할 수 있는 복합적 현상들이다. 그리고 어떤 학문의 이론도 그 깊이를 더해 가면 갈수록 타 학문의 문제와 뗄 수 없이 연결되어 있음을 깨달을 때 학부과정에서 하나의 학과에 학생을 묶어놓는 것은 거인적 학문을 성취하려는 젊은이들에게 전족(纏足)이 아닐 수 없다.

『동아일보』(1977년 5월 20일)

무엇이 이 시대의 사람들을 미혹(迷惑)하는가

"사람은 최면적 동물이다." 나는 이렇게 말하고 싶다. 최면이란 한마디로 말에 이끌려, 말이 시키는 대로 사람이 움직이는 것이다. 그래서 멀쩡한 사람에게 "잔다, 잔다…"고 말을 되풀이하면 얼마 후에 깊은 잠에 빠져든다. 그렇게 잠에 빠져든 사람에게 다시 이렇게 최면의 말을 건넨다. "깨어나서, 동해물과 백두산이 마르고 닳도록… 애국가 1절을 부른다." 이렇게 주문을 외면 자던 사람이 깨어나서 애국가 1절을 부른다. 어찌 보면 미친놈같이 말이다. 이것은 기초 최면의 한 장면이다. 이와 비슷한 일은 어디서나 볼 수 있는 최면의 한 장면이다.

이것이 사람이다. 너무 이상해 할 것도 없는 사람 그대로의 모습이다. 물론 모든 사람이 이렇게 쉽게 최면술에 넘어가는 것은 아니지만, 상당히 많은 사람이 최면에 쉽사리 감염된다. 그래서 나는 사람이 최면적 동물이라고 말하고 싶은 것이다. 일찍이 서양사상의 맨 꼭대기에 우뚝 선 만학의 아버지 아리스토텔레스는 "사람은 이성적 동물이다"라고 갈파한 바 있음을 우리는 잘 알고 있다. 그래서 그의 가르침을 따른 많은 서양의 사상가들과 학자들은 '인간 = 이성적 존재'라는 등식을 철칙처럼 믿고 인간에 관한 여러 가지 설명을 하려고 무던히도 애를 써왔다. 그런데 '인간 = 최면적 동물'이라는 나의 새로운(?) 제안은 어찌 보면 아닌 밤중에 홍두깨 격이라고나 할까, 기이한 소리처럼 들릴 수 있다. 그런데 앞에서 지적한 최면의 한 장면은 너무나 일상적으로 관찰할 수 있는 눈앞의 뻔한 일이다.

사실 인간이 이성적 존재라는 주장이 무엇을 그 안에 담고 있는지 그렇게 확실한 것이 아니고 보면, 인간이 이성적 존재라고 해서 최면에 걸리지 않으리라는 법은 없다. 이성적 존재가 어떤 것인가를 잘 살펴보려면, 어쩌면 서양의 문명사에서 주장된 여러 가지 주장들을 모두 살펴보아야만 한다.

그것은 너무나 고답적인 이야기일 뿐 아니라, 지루하고도 복잡한 담론이어서 여기서 굳이 그 내용을 가지고 왈가왈부할 수는 없다. 단 한 가지 지적하고 싶은 것은 고답적인 언어로 묘사되어 왔던 인간에 관한 철학적 담론에도 불구하고, 인간은 나약한 갈대처럼 최면에 잘 빠져들 수 있는 흔들리는 존재라는 점이다.

'광신(狂信)'이라는 단어가 있다. 인류 역사를 뒤돌아보면, 광신에 푹 빠져 있는 사람들에 의해 보통 사람들이 엄청난 수난을 당해 왔던 기록들을 엿볼 수 있다. 지난 제2차 세계대전은 파시즘과 나치즘이라는 광신주의가 인류를 엄청난 고통 속에 빠뜨렸던 대표적인 사건이다. 그런 엄청난 광신의 폭풍 이외에도 인류는 크고 작은 광신의 폭풍 때문에 고통을 당했다.

오늘은 지구가 하나의 삶의 촌락처럼 우리 곁에 가까이 다가선 시대이다. 과거에는 멀리 떨어져서 서로의 존재를 전혀 알아채지 못한 채 살던 지구 위에 사람들이 가까이 서로 마주치는 세상이 되었다. 그런데 우리는 그렇게 멀리 있던 새 이웃을 낯선 손님으로 마주한다. 그러면서

'끼리끼리'는 뭉치고 다른 것들은 배척하고 격파하려 든다. 무슨 깃발을 휘두르며 말이다. 이 '광신의 깃발'이 문제이다.

지금 세계 도처에서 그런 광신의 깃발이 나부끼고 있다. 자기편이 아니면 폭파한다. 그 폭파의 굉음이 온 세상에 울려 퍼지고 있다. 오늘 이 땅은 어떤가? 그렇게 꿈틀거리고 있는 여러 가지 징후들을 우리는 느낀다.

제발 이 땅에서나마 우리는 그 광신의 폭음을 듣지 않았으면 좋겠다. 민족주의도 물론 괜찮다. 그러나 민족이 절대적인 것이라는 광신만은 갖지 말자. 그리고 그 무슨 고상한 이념들도 다 좋다. 그러나 그것만을 붙들고 미치는 일일랑은 하지 말자. 균형 잡힌 시선이 우리에게 필요하다. 그 시선은 나와 다른 것들에도 고루 나누어져야 한다. 그래서 나와 다른 그것들도 나와 같은 귀중한 존재라는 것을 잊지 말자.

광신이 무서운 것은 그 시선이 한 군데에만 고착되어 있다는 데 있다. 그래서 그 한 군데 이외의 것은 보지 못하는 데 있다. 그래서 광신은 맹신과 한데 얽혀 있다.

오늘은 역설의 시대이다. 지구가 하나의 촌락으로 되어가고 있는데, 그래서 세계 속의 모든 사람들은 한 식구처럼 끌어안고 살아야 하는 때임에도, 나와 다른 타자들을 원수처럼 쳐부수려고 야단들이다. 이 역설의 시대에 나는 이렇게 부르짖고 싶다.

"다른 것이 아름답다"고.

『철학과 현실』(2005년 가을)

앎과 함과 됨

"너는 돌이나 다름없어."

"뭐라고? 내가 돌과 다름없다고?"

"그래, 그렇지 않으면 어디가 다른가 말해 봐."

"허허, 그걸 말이라고 하나? 돌이 그래 눈이 있나 귀가 있나. 그리고 손발이 있나. 게다가 돌은 보지도 듣지도 못하고 나처럼 걸어 다니지도 못하잖아. 그러니 굳이 이런 소릴 계속 해야겠나?"

"아, 네가 말하려는 요점은 돌은 죽은 물건(無生物)인데 너는 산 물건(生物)이라 이거지? 그런 것쯤은 나도 알고 있어. 하지만 결국 둘 다 물건(物)이긴 마찬가지 아니야? 더욱이 산 물건은 너 말고도 개나 고양이, 닭, 돼지, 소, 말, 거기다가 좀 안되긴 했지만 벼룩이나 이, 진드기 등 너무도 많잖아? 그리고 움직이지는 않지만 배추나 무, 고추 또 무궁화, 소나무, 사과나무, 가시나무 같은 것도 산 물건들이잖아?"

"그래, 네가 한 말이 틀렸다고는 할 수 없지만, 그래도 나를 강아지나 돼지, 심지어 벼룩이나 진드기 같은 차원에서 산 물건으로 취급하는 것은 너무하지 않은가?"

"뭐가 너무하단 말이야? 그러니까 네가 산 물건, 곧 생물이 틀림없지 않아? 사실을 있는 그대로 받아들이는 것이 네 기분에는 거슬릴지 모르지만…."

"내가 말하려는 것은 그저 단순한 생물이 아니다 이거야. 이를테면 거 뭐냐, 그래 차원이 좀 다르단 말이야."

"차원이 다르다고? 그렇다면 그 차원의 내용이 문제지."

"너 인간의 존엄성이라는 말 들어봤지? 그런데 강아지의 존엄성이나 인권이라는 말은 못 들어봤잖아. 그게 바로 사람과 강아지를 갈라놓는 차원의 문제란 말이야."

"그러고 보니 뭐가 다르긴 다르다고 해야 할 것 같은데, 그렇지만 존 엄성이니 인권이니 하는 말이 있다고 해서 꼭 그런 것이 존재한다고 주 장할 수는 없다고 생각해. 세상에는 실제로 존재하지도 않으면서 말만 존재하는 것이 많잖아. 이를테면 '하늘을 나는 말', '용', '둥근 사각형' 같은 것들 말이야."

"그러나 사람이 존엄한 존재라는 것은 그냥 헛말이 아니라, 제도에 의 해서 보장되고 있다는 것도 사실이 아닌가? 물론 인권이라는 말만 있고 현실적으로는 존중되지 않는 나라들이 허다하긴 하지만 말이야."

"존엄성이니 인권이니 하는 말이나 또 그것을 높이 숭상하고 보장하 는 사회가 있는 것도 사실이긴 하지만, 그것은 어쩌면 사람 스스로가 스 스로를 귀중하게 여기는 마음에서 생겨난 주관적 산물이라고 볼 수도 있 지 않을까? 개도 인권 대신에 개의 권리, 그러니까 '견권'이 있다고 개들 이 주장할 수도 있지 않을까? 존엄성이라는 것도 말하자면 스스로 귀한 존재라는 생각에 뿌리를 두고 생겨난 것일 테니까."

"하기야 네 말대로 그럴 수도 있긴 하지만, 중요한 점은 개들은 스스 로 견권을 주장하지 않는다는 점이야. 개들이 모여서 자기들의 권리를 주장하는 데모를 했다는 말도 못 들었거니와 그 같은 권리를 보장하는 그 어떤 제도를 가지고 있다는 말도 나는 못 들어보았어."

"물론 나도 그렇지만, 그건 우리가 개들이 사용할지도 모르는 그들만의 언어를 이해하지 못하기 때문이 아닐까? 우리가 만일 개들이 사용하는 언어가 있어서 그걸 이해할 수 있다면, 사정은 다르지 않겠어? 달리 말하자면, 현재 우리가 놓여 있는 형편으로 봐서는 개의 세계를 이해할 수 없는 것이 엄연한 사실이고 그래서 그러한 사실을 토대로 결국 개는 아무런 존엄성이나 권리가 없다고 우리 인간 편에서 말하고 있는 게 아닐까? 그러니까 개에게 인간과 같은 존엄성이나 권리가 없다고 하는 것은 어디까지나 우리 인간 쪽에서 생각하는 일방적인 주장인지도 모르지."

"그래도 나는 우리 사람에게는 그 무엇인가 고유한 것이 있다고 믿어. 나는 그런 의미에서 돌과 같은 존재가 아닐 뿐더러 개와도 다른 존재라고 주장할 수밖에 없어."

"그래? 그렇다면 '그 무엇'이란 과연 무엇일까?"

1. 사람을 사람답게 하는 특성

사람들은 언제부터인가 '진리'를 이야기해 왔다. 그러나 정작 진리란 무엇인가라는 물음 앞에 서면 우리의 지성은 금세 그 어떤 당혹감에 휩싸이고 만다. 그래서 그 잘 돌아가던 혓바닥도 가벼운 경련과 함께 운동이 정지되고 만다. 철학자들은 "진리란 무엇인가?"라는 물음 하나를 붙들고 일생을 씨름하는 사람이라고 해도 지나친 말이 아니다. 그 물음 자체가 어쩌면 인간존재의 인간다움을 보여주는 중요한 징표인지도 모른다. 매일은 아니더라도 사람이 태어나서 숨을 거두기까지 적어도 한 번쯤은 그 물음을 묻는다. 그게 사람인지도 모른다. 왜 그 물음을 묻는가?

그저 묻고 싶어 묻는다. 밥은 왜 먹는가? 그저 먹고 싶어 먹는다. 그게 사람이다. 죽지 않기 위해서 먹는다고 말할 수 있다. 그러나 그저 먹고 싶어 먹는 것이 인간의 원초적 사실이다. '죽지 않기 위해서'라는 말을 하기 위해서는 반성적 사유가 요구된다. 굶주린 사람은 죽고 죽지 않고를 생각하기 이전에 그저 먹고 싶은 욕망이 그를 압도한다. 그런 뒤에 사람은 반성을 통해서 '죽지 않기 위해서'라고 말을 덧붙인다.

달밤에 문간에 한 마리의 개가 앉아 있다. 고독이라도 느낄 만한 시공(時空)이다. "나는 왜 이처럼 집 문간에 앉아 있는가? 나는 도대체 무엇인가?" 도대체 살 만한 가치가 있는 것인가? 진리에 따라 살아야 하나? 그렇다면 진리란 무엇인가? 이런 물음들을 개도 물을 수 있을까? 그러나 우리는 그럴 수 없다고 믿을 뿐이다. 그것은 아마도 사람의 오만한 독단인지도 모른다. 인간은 오직 자기 자신만 이런 물음들을 물을 수 있는 존재로 스스로를 규정한다. 여기에 인간의 존엄과 권리의식의 뿌리가 있는지도 모른다.

사람도 먹어야 산다. 그리고 후손을 위해 씨를 뿌림으로써 종(種)의 생명이 이어져간다. 다른 모든 산 것들도 그렇다. 이 점에서 사람도 산 물건(生物)의 한 종류에 불과하다. 그러나 인간은 스스로를 이렇게 생각한다. '앎, 함, 됨'이 바로 인간을 다른 산 물건과 구별해 주는 특성이며, 바로 이것이 인간을 오늘날의 인간으로 있게 하였다고. 서양 사람들은 이를 '이성과 감성'이라는 말로 표현하려고도 했다.

2. 앎의 의미와 완전한 앎의 어려움

'앎'은 무엇이 어떠함을 아는 것이다. 내 책상 위에 찻잔이 놓여 있다는 것을 나는 안다. 오늘 배추 한 포기 값이 어제보다 100원 더 올랐다는 것을 나는 안다. 나는 나의 지나친 성취욕 때문에 늘 절망의 그림자가 나의 마음에 드리워 있음을 안다. 나를 둘러싸고 있는 환경 세계 속의 대상들과 그 안에서 일어나는 사회적 사건들, 그리고 타인들과 자기 자신, 이 모든 것에 대하여 나는 앎을 구성한다.

앎의 최대치는 '있는 그대로 봄'이다. 무엇을 있는 그대로 봄이 가능할 때 우리는 진리를 획득한다. 그것은 인간의 인식 활동이 도달하고자 하는 정점이다. 그러나 그것은 인간 활동의 긴장의 초점으로서만 작용할 뿐, 완전한 실현은 늘 우리로부터 떨어져 있다. 우리는 진리를 향해 긴장된 운동의 도상에 있을 뿐, 진리의 종착역에 이르지는 못한다. 인간은 완전한 진리를 향한 동경자일 뿐, 그 소유자는 되지 못한다. 그 까닭은 우리의 인식의 눈이 그렇게 투명하지 못하기 때문이다. 우리의 눈을 흐리게 하는 것은 무엇보다도 우리의 탐욕과 편견이다. 그러나 설사 우리가 탐욕과 편견으로부터 완전히 해방되어 있다 하더라도 우리가 완전히 진리에 이르렀다고는 장담할 수 없다. 왜냐하면 우리의 봄은 늘 '시각'을 전제하고 있기 때문이며, 우리가 본 사물의 모습은 '이러이러한 시각에서 본'이라는 단서가 붙어 있기 마련이기 때문이다. 그러므로 유한한 존재인 인간이 '모든 시각을 초월하여 봄'이란 불가능하다. 물론 우리는 몇 가지의 시각을 넘나들며 사물을 볼 수 있다. 그리하여 하나의 시각에서 본 사물의 모습에 고정된 독단의 우물에서 벗어날 수는 있다. 그러나 아무리 여러 가지 시각들을 넘나들더라도 우리는 '모든' 시각들에서 본 '봄'을 획득할 수는 없다. '모든'은 우리의 능력 밖에 있을 뿐이다.

3. 섣부른 앎의 폐해

오늘을 살고 있는 우리는 인류 역사상 어느 때보다도 투명한 눈으로 자연의 모습을 읽을 수 있게 되었다. 그것을 '과학의 영광'이라고 사람들은 말한다. 그러나 과학의 영광 뒤에 드리운 그림자까지도 우리는 눈여겨보아야 한다. 그렇기에 어떤 지적 오만도 질책되어야 함을 우리는 여기서 깨닫는다.

자연에 대한 과학적 개안(開眼)에 자극을 받아 흥분한 사람들은 인간의 역사와 사회에 대해서도 그 어떤 철칙을 획득했노라고 목청 높여 소리쳐댔다. 그러나 그것은 일종의 '허풍'에 지나지 않았음이 현실로 드러났다. 우리가 지금까지 획득한 사회에 관한 인식(앎)이란 고작해야 '그럴 수도 있는 그 어떤 성향' 정도에 지나지 않는다. 그것은 '거친 추측' 이상의 것이 못 된다. "선무당이 사람 잡는다"고 옛사람들은 경고했다. 무당이라고 해도 결코 만능의 존재는 아닐진대 하물며 채 여물지도 못한 '돌팔이 과학들'이 자아내는 위해(危害)는 이만저만한 것이 아니다. 거짓 선지자처럼 인간과 세상을 더 어지럽게 하는 것은 없다.

과학의 위력에 대한 과대평가의 못자리 위에서 돌팔이 과학들은 무성하게 자란다. 과학이 인간의 지적 능력의 결정임에는 틀림없으나, 그것은 결코 절대적인 것도 결정적인 것도 완전한 것도 아니다. 과학은 극도의 엄밀성과 절제를 요구한다. 물론 그것은 대담한 상상력도 요구한다. 그러나 오늘날의 세상에는 그러한 엄밀성과 절제는 동반되지 않은 채 단순한 상상력이 짜놓은 관념의 공중누각이 과학의 이름으로 바겐세일되고 있다. 인간의 사회와 역사에 관한 인간의 앎은 그 어떤 철칙과 같은 것에 이르기에는 아직 요원하다. 지금 우리에게 요청되는 것은 무지의 고백이요, 지적 겸허이다.

태초부터 인간에게 자기 자신의 정체는 최대의 수수께끼로 남아 있다. 자아의 인식. 너무나 뻔한 것 같으면서도 꽉 손에 잡히지 않는 것이 바로 자기 자신이다. 공작새의 깃털보다도 알쏭달쏭한 변용의 모습. 자기 자신처럼 자기가 더 잘 아는 존재는 없다고 누가 과연 장담할 수 있겠는가. 그렇다고 또 누가 감히 타인을 그 자신보다도 더 잘 꿰뚫어 볼 수 있다고 주장하겠는가. 자연에 관해서는 오늘날의 10대의 젊은이가 공자나 석가보다, 또한 예수보다 더 잘 알 수도 있다. 그러나 오늘의 어떤 대학교수와 박사가 공자나 석가나 예수보다 자아에 관하여 더 투명한 눈을 가졌다고 장담할 수 있겠는가. 결국 자기 자신처럼 뻔한 것도 없는 것 같으나, 투명한 자아의 인식처럼 도달하기 어려운 것도 없다. 자연에 관한 엄청난 성과를 거둔 과학의 발전에도 불구하고 무지의 베일에 가려져 있는 것이 바로 사기 자신의 모습이 아닌가. 자아의 참된 인식이 곧 진리에 이르는 입문이라고 성현들이 가르친 것이 결코 과장된 수사(修辭)가 아닌 것 같다.

4. 앎의 사용으로서의 함

'진리를 위한 진리'가 한때 서양문명을 지배하기도 하였다. 그러나 진리의 인식 자체가 인간의 내재적 요구의 하나라고 하더라도, 진리의 인식은 인간의 여러 가지 필요와 욕구를 충족시키는 일들을 위해서 유용한 방법으로 사용될 수 있는 가능성을 제시한다. 한마디로 진리의 '사용'의 문제가 진리의 빛을 더욱 드러낸다. 원자 구조에 관한 물리학의 이론은 자연에 대한 객관적 앎이지만, 원자탄을 만드는 기술은 그 어떤 가치를 전제하고 있으며, 더욱이 원자탄의 사용은 가치판단을 그 안에 포함하고 있다. 바로 이 대목에서 우리는 앎에서 함으로 넘어간다.

모든 '함(行, 實踐)'은 가치를 전제하거나 포함하고 있다. 우리가 단순한 앎에서 함으로 이행할 때 우리는 가치 세계의 일원으로 편입된다. 진리의 이용을 우리는 공학(engineering)이라고 부른다. 공학에는 자연에 관한 공학과 사회에 관한 공학이 있다. 모두가 함을 위한 진리의 사용이다. 산업문명은 자연공학과 사회공학의 합작품이다. 앞의 것은 자연에 관한 앎을 인간의 목적에 따라 사용하는 함이요, 뒤의 것은 사회에 관한 앎을 인간의 이상에 따라 사용하는 함이다. 여기에서 중요한 것은 목적과 이상의 방향이다. 목적과 이상의 방향이 다름 아닌 가치요, 가치관의 문제이기 때문이다. 그러므로 어떤 방향으로 자연을 이용할 것인가라는 물음에 대한 근본적인 반성 없이 효율성의 극대화만을 노리며 함을 거듭해 온 문명, 그것은 분명히 위험한 도박이 아닐 수 없다.

오늘날 우리가 처한 문명은 과연 어떤 방향으로 가는 것일까? 어떤 방향으로 우리가 끌고 가는 것일까, 아니면 그저 우리가 정처 없이 어디론가 끌려만 가고 있는 것일까? 오늘날의 운명의 수인(囚人)들은 정처 없이 떠다니는 자연의 기아(棄兒)들인가? 소위 문명의 이기라고 만들어놓은 공학의 아들들이 인간의 행복의 증진에 봉사하기보다는 고통의 증가만 산출하고 있다면, 그것은 분명히 이기(利器)가 아니라 해기(害器)라고 불러야 마땅하다.

5. 됨의 의미와 중요성

인간이 자기 자신에 대한 앎을 자기 자신에게 사용하는 것이 바로 '됨'이다. 됨은 자기의 변용이다. 소크라테스가 말한 지행합일(知行合一)의 이념이 타당한 영역이 바로 자아의 영역이다. 자아에 관한 앎이 곧 됨으로 연결될 때에만 참된 앎이라고 할 수 있다. 이것이 저 그리스의 선철(先哲)이 말하고자 한 참뜻일 것이다.

됨은 함과 마찬가지로 '방향'을 포함하고 있다. 아무렇게나 할 수도 있으며 아무렇게나 될 수도 있다. 그러나 함과 됨에서 방향성이 결여되면, 그것은 허공을 향해 쏜 화살과 다름없다. 함은 원천에 있어서 됨에 매달려 있다. 사람이 어떻게 되었느냐에 따라 어떻게 하느냐가 결정된다. 여기서 우리는 오늘날의 문명의 위기의 뿌리가 어디에 있는가를 암시받는다. 곧 사람의 됨됨이가 문제의 알맹이로 부각됨을 우리는 여기서 본다. 그러나 오늘날 배움터에서는 사람됨의 문제를 너무나 가볍게 보아 넘기고 있다. 앎과 방향이 없는 함의 공학에만 눈독을 들일 뿐이다. 그것이 오늘날의 교육의 위기이자 학문의 위기이다. 그리고 이런 위기가 바로 오늘날의 문명의 위기의 씨앗을 구성하기도 한다. 방만한 탐욕에 찌든 인간이 기획하는 자연공학과 사회공학이 산출할 세계의 종말이 어떠한 것인가는 굳이 경험해 보지 않더라도 짐작할 수 있다.

앎, 함, 됨은 인간의 삶에서 유기적으로 결합되어 있다. 그것이 본래의 모습이다. 오늘날의 문명의 위기는 그 유기적 통합의 상실에 뿌리가 있다. 그것은 자연에 관한 공학의 성과에 대한 놀라움과 지나친 평가에 압도된 우리 인간들이 자초한 결과물이다. 그러므로 앎, 함, 됨은 분리되어서는 안 된다. 구체적인 삶의 현장에서 그것이 하나로 살아 숨 쉴 때, 인간은 돌과 진드기와 개로부터 구별될 수 있는 존재, 곧 '인간존재'가 될 수 있다. 그럴 때 비로소 "나는 돌이 아니다"라는 문장이 빈말이 아니라 참말이 될 것이다.

『독서와 논리』(1994년 2월)

생각하는 인간을 길러야 한다:
고교 철학교육의 부활을 건의하면서

1.

인간은 자연 안에 존재하는 자연물의 하나이며, 그 자연물 가운데서도 움직이며 살아가는 존재인 동물의 한 종류임에 틀림없다. 이러한 동물의 한 종류인 인간이 다른 존재로부터 구별되는 커다란 특징을 든다면 그것은 말할 것도 없이 그 '생각하는 힘의 위대성'이라 할 것이다. 이 생각하는 힘으로 인하여 인간은 비록 물리적 힘에 있어서는 별 대단한 존재가 아니지만, 모든 자연물 가운데서 으뜸가는 위치와 특권을 누리게 되는 것이다. 인간의 저 위대한 생각하는 힘이 산출해 놓은 것이 바로 문화이다. 인간은 문화를 창출하는 존재이다. 인간의 위대함은 바로 여기에 있다. 인간의 생각하는 힘이 산출해 놓은 온갖 지식과 지혜는 바로 이러한 문화의 알갱이다. 철학은 바로 이러한 문화의 알갱이를 이루는 지식과 지혜의 뿌리이다. 철학은 가장 '근본적'이며 '포괄적'인 생각의 다발이다. 뿌리 없는 줄기와 잎을 생각할 수 없듯이 철학 없는 문화를 상상할 수도 없다. 뿌리가 깊지 않은 줄기가 견고할 수 없듯이 깊은 철학에 뿌리를 두지 않은 문화를 견고하다고 볼 수 없다.

'바른 생각'과 '깊은 생각'이 없는 문화를 위대한 문화라고 말할 수 없다. 바른 생각과 깊은 생각을 할 줄 모르는 사람들이 우글거리는 나라와 민족을 위대한 나라와 위대한 민족이라고 할 수 없다. 철학이 없는 문화, 철학이 없는 나라와 민족, 그것은 껍데기 문화, 껍데기 나라에 불과하다. 발가벗은 동물의 왕국 이외에 그것은 아무것도 아니다. 우리 한국 사람들은 한때 우리가 걸친 무명옷이 서양 사람들이 걸친 나일론 옷만 못하다 하여 부끄러운 얼굴빛을 어찌하지 못했던 적이 있다. 그러면서 우리가 입으로 외쳤던 것은 그들의 물질문명의 우월성에 대한 우리 정신문명의 우월성이었다. 도대체 물질문명은 무엇이며, 정신문명은 무엇인가? 깊은 생각이 없는 곳에 위대한 물질문명은 어디 있으며, 위대한 정신문명은 어떻게 가능하단 말인가? 물질문명을 가능하게 하는 것이 물질 그 자체가 아닐진대 위대한 생각하는 힘, 위대한 정신이 없는 물질문명이란 도대체 무슨 말인가? 물질문명이란 자세히 들여다보면 결국 위대한 정신적 활동의 한 부산물에 불과하다.

물질 그 자체에 탐닉하며, 그것을 욕망의 충족 대상으로만 쫓고 있는 한, 인간은 아무런 물질문명도 창출하지 못할 것이다. 원시적 상태에 그냥 머물러 있을 수밖에 없다. 역설적이게도, 정신적 활동과 노작(勞作)을 소중히 여기는 곳에 풍요한 물질은 그 부산물로 뒤따라오지만, 그것을 가볍게 여기고 물질 자체에만 눈이 벌겋게 달아 있는 곳에는 아무런 물질적 풍요도 가능하지 않다. 책을 읽지 않는 사람들로 충만한 사회가 물질적 풍요를 어디에서 얻을 수 있을까? 물질은 물질 그 자체가 가져다주는 것이 아니다. 적어도 산업문명에 있어서 물질적 풍요는 인간의 생각하는 힘이 창출해 놓은 하나의 열매이다.

오늘 한국인은 '수준 높은' 문화, '인간다운' 삶을 누리기를 희망한다.

그것은 정신적 활동, 정신적 노작(勞作)을 소중히 여기는 풍토를 조성하는 데서만 가능하다. 소위 선진국과 후진국을 나누는 기준은 단순한 경제지표만이 아니다. 그 사회 구성원들이 얼마나 바른 생각, 깊은 생각을 하느냐 하는 것이 그 근원적 기준이 될 것이다. 몸에 얼마나 화사한 화공섬유 물질을 걸치고 다니느냐에 따라 사람들을 구별하자면, 이제는 아프리카와 유럽에 사는 사람들을 구별하기 어려울 것이다. 인간개조니, 의식개혁이니 하는 문제도 결국 따지고 보면 얼마나 바른 생각과 깊은 생각을 하느냐 하는 문제로 귀착됨을 알 수 있다. 한 사회가 어떤 수준에 있느냐 하는 것은 '오늘'을 살고 있는 그 사회 구성원들이 얼마나 '바른' 생각과 '깊은' 생각을 하며 사는가에 달려 있다. 옛사람들이 그들의 시대를 살며 창출해 낸 생각의 다발인 '옛' 문화적 유산이 바로 오늘의 우리를 살찌게 하는, '오늘의' 우리 문화는 아니다. 그것은 오늘을 사는 우리의 생각의 자료와 밑거름은 될 수 있다. 오늘 우리가 바른 생각과 깊은 생각을 하는 일을 내던져버리고, 입에서 '민족문화'만 외치고 다닌다면, 오늘 우리의 삶은 초라한 모습을 면할 길이 없을 것이다.

2.

오늘 우리에게 바른 생각과 깊은 생각의 중핵(中核)을 이루는 철학적 사고가 어느 때보다도 절실히 요청된다. 우리가 서 있는 역사의 지점은 이중적 의미에서 역사의 중대한 '전환기'이기 때문이다. 전환기는 철학의 고향이며 철학이 필수적으로 요청되는 시대이다. 철학적 사고는 인간의 사고와 행동의 '기본적 틀'에 관한 근원적이며 포괄적인 사고이다. 그런데 전환기는 바로 그러한 인간의 사고와 행동의 기본적 틀이 바뀌는 시기이기에, 새로운 사고의 틀이 탄생하는 때도 이때요, 그 새로운 사고와 행동의 틀이 절실히 요청되는 때도 바로 이 전환기가 아닐 수 없다.

오늘 우리가 서 있는 이 역사적 지점은 그러한 전환기이다. 이중적 의미에서 그렇다. 인류문명사적 관점에서 볼 때 그러하며, 한국의 역사적 관점에서 볼 때 또한 그렇다. 인류 역사는 이제 막 새로운 형태의 문명이 시작하려는 그 여명기에 서 있다(인류의 운명이 그 종말을 고하지 않는다면). 앨빈 토플러는 그것을 '제3의 물결'이라고 불렀다. 앞으로 다가올 새로운 문명은 새로운 형태의 사고와 행동의 틀을 요구한다. 그렇기에 새로운 철학석 탐색이 요청된다.

한국의 역사는 말할 것도 없이 과거의 전통문화와는 아주 판이한 새로운 문명의 도전 앞에 서 있다. 우리의 전통문화는 서구가 이제 막 극복하고 넘어서려는 근대 산업문명과도 크게 다르다. 따라서 우리가 극복하고 넘어서야 할 것은 이중적인 복잡성을 띠고 있다. 그렇기에 우리에겐 엄청난 사고의 변혁과 모험이 요청된다. 너무나 '근원적'이며 '전면적'인 사고의 투쟁이 감행되지 않으면 안 된다. 우리가 오늘 철학적 사고가 그 어느 때보다도 필요하다고 말하지 않을 수 없는 이유가 바로 여기에 있다. 단순히 옛것을 모방하거나 남의 것을 추종함으로써는 이 역사적 전환기를 성공적으로 살 수 없을 것이다. 우리 스스로가 우리의 생각하는 힘을 짜고 또 짜내어 우리가 부닥친 문제를 규명하고 풀어내줄 '자생적(自生的) 철학'을 창출해 내지 않으면 안 될 것이다. 그럼으로써 우리는 한국인의 '자생적 문화'를 창조할 수 있을 것이다.

철학적 사고는 고도의 '논리적 사고'를 수반한다. 이와 같은 고도의 논리적 사고는 우리의 전통적 문화에서는 크게 기대할 수 없는 지적 자질이다. 그러나 산업문화에서도 그렇지만 앞으로 다가올 새로운 문명에서는 그러한 고도의 논리적 사고는 필수적인 인간적 자질이 아닐 수 없을 것이다. 또한 철학적 사고는 고도의 논리성과 더불어 고도의 추상화 능력을 내포한다. 영어의 'speculation'이라는 말은 고도의 추상적 사고인 사변(思辨)을 뜻하기도 하며, 동시에 투기라는 것을 뜻하기도 한다.

사변과 투기는 그 근원에 있어서 동일한 것인지도 모른다. 고도의 추상화의 능력이 없이는 투기를 할 수 없다. 현재에 감각적으로는 볼 수 없는 세계를 머릿속에 추상화하여 새로이 만들어놓고 그것을 볼 수 있을 때에야 비로소 사변과 투기는 가능한 것이기 때문일 것이다. 고도의 추상화의 능력이 없을 때, 장기적인 계획을 제대로 세울 수 없을 것이다. 장기적 계획을 제대로 세울 수 있으려면, 현재에 없는 것을 머릿속에서 추상화하여 앞으로 닥쳐올 것을 미리 내다봄으로써만 가능할 수 있다. 고차적(高次的)인 사고는 바로 이러한 고도의 추상화 능력을 발휘할 때만 가동된다. 한국인에게 있어서는 서구인에 비해 추상화하는 능력이 제대로 개발되지 않았다는 것은 많은 논자(論者)들에 의해 지적되어 왔다. 철학적 사고의 훈련은 이렇듯 한국인에게 더 아쉬운 고도의 논리적 사고와 추상화 능력을 배양하는 데 크게 기여할 것이다.

철학적 사고는 앞에서도 지적한 바와 같이 포괄적인 사고, 전체적인 사고를 지향한다. 현대의 두드러진 특징의 하나는 모든 작업의 분업화, 즉 전문화이다. 이 전문화가 지닌 장점은 물론 능률의 극대화이지만, 그 위해(危害)는 인간의 부분품화, 전체를 볼 줄 모르는 '정신의 왜소화'라 할 수 있다. 현대의 이와 같은 상황은 그 어느 때보다도 '포괄적인 전망'을 지향하는 철학적 사고의 훈련을 요청한다.

3.

현재 우리나라에 있어서 중고등학교 교육은 '보편적인 시민교육'의 뼈대를 이루고 있다. 물론 국민학교 교육은 그런 보편적 시민교육의 토대인 것은 말할 것도 없다. 그런데 우리나라의 중등교육과정에 있어서 위에서 그 중요성이 강조된 철학적 사고를 훈련하는 교육과정이 거의 완전히 배제되어 있는 것이 오늘의 한국 교육의 실정임은 우리 모두가 잘 아는 사실이다. 이것은, 많은 논자들이 누누이 지적해 온 바와 같이, 상급학교 입시를 겨냥하여 이루어지는 '암기 위주의 주입식 교육'이 한국의 중등교육의 일반적 특성으로 굳어온 우리의 교육적 현실과 밀접히 연결되어 있다고 보인다.

일정한 '정보'를 '기억'하는 것이 소중하던 때도 있긴 하였다. 그러나 오늘날과 같이 컴퓨터가 모든 정보의 기억을 보다 효과적으로 저장했다가 필요시에는 언제나 신속하게 제공해 주는 컴퓨터 시대에 있어서는, 정보를 암기하는 교육이야말로 한심하기 짝이 없는 일이 아닐 수 없다. 이런 암기교육은 인간이 기계보다 열등한 존재임을 확인시켜 주는 데 기여할 수 있을 뿐, 이 새로운 문명사회에서 인간이 '창조적'으로 적응하여 성공적으로 살 수 있게 하는 데 아무런 역할도 수행하지 못하는 것은 너무나 뻔하다. 쉽게 말하면, 컴퓨터가 할 수 없는 사고능력을 배양하는 것이 오늘의 교육의 목표가 되어야 할 것이다. 철학적 사고는 바로 그러한 사고의 알맹이라고 볼 수 있다. 이러한 사고의 훈련이 보편적인 시민교육과정에서 완전히 배제되어 있는 오늘의 교육 현실에 대해서 근본적인 반성과 함께 개혁이 요청된다.

역사적으로 살펴볼 때, 암기 위주의 교육은 우리의 낡은 의식의 전통과 깊이 연관되어 있기에, 그동안 많은 논자들의 지적에도 불구하고 좀처럼 바뀌지 않고 있음도 사실이다. 그것은 옛것을 그대로 따르고 계승해 가는 데 후학(後學)의 사명이 있다는 비창조적인 정체적 의식풍토이다. 이와 함께 우리에게 서구로부터 수입된 '기능 위주'의 교육의 사상이 지나치게 강조되어 이 땅 위에 전파된 데도 오늘의 병리적(病理的)인 교육의 상황이 이루어지게 된 원인이 있다고 하겠다.

물론 오늘의 시민교육이 단순한 소위 '인간교육'에만 치중할 수 없음은 말할 것도 없다. 오늘의 산업사회에 있어서의 대중교육은 기능을 중시하는 직업교육적 성격을 띠지 않을 수 없다. 그러나 그것이 우리에게는 너무 지나치게 강조되어 직업적 기능과 직접 연관되지 않은 교육은 쓸데없는 것으로서 뒷전으로 밀려나는 결과를 초래하였다. 우리가 여기서 먼저 분명히 해야 할 것은 본말(本末)이 거꾸로 뒤집힌 교육이어서는 안 되겠다는 점이다. 모든 기능적 효율성은 그 자체가 소중한 것이 아니다. 그것은 '인간다운 인간의 삶'을 영위하기 위한 하나의 '방편'이라는 사실을 잊어서는 안 될 것이다.

여기서 우리는 지난날 우리의 교육적 현실을 반성하면서 교육의 정상화를 가다듬어야 할 시점에 서 있음을 느낀다. '인간다운 인간을 위한 교육'이 바로 교육의 정상화일 것이다. 우리는 오늘 이 사회의 사람들이 물질의 가치에 너무 혈안이 되어 있다는 한탄의 소리를 이곳저곳에서 들을 수 있다. 암기 위주의 교육은 오늘과 같은 정보산업사회에서 성공적인 기능적 교육이 될 수도 없을 뿐 아니라, 인간다운 인간의 삶을 위한 교육이 될 수도 없다. 중등교육과정에서 철학적 사고의 훈련을 시켜야 한다는 주장이 뚱딴지같은 새로운 주장이 아님은 말할 것도 없다. 서구의 선진국을 비롯한 많은 나라에서 철학교육이 중등교육의 중요한 교과목으로 예부터 교육되어 왔다는 사실은 우리에게 전혀 새로운 이야기가 아니다. 우리의 경우에 있어서도 해방 후 한동안 철학이 중등교육의 교과목으로 되어 있을 뿐 아니라 대학입학시험 과목으로까지 되어 있었던 것도 사실이다. 그랬던 것이 기능 위주의 교육, 입시 위주의 교육으로 교육의 실태가 왜곡되면서 철학교육이 중등교육과정에서 완전히 사라지고 말았던 것이다. '얄팍한 인간상'이 한국의 보편적인 시민교육과정에서 계속 부추겨지는 것을 방지하기 위해서도 철학적 사고의 훈련은 중등교육에서 실시되어야 할 것이다.

교육은 미래의 인간의 주조(鑄造) 과정이다. 내일의 한국인들이 어떤 사람들일 것인가는 오늘의 교육을 보고 점칠 수 있을 것이다. 교육의 틀은 그처럼 중요하다. 오늘의 교육의 틀을 '얄팍한 인간'이 되도록 짜놓고서, 내일에 '위대한 한국인', '수준 높은 한국인'이 나타나기를 기대하는 것은 저 시베리아의 얼음판 위에서 한 송이 아름다운 백합화 피기를 기대하는 것과 무엇이 다르겠는가. 우리가 교육에 관심을 가지는 것은 내일의 밝은 한국사회, 내일의 위대한 한국의 역사를 희구하기 때문일 것이다. 우리가 오늘의 한국 교육을 개혁하고자 하는 것은 오늘의 교육으로부터 태어날 내일의 한국의 어른들이 '바른 생각'과 '깊은 생각'을 하는 '수준 높은 정신'의 소유자들이 되기를 염원하기 때문일 것이다. 학교가 천박한 인간만을 양산하는 '인간 공장'이 되고 말 때, 우리의 내일에 무슨 희망을 걸 수 있을 것인가. 우리가 한국의 위대한 민족문화가 탄생하기를 염원한다면, '바른 생각'과 '깊은 생각'을 제대로 할 줄 아는 '생각하는 한국인'의 탄생을 위해 오늘의 교육의 틀을 정비하는 일을 착실하게 시작하지 않으면 안 될 것이다. 그것만이 참다운 민족중흥과 위대한 한국을 보증해 줄 것이기 때문이다.

한국의 역사는 한국 사람들의 생각이 빚어내는 창안물이기 때문이다.

『주간조선』(1982년 7월 18일)

철학이 없는 오늘의 한국 교육

1. 삼단논법의 허실

교육의 정상화, 이것은 오늘 한국 땅에 몸담고 살고 있는 사람들의 3
대 관심사의 하나이다. 정치의 민주화와 자주적이고 균형 잡힌 산업경
제의 확립이 그 다른 2대 관심사라 할 수 있다.

그러면 도대체 이 나라의 교육에 무엇이 잘못되어 있다는 말인가? 한
가지 확실한 것은 지금 이 땅에 살고 있는 사람치고 이 땅의 교육이 어디
엔가 고장이 났다고 느끼지 않는 사람이 그리 많지 않다는 사실이다. 그
래서 이러쿵저러쿵 이야기가 무성하다. 모두 한마디씩 한다. 어쩌면 나
도 그런 무성한 이야기꾼 중의 하나일지 모른다.

오늘 이 나라 사람들이 지닌 교육에의 관심은 소위 하나의 전문 영역
으로서의 '교육학적 문제'에 국한되어 있지 않다. 어쩌면 그것은 '사람
과 사회의 근본문제'와 결부된 관심일지 모른다. 그렇기에 그것은 사람
과 사회의 근본문제에 관심을 지닌 모든 학문이 관여해야 할 문제이며,

그런 문제에 관심을 지닌 모든 사람의 지혜를 동원해서 풀어가야 할 문제이다.

도대체 의미 있는 삶은 무엇이며, 인간이 인간답게 살 수 있는 사회의 얼개는 어떤 것인가 하는 물음이 바로 오늘 우리의 교육의 문제와 연관되어 제기되고 있는 물음이다. 그렇기에 우리가 오늘의 한국 교육과 더불어 야기되는 문제를 풀어나가기 위해서는 그와 같은 인간의 근본문제와의 연관 속에서 사유하지 않으면 안 된다.

그런데 그 근본문제는 다름 아닌 이제까지 철학이라고 알려진 학문의 주관 아래 종합적으로 탐구된 문제이다. 이제까지 우리나라에서 여러 차례의 교육정책의 변경이 있어왔지만, 그 어느 것 하나 이와 같은 '전체적이고 근본적인 시각'에서 제안된 해결책이 아니었던 것같이 보인다. 그렇기에 오늘의 한국 교육의 방황과 고민은 바로 저 철학의 부재(不在)에 연유한다고 진단할 수 있을 것이다.

흔히 사람들은 이렇게 말하기도 하였다. (1) 해방 이후의 한국 교육은 미국식 교육이다. (2) 미국식 교육에 문제가 있다. 따라서 (3) 한국 교육도 문제가 있다. 이와 같은 삼단논법에 의한 오늘의 한국 교육의 현황에 대한 진단이 있다. 이런 진단의 두 전제가 참이라면 그 결론은 물론 타당하다. 올바른 삼단논법의 추리이기 때문이다. 그러나 문제는 두 전제에 있다. 우선 첫째 전제인 "해방 이후의 한국 교육은 미국식 교육이다"라는 전제부터 검토해 보자.

우선 해방 이후의 한국 교육은 그 겉 얼개만 보면 미국식과 엇비슷하다. 그러나 그 속을 들여다보면 결코 미국식이 아니라고 잘라 말할 수 있다. 그 겉 얼개가 엇비슷하다는 것은 6-6-4라는 교육 연한을 두고 말하는 것이다. 국민학교 6년, 중고등학교 6년, 대학교 4년이 바로 그것이다. 그리고 미국처럼 단선적 제도라는 것이 그것이다. 그것도 대충 엇비슷한 것이 사실이다.

유럽의 전통적인 교육제도는 국민학교(기초학교) 4년을 끝낸 후 대학 예비학교로 진학할 학생과 직업학교로 진학할 학생으로 갈라진다. 11세의 나이에 인생행로가 결정되는 셈이다. 이것은 6-6-4가 아닐 뿐 아니라 직업학교와 대학예비학교라는 복선의 교육제도이다. 우리 한국의 교육제도는 이런 유럽식 복선제도가 물론 아니다.

그러면 겉 얼개는 미국과 비슷하나 속을 들여다보면 크게 다르다는 것은 무엇을 말하는가? 우선 지적되어야 할 것은, 미국의 교육제도는 우리처럼 모든 학교가 국민학교 6학년 끝내고 또 다른 학교인 중학교에 입학하는 것과 같이 국민학교와 중학교 사이에 엄격한 칸막이가 있지 않다. 물론 이것은 그렇게 대수로운 일은 아니다. 중요한 것은 결국 교육의 내용과 방법이며 학생 모집 방법 등이라 할 것이다. 오늘 우리에게 문제되는 것은 신통치 않은 몇 권의 교과서에만 매달려 그것을 외우고 또 외우는 '껍데기 교육'이며, 학생 모집 방법의 하나인 입시제도의 문제이다. 그런데 이런 '껍데기 교육'과 입시제도의 문제는 미국에서는 발생하지 않고 있다.

그러므로 위의 삼단논법의 둘째 전제인 "미국식 교육에 문제가 있다"는 명제도 다른 시각에서 검토되어야 마땅하다. 도대체 미국식 교육에 전혀 문제가 없는 것은 아니라 할지라도(실제로 미국에서도 요즈음 자기들의 제도를 놓고 여러 가지 이야기가 분분한 것을 보면 문제가 없는 것은 아님이 분명하다), 우리 한국에서 지금 떠들고 있는 문젯거리를 바로 미국식 제도가 지닌 본질적인 결함이라고 지적하는 것은 일단 온당하다고 볼 수 없다.

왜냐하면 우리가 지금 시행하고 있는 입시제도와 교육방법은 미국식 제도에 달라붙어 있는 장치가 아니기 때문이다. 미국에는 우리와 같은 입시제도가 없으며, 우리와 같은 교과서 암기식 교육이 존재하지 않기 때문이다.

솔직히 말해서 우리의 교육제도는 미국식이라기보다는 일본식이라는 것이 더 맞을 것같이 보인다. 일본식이라는 것도 자세히 들여다보면 미국의 겉 얼개를 본받긴 했지만, 그 내용에 있어선 미국식도 아니요, 그렇다고 유럽식도 아니다.

대학의 학부 학생을 학과에 소속시켜 가두어놓는 것은 소위 미국의 명문 사립대학에서 찾아볼 수 없다. 학부 학생이 입학 때부터 학과가 정해지고 그 학과로 졸업하는 것은 일본식이다. 미국에 있어서 대학의 학과는 교수와 대학원 학생만을 묶어놓는 구성단위이다. 적어도 소위 전통 있는 일류 대학에서는 그렇다. 미국의 대학제도는 크게 나누어 전통적인 사립대학과 나중에 설립된 주립대학의 두 가지로 나누어진다. 우리의 지금 대학제도는 미국의 주립대학과 그 겉 얼개만 엇비슷하게 닮은 셈이다.

한마디로 오늘의 한국 교육의 모순이나 문젯거리를 미국식 제도 자체가 지닌 모순이나 문젯거리로 치부하려는 것은 문제의 참모습을 잘못 본 것이라고 나는 본다. 내가 이런 말을 하는 것은 미국식 제도가 좋다고 옹호하려고 하는 소리가 아님은 물론이다.

2. 평준화의 문제점

오늘의 한국 교육이 철학이 없는 교육이라는 것은 무슨 말인가? 앞에서도 지적한 바와 같이, 그것은 인간과 인간의 모듬살이의 바람직한 모형과의 전체적 연관 속에서 짜인 교육이 아니라는 뜻이다.

구체적으로 한번 검토해 보자. 우선 추첨에 의해서 어떤 학교에 갈 것인가가 정해지는 소위 평준화가 노리는 것은 무엇인가? 그리고 과외가 하나의 사회적 범죄로 다스려지는 것은 어떤 근거에서인가? 평준화의 시책이 노리는 것은 평준화라는 말이 암시하듯, 교육에 있어서 평등의 이념을 실현하려는 데 그 참 목적이 있는 것같이 보인다. 과외 금지도 같은 취지에서 취해지는 조치라고 볼 수 있을 것 같다.

그러나 우리가 여기서 살펴보아야 할 것은 지금까지의 평준화 시책이 과연 평등의 이념의 실현에 얼마나 적합한 장치인가 하는 점이다. 만일 그것이 다 같이 못난 놈 만들기 운동으로 귀결되는 것이라면, 그것은 교육의 중요한 목표를 저버리는 것이 될 것이기 때문이다.

개인들이 지닌 여러 가지 다양한 잠재적 자질을 최대로 키우는 것이 교육의 중요한 목표가 아닐 수 없다. 그런데 평준화라는 이름 아래 학생들의 자질과 취미를 무시한 채 모두 한 묶음으로 묶어 동일하게 취급한다는 것은 저 그리스 신화에 나오는 철 침대의 획일화, 규격화의 오류를 범하고 있는 것은 아닌지 따져볼 일이다.

교육에 있어서의 평등의 이념이 지향해야 할 것은, 능력이 많은 자의 능력을 잠재워 능력이 모자라는 자와 같게 끌어내리는 작업이 아니라, 능력이 모자라는 자에게 교육적 여건, 이를테면 교육시설, 교사, 교육의 기회와 같은 것을 개선 내지 부양해 줌으로써 능력이 많은 자의 수준으로 '끌어올리는 작업'이 되어야 할 것이다.

그리고 이보다 더 중요한 것은 사람마다 조금씩 달리 타고난 여러 가지 다른 능력들에 합당한 교육을 해줌과 동시에 그 여러 가지 다른 능력에 합당한 제 몫의 사회적 대우를 베풀어주는 것이 평등의 이념과 합치되는 일이 될 것이다.

세상에 기억력이나 추리력이 좋은 능력을 타고난 사람이 있는가 하면, 상상력이나 심미적 감식안이 뛰어난 사람이 있으며, 성격이 진취적이며 적극적이어서 어떤 실천적 일의 수행에 탁월한 능력을 지닌 사람이 있다. 어찌 이뿐이랴. 손재주가 많은 사람, 잘 달리는 사람, 힘이 센 사람, 인내심이 강한 사람, 목소리가 좋은 사람, 정말 이 세상에는 가지각색의 사람이 많다.

세상의 모든 사람들을 아인슈타인이나 칸트나 플라톤과 같은 학문적 천재로 만들 수도 없으며, 모든 사람들을 베토벤이나 미켈란젤로와 같은 예술적 천재로 만들 수도 없다. 그렇기에 하나의 기준에 의한 상향(上向) 평준화는 불가능한 일이다. 더구나 하나의 기준에 의한 하향(下向) 평준화는 바보들의 세상으로 만들려는 어리석은 짓에 불과하다. 교육에 있어서 어떤 하나의 기준에 맞추어 모든 사람을 같게 만들려는 노력을 하는 것은 사리에 맞지 않는 몸짓에 불과하다.

3. 일렬종대와 일렬횡대의 논리

요즈음 한창 많은 사람들의 관심거리가 되고 있는 선시험 후지원 입시제도를 한번 살펴보자. 무엇을 달성하고자 하는 제도인가? 한마디로 요약하면, '자기의 성적이 지시하는 대로 학교와 학과로 학생들이 가게 함으로써 재수생을 최소화하겠다는 것'이 바로 이 제도가 노리는 과녁이라고 볼 수 있을 것이다. 초점은 '재수생의 최소화'라 하겠다.

물론 재수생의 증가가 사회적 문제인 것만은 틀림없다. 그러나 만일 이런 입시제도가 교육의 중요한 기본목적과 어긋나는 것이라면, 문제는 심각하다 하지 않을 수 없다. 더구나 한 사회가 채택하고 있는 교육정책 사이에 상호모순이 있다면, 그것 또한 큰 문제가 아닐 수 없다.

선시험 후지원 제도가 귀결하는 것은, 한마디로 표현하면, '일렬종대(一列縱隊)의 사회'이다. 이것은 사회 구성원을 성적이라는 하나의 잣대에 의해 등급을 매겨 일렬로 세워놓은 사회라 하지 않을 수 없다. 철저한 서열사회이다. 물론 그 서열을 결정하는 것은 성적이라는 오직 하나의 기준이다.

이와 같은 선시험 후지원 제도에 의해 발생되는 것은 무엇인가? '개인의 적성에 따라' 교육을 받고 세상에서 일한다는 풍토의 소멸이다. 지금 지원 상황에서 이것은 분명히 드러나 있다.

소위 인기학과라는, 세상에서 돈 잘 벌 수 있다고 예상되는 학교의 학과순으로 지원자의 성적 분포가 이루어지고 있다는 사실이 그것을 말해 준다. 그래서 K라는 학생이 A라는 학과에 가고 싶어도 그 학과 지원자들의 성적 분포가 하위권에 속하기 때문에 세인의 이목이 두려워서 A과에 가는 대신 자기 성적에 알맞은(?) 학과로 가는 것이 요즈음 세상이 되었다.

이런 상황 때문에 학문의 균형 있는 발전도 크게 위협을 받고 있다. 머리 좋은 사람은 모든 분야의 학문과 사회에 골고루 필요하며, 또 그렇게 적합하게 분산되었을 때 학문과 사회 각 영역이 제대로 발전될 수 있다. 그런데 지금의 입시제도는 그런 학문과 사회 각 분야의 균형 있는 발전 가능성을 크게 위협하고 있다. 이것이야말로 중대한 사회문제가 아닐 수 없다. 재수생 문제는 이런 사회의 근본문제에 비하면 너무나 작은 문제가 아닐 수 없으며, 그 문제는 다른 방식에 의해 그 해결을 모색해야 한다.

어찌 이뿐이랴. 선시험 후지원 제도가 '일렬종대의 사회'를 귀결한다면, 그것은 '일렬횡대(一列橫隊)의 사회'를 지향하는 것같이 보이는 평준화 시책과 어긋나는 일이 아닐 수 없다. 한쪽에서는 모든 사람을 '같게' 하려는 것인가 하면, 한쪽에서는 모든 사람을 '다르게' 하려는 것처럼 보인다. 한 나라의 교육정책들이 서로 엇갈리는 길을 가고 있는 셈이다. 고등학교까지는 모두 "일렬횡대로"라는 구령에 맞추어 서느라고 야단법석하다가, 대학 문 앞에 와서는 "일렬종대로"라는 구호에 맞추어 재정렬하느라고 야단법석하는 꼴이 아닌가 싶다.

그리고 우리의 교육이 사회의 평등 이념과 그 무슨 연관을 지닌 것이라면, 선시험 후지원 제도는 그것과 상치되는 결과를 낳고 있음이 분명하다. 여기서 우리는 교육정책에 일관성이 없음을 발견한다. 이것은 우리의 교육을 관통하는 원리가 설사 문서상으로는 존재한다 하더라도, 그것이 현장에서 가동되고 있지 않음이 드러나 있다.

교육을 지배하는 원리는 우리가 지향하는 사회의 이념과 일치하거나, 그로부터 도출될 수 있는 것이어야 한다. 그렇기에 사회의 이념과 어긋나거나 무관한 원리에 의해 교육이 운영된다면, 그 교육은 그 사회에 뿌리가 없는, 부평초와 같은 것이 아닐 수 없다. 이것이야말로 지리멸렬한 사회에로 귀결될 위험을 내포한 중대한 현상인 것이다.

4. 그리스 신화의 철 침대

오늘 한국사회가 지향하는 사회는 자유와 평등의 이념에 따라 움직이는 민주사회이다. 따라서 우리의 교육도 이러한 자유와 평등의 이념과 모순되거나 무관한 원리에 의해 운영되어서는 안 된다. 그렇다면 이 두 이념은 교육에 있어서 어떤 방식으로 구현될 수 있을 것인가?

흔히 자유와 평등은 서로 '동반하기 매우 어려운 두 원리'라고 많은 논자들에 의해 지적되었다. 자유의 원리가 활성화되면 평등의 원리가 움츠러들며, 평등의 원리가 기세를 펴고 가동되면 자유의 원리가 위축되고 만다는 것이 논자들의 지적이었다.

이런 현상은 교육의 현장에서도 지적되기도 한다. 자유의 이념에 따라 교육제도를 운영하면, 개인들 사이와 학교들 사이의 격차가 심화되어 평등의 이념과 상반되는 사태가 출현한다. 그리고 평등의 이념에 따라 교육제도가 운영되면, 개인들과 각급 학교의 자율적 선택의 폭이 줄어들어 획일화의 현상이 초래된다.

우리의 경우 대학 이전까지의 교육은 평등의 이념을 좇아 운영되는 것같이 보이며, 대학교육은 자유의 이념을 좇아 운영되는 것처럼 보이기도 한다. 그러나 우리 교육의 현실을 좀 깊이 들여다보면 이런 해석은 하나의 피상적 관찰에 불과함이 곧 드러난다.

우리가 앞으로 모색해야 할 것은 우리의 사회가 표방하고 있는 두 이념인 자유와 평등의 이념을 교육의 현장에서 어떻게 활성화시킬 수 있는가에 대한 구체적인 방법이다. 자유와 평등이 앞에서 지적했듯이 서로 동반하기 어려운 불상용(不相容)의 개념이라는 데 너무 압도될 것은 없다고 나는 생각한다.

나는 자유와 평등의 두 개념은 '다양성' 혹은 '다원성'이라는 개념에 의해 융화될 수 있다고 생각한다. 어쩌면 다양성(혹은 다원성)은 자유와 평등의 원리를 받쳐주는 기반을 형성하는 것인지도 모른다.

자유의 원리에 활력을 주는 것은 개체가 지닌 다양성이다. 자유란 다름 아닌 개체가 지닌 다양성이 그 고유의 방식에 따라 실현되도록 놔두는 것이기 때문이다. 만일 개체들이 모두 동일한 특성을 지니고 있다면, 그 개체들이 '제 나름대로' 무엇을 한다는 것이 별 의미가 없겠기 때문이다. 제 나름대로 해보았자, 결국 결과는 모두 한 가지 방식이겠기 때문이다.

자유의 원리가 소중하게 되는 것은 자유의 주체들이 각각의 특유성을 지니고 있을 때이다. 내가 너와 다른 특성을 지니고 있기에 내가 너와 다른 방식으로 행동하고 존재할 필요가 있는 것이요, 그 필요를 충족시켜주는 것이 바로 자유의 원리인 것이다.

평등의 이념도 다양성에 의해 그 광채가 드러난다. 평등의 이념은 모든 사람의 특성이 똑같다는 사실을 말하는 것이 아니다. 사람들은 적어도 서로 무언가 조금씩은 다르게 태어난다는 것은 우리 누구나 알고 있는 평범한 진리이다. 그렇기에 평등의 이념을 인간 특성의 동일성에 관한 사실적 언명으로는 볼 수 없다.

그렇다면 평등의 이념이 말하는 것은 무엇인가? 태어나기는 다르게 태어나지만, 나중에 그 특성들을 동일하게 만들어야 한다는 주장이 평

등의 이념일까? 그렇다면 그것은 저 그리스 신화에 나오는 철 침대임에
틀림없다. 그것은 키 큰 사람은 그 침대에 맞추어 자르고, 키 작은 사람
은 그 침대에 맞추어 늘려놓으려는 억지의 철 침대에 불과하다. 그것은
반(反)이성적 획일의 억지춘향이다.

5. 다양성의 존중

우리가 평등의 참된 의미를 발견하게 되는 것은 '다양성의 존중'이라
는 대목이다. 내가 너와 다르다는 사실이 비난이나 격하의 이유가 아니
라 오히려 찬양과 존경의 이유가 되도록 하는 것이 평등의 이념이다. 나
와 네가 비록 특성에 있어서는 다르다 하더라도, 그 특성에 할당되어야
할 사회적 가치의 몫은 동일하다는 것이 바로 평등의 이념의 참뜻이다.

이와 같은 논의가 옳다면, 우리가 추구해야 할 작업이란 다양성을 기
반으로 한 자유와 평등의 이념이 교육의 현장에서 구체적으로 실현될 수
있는 틀을 고안해 내는 일이다. 일단 방향이 설정되면 남는 문제는 기술
적인 문제이다. 물론 때로는 공학적인 문제가 원리의 문제보다 더 어려
운 문제일 수는 있다.

우리가 여기서 분명히 알아야 할 것은 우리의 공학적인 문제는 단일
한 문제가 아니라는 것이다. 일종의 '종합건설'과 유사하다. '종합적인
사회공학'이라고 표현하는 것이 적절할지도 모른다. 그렇기에 그것은 하
나의 학문 영역에 속한 전문가들에 의해 수행될 수 있는 사업이 아니다.
따라서 그것은 단순한 '교육의 문제'가 아니다. 사회구조와 복합적으로
결부된 문제가 바로 그것이기 때문이다.

지금까지 개괄적으로 제시된 시각에서 선시험 후지원의 입시제도에
대해 몇 마디 덧붙임으로써 나에게 할당된 지면을 끝내야겠다. 이 제도
가 지닌 치명적인 약점은, 흔히 지적되는 '눈치전쟁'의 야박함에 있는

것이 아니라, 자유와 평등의 실현 기반인 다양성(혹은 다원성)이 숨 쉴 공간을 용납하지 않는다는 점이다.

여기서 우리가 부양해야 할 것은 개인들이 지닌 다양성과 학교들이 지닌 다양성이다. 그런데 현재의 상황은 하나의 기준에 의해 개인과 학교가 등급이 매겨지는 획일적인 서열사회를 부양하고 있다. 다양성이 숨 쉴 수 있는 공간은 '분산된 공간'이다. 이것이 뜻하는 바는 학교 사이의 격차를 되도록 좁힐 수 있는 방법을 우리가 모색해야 한다는 것이다. 그러기 위해서 학교마다 '여러 가지 다른 잣대'를 채택하는 것이 필요하다. 다양한 '잣대'에 의해서 다양한 특성들이 제 몫을 할당받도록 해야 한다.

『정경문화』(1986년 3월)

도약의 도전 앞에 선 한국 대학: 대학교육의 혁명을 위하여

1. 겉으로 본 대학의 풍경

대학은 진리의 지성소(至聖所, sanctuary)이다. 이것은 대학의 이상을 표현하는 언어이다. 적어도 그것은 서구인의 대학에 대한 이념이었다.

오늘 우리의 대학의 현주소는 어디인가? 보통 사람의 의식세계에 비친 대학의 모습은 무엇일까?

[풍경 1] 인생의 병목 현장 : 대학 이전까지 4차선을 달리던 인생행로가 갑자기 1차선으로 바뀌는 아비규환의 인생의 병목의 현장, 그것이 대학의 정문 앞 풍경이다. 여기서 4분의 3의 들러리 인생이 탄생한다.

[풍경 2] 대학 = 데모 : 지난 30여 년 동안 대학은 정치의 폭풍이 휘몰아치는 열전의 현장이었다. '학원문제', '학원사태'라는 말로 표현되는 저 폭풍의 진원지는 학원 밖에 있었음을 우리는 잘 알고 있다. 한국 정치

의 기형성의 병의 징후가 노출된 곳이 대학이었다.

[풍경 3] 대학 = 산업역군 훈련소 : 취업 응시원을 낼 때 필요한 졸업 장이라는 자격증을 발급하는 곳이 대학이다. 무엇을 배웠건, 무엇을 알 건, 중요한 것은 이름 있는 상표가 찍힌 졸업장이다. 결국 대학은 일종의 자격증 판매소인 셈이다.

[풍경 4] 대학 = 부정업체 : 소비자가 지불하는 값에 상응하는 상품을 만들지 않을 뿐 아니라, 뒷구멍으로 암거래까지 자행하는 부정업체요 부정업자라고 학생과 학부모로부터 규탄받는다. 그리고 입시에서의 점 수가 이 땅의 최후의 정의의 척도라고 믿는 이 땅의 보통 사람들에게 기 여입학제도는 반칙으로 거부당하고 있다.

우리의 시선을 잠시 좀 더 뒤로 돌려보자. 서양 중세에 시작된 서구 형 대학 모형에 따라 만들어진 이 땅에서의 대학이 단초는 말할 것도 없이 일본 식민지 시대인 1926년에 만들어진 경성제국대학이다. 물론 우리는 그보다 조금 앞서서 시작된 연희전문, 보성전문 등 이 땅의 초 급대학 수준의 사학의 창설을 머리에 떠올릴 수 있다. 이 땅에 유일한 정규대학이었던 경성제국대학은 200-300명대의 학생 규모로 약 20 년 동안 지속되었다. 여기서 우리가 눈여겨보아야 할 것은, 그럼에도 불구하고 그 도서관의 장서는 1943년까지의 서양에서 출판된 중요 서 적을 거의 다 망라해서 비치할 정도로 알찬 것이었다는 점이다. 또 더 욱 우리가 눈여겨보아야 할 것은 6 · 25 때 많이 유실된 그 장서의 일부 를 물려받은 오늘의 서울대학교 도서관이 해방 이후 오늘에 이르기까 지 50년에 가까운 세월 동안 '민족의 대학'으로 자처하면서 사 모은 책 이 몇 권이나 되는가이다. 참으로 부끄러워 어디에 얼굴을 들고 민족을 들먹이며 대학과 학문을 들먹일 수 있겠는가. 이 땅에 대학과 학문을 위한 국가의 대계(大計)가 과연 존재했던 것인가를 묻지 않을 수 없다.

대학을 초등학교나 직업훈련소쯤으로 착각하지 않고서야 어찌 이럴 수가 있겠는가.

그러한 실정이었음에도 불구하고 그래도 이만큼이라도 대학의 꼴을 지닐 수 있었던 것은 해외 유학생과 교수의 해외여행의 귀국 보따리 속에 든 '아쉬운 책들' 덕분이었다고 해야 할 것이다. 교수 해외연수란 책 수집 여행길이라 해도 결코 지나친 말이 아니다.

해방 후 이 땅에는 비온 후 대나무 순 돋아나듯 도처에서 대학의 간판을 붙여놓고 문을 연 대학업자들이 줄을 이어 나타났다. 사막의 사슴처럼 대학에 갈증을 느꼈던 이 땅의 청년들이 대학의 간판을 붙인 곳으로 몰려들었으니 가위 '우골탑(牛骨塔)'이라고 사람들은 불렀다. 1950-60년대 우골탑 시대의 대학에서는 돈만 내면 학교에 거의 출석하지 않고서도 저 명예의 졸업장을 얻는 판국이었으니, 가히 '대학 = 졸업장 판매소'라는 등식이 성립할 만도 한 때였다. '학교기업', '학교재벌'이란 말까지 나왔을 정도로 대학에 대한 수요는 대단한 것이었음을 우리는 기억하고 있다.

입학을 둘러싼 '부정사건'을 두고 떠들썩한 작금의 사정을 우골탑 시대의 그 왕성한 앞뒤 거래와 비교해 보면 '역사의 진보'(?)에 오히려 쾌재를 불러야 마땅할 것 같기도 한 느낌마저 든다.

해방 이후 봇물처럼 터진 대학에의 물결은 그 수가 날이 갈수록 급증하여 오늘 한국 땅의 대학 인구가 인구 비례로 볼 때 거의 세계의 정상권에 와 있음에도 불구하고 잠재 수위의 4분의 1밖에 흡수 못하고 있는 현실을 우리는 지금 사회적 위협으로까지 느끼고 있다.

분명한 것은 대학의 엄청난 양적 성장이 이루어져왔다는 점이다. 그리고 오늘 한국사회는 그러한 엄청난 양적인 잠재 성장력을 하나의 사회적 위협으로까지 인식하고 있다는 사실이다. 기뻐해야 할 것인가, 슬퍼해야 할 것인가? 아니면 복에 겨워 비명이라도 내질러야 할 판인가?

2. 진정한 문제는 무엇인가?

한국은 바야흐로 보릿고개의 경제를 넘어서 라면 경제를 지나 이른바 선진국으로의 진입을 구호처럼 외치고 있다. 적어도 관가의 공식 표어가 그렇다.

지금 이 땅의 사람들에게 절실한 과제는 지난 100여 년 동안 우리가 겪어온 수난의 역사로부터 벗어나야겠다는 것이다. '자기의 발로 서서, 제 발로 당당하게 걸어가는 역사'의 삶을 살아야겠다는 강력한 의지가 이 땅의 사람들에게 충만해 있다. 이런 역사를 만들기 위해 빼놓을 수 없는 중요한 요인은 '제 생각'이라고 나는 믿는다. '제 생각' 없이는 내 발로 설 수 없으며 내 발로 걸어갈 수도 없다. '제 생각'이란 무엇인가? '제 사상, 제 이론, 제 기술'이 바로 제 생각이다.

그런데 우리가 오늘 우리의 대학에서 가르치는 것은 무엇인가? '제 생각'이라고 장담할 수 있는가? 나 자신을 포함한 많은 동료들은 아마도 이렇게 고백하지 않을 수 없는 현실 앞에서 부끄러움을 감출 수 없을 것이다. 우리는 외래 학문의 대리점에 불과하다고. 우리는 수입업자이거나 수입상품 판매원에 불과하다고. 나의 표현이 너무 거칠고 과장되었다면 동료 교수 여러분의 용서를 빌어 마지않는다. 그리고 이것을 나 개인의 부끄러운 고백으로 이해해 주기 바란다.

나는 대학이 단순한 취업 허가장을 피는 훈련소가 아니라는 점을 힘주어 강조하지 않을 수 없다. 물론 대학은 교육하는 곳이다. 교육하는 곳에서 직업을 위한 교육을 해야 한다. 문제는 대학이 단순한 교육의 장, 훈련소로 머물러 있는 데 있다. 대학은 그 이상의 것이어야 한다. 새로운 지식과 지혜를 창출하는 진리의 산실이어야 한다.

오늘 한국 대학 자체가 스스로 새로운 지식의 창출처가 되기에는 너무나 역부족임을 우리는 통감하고 있다. 결국 우리는 그 새로운 지식 창출의 책임을 외부 세계에 위탁해 놓고 있는 셈이다. 그리고 우리가 하는 일은 밖의 세계로부터 새로운 지식을 수입하여 이 땅의 젊은 세대에게 공급하는 일에 머물러 있는 셈이다.

한국 대학이 이런 수준에 머물러 있으면서 어떻게 한국사회가 제 발로 서서 바깥 세계와 대등한 거래를 하는 삶을 유지할 수 있을까? 그 답은 너무나 명약관화하다. 대학의 질적 도약 없이 나라의 삶의 질적 수준의 도약은 결코 기대할 수 없다.

오늘 이 땅의 관리자들이 허공 속에 딴 꿈만을 꾸고 있는 것이 아니라면, 이 땅의 이 절박한 문제에 대해 참으로 근본적인 대처 방안과 새로운 설계를 모색하여야 할 것이다.

대학의 이러한 질적 도약을 가로막고 있는 몇 가지 점을 우선 지적해 보자.

첫째, 대학의 정체(identity)와 대학의 본질에 대한 무정견(無定見), 무지이다. 대학은 단순한 학교나 직업훈련소가 아니라, 새로운 진리의 산실이다. 그러한 진리의 산실로 대학이 바로 서기 위해서 대학은 어떤 모습으로 어떻게 운영되어야 하는가에 대한 근본적인 철학이 결여되어 있으며, 그에 상응하는 실천의 의지가 결여되어 있다.

둘째, 특정 정치세력에의 예속화가 문제이다. 지난 30여 년 동안 한국 대학은 철저한 정치권력의 통제 아래서 특정 정치세력의 권력 유지를 위한 장치로서의 적합성 여부가 대학 운영의 지표가 되어왔다. 이것은 결국 대학의 불구화를 초래하였다.

셋째, 대학 모형의 획일성이 문제이다. 하나의 모형에 의해 전국의 대학이 운영되어 왔으며, 학문 영역 차이도 전혀 고려되지 않은 채 오직 하나의 척도에 의해 획일적으로 관리되어 왔다. 이러한 대학의 획일화는 평등의 그럴싸한 대의명분의 옷을 입고 소중한 가치로 치켜세워지기도 한다.

넷째, 대학은 돈을 쓰는 곳이 아니라 돈을 버는 곳이라는 기업적 대학

재정관이 문제이다. 이것은 관가(官街)뿐 아니라 사학재단가(私學財團街)를 지배하는 의식이다. 대학은 투자하는 곳이요, 돈을 버는 곳이 아니다. 대학에 투자된 돈은, 대학으로부터 배출되어 나온 새로운 정보와 지혜를 갖춘 인적 자원을 수용하여 활용하는 기업을 비롯한 사회의 각종 조직에서 거두어들이는 것이다. 기업은 공짜로 유능한 인적 자원을 활용만 하려 해서는 안 된다. 공공기관도 마찬가지다. 귀중한 인적 자원은 하늘에서 저절로 떨어지지 않는다. 국가와 기업이 대학에 투자하는 것은 대학 자체만을 위한 일이 아니다. 국가와 기업이 발전하기 위해서 대학에 투자해야 한다. 대학은 스스로를 위해 존재하지 않기 때문이다.

다섯째, 인사와 학교운영에 있어서 비합리성과 비민주성이 문제이다. 대학의 관리자가 특정 정치세력이나 학교재단의 근거리에서 교언영색(巧言令色)의 연출에 능한 자로 임명이 되거나, 교수가 학문적 능력을 최우선 조건으로 고려하지 않고 그 외의 잣대에 의해 임명되는 것은 합리적이고 민주적인 처사일 수가 없다. 그리고 특히 국립대학의 경우, 특히 서울대학교의 경우, 학교운영의 비효율성은 주목할 만하다.

여섯째, 교수, 학생, 학부모의 대학에 대한 안이한 태도가 문제이다. 지난 한 세기 동안 이른바 '학원소요'에 시달리는 상황 아래서 많은 교수들은 어떻게 하면 관가 사람들의 비위도 건드리지 않으면서 또 학생들과 격심한 마찰 없이, 그럭저럭 강의나 때우며 최소한의 연구라도 할 수 있느냐가 안심입명(安心立命)의 비결이 되어왔다면 지나친 과장일까? 이 칼날 저 칼날을 피하며 연구 여건이 열악한 상황 아래서 '연구에만 몰두'한다는 일은 너무나 버거운 일이었는지 모른다.

해방 이후 우골탑 시대부터 '먹고 대학'이라는 말이 유행할 정도로 대학 하면 놀고 지낼 수 있다는 의식이 한국 대학생에게 보편화되어 있던 상황 아래서 유신과 5공 시대를 거치면서 정치적 광풍이 몰아치고 있던 시기에 '면학'은 학생처의 교육지표로서만 머물러 있었다 해도 결코 지나친 말이 아니다.

학부모의 경우 또한 그렇게 사정이 좋은 편이 아니다. 대학 이전까지의 자식교육에 대한 관심은 한국의 학부모가 아마도 세계 최정상급이라 추정된다. 그러나 자식을 대학 문 안으로 들여놓은 다음에는 자식의 면학은 관심의 영역 밖으로 치부되는 것이 통상이 아닌가 한다. 대학에서 필요한 것은 졸업증을 받는 일뿐이다.

물론 이러한 일반화가 사실의 진상과 *거리*가 있는 말이라는 것을 나는 인정한다. 훌륭한 교수, 훌륭한 학생, 학부모들의 얼른 보이지 않는 '숨은 노력'을 우리가 결코 놓쳐서는 안 된다. 어쩌면 그들의 숨은 노력이 없었다면 우리의 대학은 오늘 이만한 모습이라도 지닐 수 없었을 것이다.

3. 몇 가지 제안

(1) 국가 대학교육위원회 설치

교육은 국가 백년지대계라는 말을 우리는 참으로 심각히 받아들여야 한다. 교육의 결과는 한 세대가 지난 후에야 거두어들일 수 있기 때문이다. 국민학교 때 일본 군국주의식 교육을 받은 사람들은 일본 군국주의가 끝나고 민주의 나라를 꾸려야 할 전혀 다른 세상에서 활동해야 했음을 우리는 경험했다. 유신시대 유신교육을 받은 세대도 유신시대가 아닌 새로운 세상에서 그들이 받은 교육이 실효를 거두어들여야만 되게 되어 있다. 그런 의미에서 유신교육은 유신체제라는 구시대에도 봉사할 수 없으며, 또 새로운 세상에서도 아무 쓸모없는 교육이 아닐 수 없다. 말하자면 유신교육에 열심을 냈던 교육자들은 자기 인생에서 헛수고를 했을 뿐 아니라, 남의 인생을 그릇 인도한 죄를 지은 셈이다.

교육은 그렇기에 백년지대계여야 한다. 그 교육이 교육자와 피교육자 모두에게 참 열매를 거두는 소중한 것이 되기 위해서는 눈앞의 소리(小利)에 얽매인 것이 되어서는 안 된다.

그러기 위해서 교육은 어떻게 운영되어야 하는가? 그때그때의 정치적 이해 다툼으로부터 될수록 멀리 떨어져 운영될 수 있도록 제도화되어야 한다. 행정부는 그때그때의 집권당의 수중에 놓여 있다. 따라서 대학교육이 특정 정치세력의 이해에 따라 좌우되지 않기 위해서는 교육부의 통제 밖에 놓여 있어야 한다.

국가 대학교육위원회는 바로 그런 목적에 알맞게 국회의 정당들이 동일한 비율로 추천하는 학계를 비롯한 대학교육정책에 유관된 인사들로 구성하여, 대학교육의 기본방향과 운영의 대계 및 운영지침을 마련하며 대학 운영을 평가, 감독하는 일을 맡도록 한다. 그리고 국가교육위원회는 독립적인 정부기구로서 모름지기 제4부의 위상을 점유하도록 해야 한다. 따라서 이 조직의 설치와 운영은 법률로 정하도록 한다. (헌법기구로 설치함이 이상적이다.)

(2) 대학 모형의 다원화

대학은 서구에서 애당초 승려 양성으로부터 시작하여 법률가, 의사의 양성, 학자의 양성과 학문 연구, 그리고 지배계급에 속한 사람들에 대한 폭넓은 교양교육에 중점을 두었다. 따라서 대학교육은 매우 배타적인 소수의 사람들에게 한정되어 있었다.

대학교육이 대중교육으로 전환되기 시작한 것은 미국의 주립대학으로부터이며, 유럽에서는 1960년대 이후 대중교육으로의 급격한 변화가 일어났음을 우리는 잘 알고 있다.

과학기술을 토대로 한 산업사회의 전개는 고등교육을 받은 많은 인력자원의 수요를 증대시켜 왔다. 이런 사회변화는 전통적인 대학의 이념과 기능에 커다란 변화를 요구하게 되었다. 순수학문의 탐구와 승려, 법률가, 의사의 양성, 그리고 지도자의 자질 함양을 위한 폭넓은 교양교육 이외에 산업사회의 여러 가지 영역에서 요구되는 산업인력의 양성이라는 직업교육을 중요한 과제로 새로 떠맡게 되었다.

오늘 한국 대학의 당면과제는 이러한 복합적인 과제를 수행하는 데 있다. 그런데 문제는 이러한 복합적인 과제를 적절히 수행하기 위해서는 여러 유형의 프로그램을 지닌 다양한 대학들이 요구된다. 그러나 한국에서는 해방 이후 대학의 당면과제에 대한 뚜렷한 인식도 없이 미국의 주립대학의 성격과 흡사한 구조를 지난 한 가지 모형의 대학이 정부의 통제 아래 이 땅에 심어졌다. 그 결과 어떤 목적에도 꼭 부합하지 않은 '어정쩡한 교육'이 온 나라에 뿌리내려졌다.

순수학문 연구에 적합한 교육은 물론 아니며, 그렇다고 승려, 법률가, 의사 교육도 제대로 이루어지지 못하고 있을 뿐 아니라, 사회의 각급 지도자에게 필요한 폭넓은 교양교육이 제대로 이루어지는 것도 아니다. 그렇다고 산업사회에 필요한 각종의 산업인력이 알차게 배양되고 있지도 못하다. 한마디로 '어중간한 인간'만을 양산하는 '어정쩡한 교육'일 따름이다.

대학 모형의 다원화는 이러한 다양한 교육목표에 적합한 교육 프로그램을 지닌 다양한 대학제도의 도입을 지향한다. 입학에서 졸업에 이르기까지 다원적인 대학제도의 도입은 무엇보다도 고도의 질적 수준을 요구하는 '창조적 학문'의 기능을 수행할 대학의 탄생을 위해 절실히 요망된다. 또한 현재 혼미를 거듭하고 있는 예능계 대학교육도 이러한 대학의 다원적 모형의 도입을 통해서 현재의 어정쩡한 교육으로부터 벗어날 수 있을 것이다.

이러한 대학 모형의 다원화는 현재의 획일적인 정부의 대학 통제를 전면적으로 개혁함을 의미한다. 그것은 입시 방법, 교육 프로그램, 수업연한 등에 걸친 전면적인 개혁을 의미한다.

다원적 모형의 대학의 설계를 위해 우리는 다음의 몇 가지를 예비적인 지침으로 고려할 수 있을 것이다.

(1) 우리는 다음과 같은 범주의 모형을 설정할 수 있을 것이다.
A. 전문직 1 : 각급 산업체에 필요한 전문 인력 양성
B. 전문직 2 : 의사, 법률가, 종교지도자(승려, 목사, 신부) 등 양성
C. 사회관리자 : 인문사회과학적 폭넓은 소양을 가진 사회 각 분야의 지도자
D. 각급 학교의 교육자 양성 및 B 모형을 위한 기초교육
E. 순수학문 연구자 양성(대학교수)
F. 예술인 양성

(2) A 모형의 대학은 전문업종과 유관한 분야별로 전문교육에 치중하되 연관 분야의 학과목의 교육도 병행해야 한다.

(3) B 모형은 폭넓은 학부 교육과정을 끝낸 후 대학원 교육의 수준에서 시행한다.

(4) C 모형은 어느 특정 분야에 치우친 교육보다는 광범위한 영역에 걸쳐 실시한다. 학부 학생의 모집은 학과보다 큰 영역별로 나누어 교육한다.

(5) E 모형의 대학은 학부생을 학과에 소속시키지 않는다.

(6) F 모형은 일반대학과는 달리 각종의 예술가 양성에 필요한 특수한 교육 프로그램을 편성한다.

(7) 입학전형 방법, 수업 연한, 졸업에 필요한 학점수 등에 관한 제반 사항은 각 모형에 적합한 별도의 방식을 채택한다.

어떤 모형의 대학에서는 고교 내신성적과 일정한 자격시험에 통과한 사람을 서류전형으로 심사하여 선발하든가, 또는 지역적으로 배정하든가, 선착순으로 배정할 수도 있을 것이다.

그리고 어떤 모형의 대학에서는 고교 내신성적을 1차 서류전형한 후 일정 수의 1차 합격자에게 심도 있는 주관식 시험을 부과하여 최종 합격자를 결정할 수도 있을 것이다. 그리고 어떤 모형에서는 내신성적과 구두시험으로 최종 합격자를 선정할 수도 있을 것이다.

(8) 이러한 대학 모형의 다원화는 오늘 한국 대학에 무차별적으로 증가 추세에 있는 대학원 교육에 대한 일대 정비작업도 수반하여야 할 것이다. 무차별적인 대학원의 증가는 학문 연구의 질적 수준의 유지를 어렵게 하는 매우 중대한 학문적 위기로 인도될 수 있기 때문이다.

(9) 교육에 있어서 중요한 두 원리는 자유와 평등이다. 자유는 경쟁을 통한 능력의 극대화의 원리요, 평등은 모든 인간에게 고유한 각자의 삶의 몫을 나누어 갖도록 해주는 교육적 기회의 배분의 원리이다. 학문적 수월성을 필수적으로 요구하는 영역에는 자유의 원칙을 적용하여야 하며, 각종 직업에 필요한 대중적 교육을 목적으로 삼는 영역에서는 평등의 원칙이 폭넓게 적용되어야 한다. 자유는 양(陽)의 원리요, 평등은 음(陰)의 원리이다. 양과 음은 서로 배타적이고 독립적인 것이 아니라 상호보완적인 것이다. 교육의 현장 속에서 저 두 원리가 상호보완적으로 적용될 때 비로소 한 나라의 교육이 조화롭게 발전하게 될 것이다.

(3) 국립대학의 효율적 운영을 위해 관료적 속박에서 자유로워져야 한다

대학은 본질적 속성에 있어서 일반 관청과는 엄청나게 다른 조직임을 부정할 사람이 그리 많지 않을 것이다. 그럼에도 오늘 이 땅의 국립대학은 일반 관청과 동일한 틀 속에서 운영된다. 여기서 나오는 부작용은 한두 가지가 아니다. 간단한 예로 책 몇 권을 구입하려 할 때도 관청의 구매절차인 입찰을 거쳐야 한다. 이러한 번거롭고 비현실적인 절차는 대학의 운영을 극도로 비효율적으로 만든다. 그뿐만 아니라 대학의 최고 관리자인 총장이 사무직원에 대한 인사권이 없음으로 해서 나타나는 대학의 비효율적인 인사 운영은 서울대학교의 현실에서 극명하게 나타나고 있다. 한마디로 말해서 이러한 국립대학의 비효율적인 운영을 극복하기 위해서는 대학을 일반 관료조직의 틀로부터 자유롭게 하는 제도적인 개혁이 요청된다. 그러한 제도적 개혁이 특별 입법을 통해서 강구되어야 할 것이다.

(4) 사학(私學)의 자율성이 활성화되어야 한다

이 땅의 사학은 지난 30여 년 동안 정부의 획일적 통제 아래서 무개성화되어 왔다. 학교의 교육 프로그램, 정원, 입학전형 방법, 등록금 책정 등은 말할 것도 없고 대학 운영의 세부사항까지 정부의 획일적 통제 아래 놓여 있다. 정부로부터 지원은 없이 통제만 일방적으로 받는 사학의 존재이유가 무엇인지 알 수가 없다. 사학의 일차적 존재이유는 개성 있는 교육의 실현에 있다. 정부로부터 도움을 안 받는 대신에 학교 자신의 독특한 교육적 의지를 실현한다는 데 사학의 특권과 매력이 존재한다. 이런 시각에서 볼 때 한국에는 참된 사학정신이 없다. 참된 사학정신이 부재한 곳에 참된 사학이 있을 수 없다. 사학이야말로 자유시장원리에 의해 흥망성쇠가 좌우되어야 한다. 그와 대조적으로 관학(官學)은 평등원리에 의해 운영됨이 제격이라 할 것이다. 이 땅의 대학은 모두가 유사(類似) 관학인 셈이다. 사학에 자율권을 주기 싫거든 독일과 같이 국가가 대학의 재정 책임도 모두 떠맡아야 마땅하다. 물론 정부 측에서는 사학에 대하여 할 말이 많을 것이다. '학원재벌'이라는 말이 나올 정도로 재단의 사유화 현상은 이 땅에서 꽤나 기승을 부려온 것이 사실이다. 재단에 의한 비합리적인 인사의 사례들을 무수히 우리는 목격해 왔다. 이러한 상황 아래서 사학에 어떻게 자율권을 허용할 수 있겠는가라고 정부는 물을 것이다.

이에 대하여 우리는 이렇게 말할 수 있을 것이다. 일단 사학을 사학답게 대우하라. 그러고 나서 부정이 있으면 그에 상응하는 조치를 취하라. 이것이 정부와 사학이 걸어가야 할 정도(正道)가 아니겠는가.

(5) 교육의 병목현상의 해결은 총체적 연관 구조에서 모색되어야 한다

현재의 대학 인구만 해도 세계의 정상권에 속하는데, 4분의 3의 잠재 인원을 모두 대학에 수용한다면 어떻게 될까? 그렇게 될 때 4분의 3의 들러리 인생 못지않은 사회적 폭발물의 위협적 존재가 나타나지 않으리라는 보장이 없다. 우선 대학교육을 받기 위해서는 일정 수준 이상의 지능이 전제되며, 또 대학 졸업자에게 상응하는 사회적 대우가 보장되는 일터가 마련될 수 있어야 한다. 저 두 조건이 충족될 수 없는 상황 아래서 저 '주관적인' 고등교육 잠재 인원을 대학의 문 안에 무조건 수용했을 때 어떤 사태가 초래될 것인가는 가히 상상하기 어렵지 않다.

그러므로 모든 사람의 모든 희망을 풀어주는 만능의 책략을 기도하는 것은 부질없는 일이 아닐 수 없다. 현실에 알맞은 대응 방법은 낱개의 방법들 사이의 선택에서 찾아질 수 없다. 여러 가지 방법들의 복합적 처방에서만 그 실효를 어느 정도 거둘 수 있을 것이다. 말하자면 일종의 총체적 처방이 되어야 한다. 그 총체적 처방은 다음과 같은 사항들을 포함시켜야 한다고 나는 생각한다.

(1) 대학 이전의 교육에서 각종의 매력적인 직업교육 프로그램을 활성화한다.

(2) 학력 간 임금 격차를 될수록 좁힌다.

(3) 고용 시에 졸업장보다는 실력을 우선한다.

(4) 직장을 가지고 있는 사람들에게 야간대학의 입학 특전을 베풀어준다.

(5) 현재 '거국적 행사'처럼 과대포장되어 있는 '대학입시'에 관한 언

론의 과열 현상을 자제하도록 해야 한다. 대학입시에 관한 '과언론화(過言論化)' 현상은 급기야 입시 계절을 국가적 축제 분위기로 몰고 감으로써 그 축제의 참여로부터의 소외를 인생의 낙오로 오인하게끔 만든다. (대학입시 기사를 1면 톱기사로 다루는 나라가 어디 또 있는가를 한번 생각해 보라.)

(6) 입시전형 방법의 변경은 결코 입시전쟁, 즉 병목현상의 해소와 무관함에도 불구하고 마치 무슨 연관이 있는 것처럼 착각하고 있다. 오늘과 같은 상황 아래서 입시제도가 노려야 할 것은 대학 이전의 교육과 대학에서의 교육을 내실 있게 하기 위한 '의미 있는 경쟁'이 되도록 하는데 있다.

(7) 각 대학의 신입생 정원을 가능한 한 탄력적으로 운영한다.

4. 맺는 말

대학은 인간의 삶의 존재방식의 하나이다. 그리고 인간의 삶의 존재방식이 역사를 초월해 있지 않듯이 대학도 결코 역사를 초월해 있지 않다. 대학의 본질은 영구불변한 그 어떤 것일 수 없다.

오늘 우리의 대학의 모태가 된 서구의 대학의 모형은 서구인이 살았던 특정한 역사적 조건 아래서 형성된 것임을 우리는 잊어서는 안 된다. 말하자면 그때의 특정한 역사적 상황 아래서 요구되었던 문제들에 대한 교육적 처방으로서 서구의 대학 모형은 탄생하였다. 그리고 그것은 그러한 시대적 요청에 매우 적합한 장치로서 훌륭한 역할을 수행하였다고 볼 수 있다.

지금 우리가 살고 있는 시대는 그때의 상황과 매우 다르다. '역사적 요청'에 본질적인 변화가 일어났다. 대학은 결코 역사 초월적인 것일 수 없다. 만일 대학이 새로운 역사적 요청에 귀를 기울이지 않은 채 불변의 자세로 역사 초월적이기를 고집한다면, 대학은 역사 안에 살고 있는 인간에게 삶의 존재방식으로 봉사하기를 거부하는 꼴이 될 것이다.

우리가 오늘 새로운 대학의 모형을 구상하지 않으면 안 되는 까닭이 여기에 있다.

우리의 대학은 한마디로 산업 전문 인력의 양성을 위한 모형으로도 적합하지 않을 뿐 아니라, 전통적인 대학의 이상인 상아탑으로서도 적합하지 않다. 그런네 오늘의 역사가 대학에 부과하는 과제는 훨씬 복잡하다. 이러한 역사의 복합적인 과제를 대학이 제대로 담당할 수 있게 하기 위해서는 새로운 대학의 모형의 개발이 요청된다. 여기서 제안하고자 한 것은 바로 그러한 요청에 부응하기 위해서 획일적 모형으로부터 다양한 프로그램을 지닌 다원적 대학 모형들을 개발하여 시행하는 일이다.

이러한 다원적인 모형의 설계에 있어서 우리가 고려해야 할 중요한 두 원리는 '평등의 원리'와 '자유의 원리'이다. 평등의 원리는 대학교육이 이미 대중 직업의 일부가 되어버린 산업사회에 있어서 직업교육의 폭을 얼마나 고루 넓히느냐에 관여한다. 전통적인 대학에 있어서는 전혀 문제조차 안 되었던 새로운 문제 상황이 오늘의 산업민주사회의 상황으로 나타나기 때문이다. 과거 전통사회에 있어서 대학은 결코 직업교육을 위한 기관이 아니었다. 기술이 과학(학문)으로부터 분리되어 있던 시대에 직업을 위한 기술교육은 대학교육과는 유기적 연관이 없었다. 그러나 오늘은 기술이 과학(학문)과 분리되어 있지 않은 시대이다. 과학으로부터 기술이 파생되어 나오는 이른바 '과학기술시대'가 오늘 우리가 사는 시대이다. 따라서 오늘과 같은 과학기술을 토대로 한 산업사회에서 고등 전문 직업교육은 대학의 문 안에서 이루어질 수밖에 없게 되었다. 오늘의 대학은 이 새로운 과제를 평등의 원리에 의거하여 수행하지 않으면 안 된다. 밥그릇의 평등원리가 직업교육으로서의 대학교육에 적용되는 것이다.

또 하나의 원리는 자유의 원리이다. 자유는 각자의 자발성과 능력을 토대로 각자의 능력을 극대화하는 원리이다. 이것은 학문의 세계에 있어서 경쟁을 통해 학문의 수월성을 고양시킴으로써 창조적인 지식의 창출을 활성화하는 원리이다. 이것은 대학을 대중 직업교육기관으로 보기보다는 진리 탐구 자체를 대학의 본질로 삼는 전통적인 대학의 기능을 활성화하는 원리이다. 21세기의 새 역사의 도전 앞에 있는 우리에게 화급하게 다가온 대학의 당면과제는 우리의 대학을 얼마나 수준 높은 창조의 기지(基地)로 만들 수 있는가의 문제이다.

오늘 한국의 대학교육은 어떻게 평등과 자유의 이념을 동시에 조화롭게 실현하느냐 하는 중대한 도전 앞에 서 있다.

평등원리에 따른 교육과 자유원리에 따른 교육은 그 방식에 있어서 동일하지 않다. 평등원리는 일정 수준의 자격을 가진 사람에게 대학교육의 기회를 균등하게 부여할 것을 노린다. 반면에 자유원리는 경쟁을 통해 능력의 극대화를 노릴 뿐 아니라, 창조적인 학문의 거목(巨木)을 위한 폭넓은 토대교육을 지향한다.

직업교육은 어느 특정의 직업에 필요한 한정된 지식의 양성에 치중하나, 창조적 학문의 역군을 양성하기 위해서는 적어도 학부과정의 교육에서는 폭넓은 토대교육이 이루어져야 한다. 기초공사를 어떻게 하느냐에 따라 얼마나 큰 건축물을 그 위에 세울 수 있느냐가 결정되기 때문이다.

이러한 근본적인 교육의 틀을 새롭게 만드는 일은 땜질식 대증요법으로는 이룩될 수 없다. 그것은 대학교육 자체에 대한 우리의 낡은 사고의 문법을 던져버리고 새로운 사고의 문법을 채택하는 사고의 혁명에 의해서만 가능하다.

그럴 때 새벽부터 늦은 밤까지 불철주야로 허덕이면서도 교과서 이외의 책 한 권 제대로 읽지 못하는 가련한 우리의 중고등학생들에게 참 교육의 기회를 제공할 수 있는 길이 마련될 수 있을 것이다.

『철학과 현실』(1992년 여름)

II _ 국가경쟁력과 한국 교육

국가경쟁력과 한국 교육

1. 문명사적 전환과 교육개혁

독일 철학자 헤겔은 일찍이 역사는 자유의식의 확대 과정이라고 천명한 바 있으나, 교육의 관점에서 보면 역사는 교육의 확대 과정이라고 말할 수 있다. 자유의식의 확산과 교육의 확산은 민주화라는 동전의 안과 밖이 되어왔던 셈이다.

그리고 교육의 확장은 이러한 인간의 정치적 생활을 변화시키는 내재적 원동력이 되어왔을 뿐 아니라, 인간의 경제적 삶의 양식을 변화시키는 추동력이 되어왔음을 우리가 주목해야 한다. 전통적 농경문명에 있어서 교육은 소수의 사람들에게 한정되어 실시되었으며 상아탑의 이념을 내건 고등교육은 생산자 계급인 농공상(農工商)에 종사하는 사람을 위한 교육이 아니었다. 지금부터 120여 년 전 서구에서 일어난 중대한 교육적 변화는 농공상을 위한 본격적인 고등교육기관이 설립되기 시작했다는 사실이다. 미국에서는 그것이 주립대학의 설립으로 나타났으며 독일에서는 각종의 '호흐슐레(Hochschule)'라는 고등교육기관의 출현으로 나타났다.

이러한 경제적 생산과 연결된 고등 인력 양성을 위한 고등교육기관의 출현은 종래의 학문과 기술의 이원적 구조가 학문으로부터 기술의 도출이라는 학문과 기술의 일원화라는 학문 연구의 발전과 맞물려 있다. 여기서 기술은 단순한 손재주의 수준을 벗어나서 학문의 이론으로부터 도출되어 나온 기술이 되었다. 이것이 이른바 오늘 우리가 '과학기술(scientific technology)'이라 부르는 것이다.

이리하여 고등교육은 전통적인 교육 수혜자인 전문적인 학자들과 지배계급의 범위를 넘어서 농업과 공업 그리고 상업에 종사하는 사람들에게로 확장되어 갔다. 이것이 바로 지난 100여 년 사이에 일어난 교육의 엄청난 변화의 한 단면이다. 우리가 여기서 특별히 주목해야 할 것은 이러한 교육적 변화를 주도한 국가들이 산업화문명의 주도세력이 되어왔다는 사실이다.

오늘 우리는 '지식정보화 사회'라는 새로운 문명적 대전환의 도전 앞에 직면해 있다. 지난 세기의 산업문명의 도전(挑戰)에 적절한 교육적 응전(應戰)이 요구되었듯이, 오늘 우리는 이러한 문명적 전환의 도전에 대하여 적절한 교육적 응전을 마련하지 않으면 안 될 것이다. 역사의 도전에 적절한 최선의 응전을 마련한 사람들이 역사의 주도세력이 되어왔다는 사실을 우리가 매우 진지한 마음으로 되새기면서 그 실천을 향해 헌신하지 않는다면, 우리는 역사의 뒷전에서 서성대는 비운의 주인공이 될 수밖에 없을 것이다.

지금 우리에게 요청되는 교육적 변화는 무엇인가? 대한민국 수립 이후 지난 50여 년의 역사는 교육의 양적 확대의 과정이었다. 교육의 양적 측면에서는 한국이 이미 세계의 정상급에 도달해 있다. 우리가 이러한 양적 성장을 성취했다는 점에서는 위대한 성취라고 자부해도 좋을 것이다. 그런데 이러한 위대한 성취의 배경에는 한국인의 열화와 같은 교육열이 있었음을 우리는 알고 있다.

그러면 지금 우리에게 요청되는 교육의 변화는 무엇인가? 그것은 양적 성장이라기보다는 '질적 도약'을 겨냥하는 변화이어야 할 것이다. 지식정보화 사회에서는 무엇보다도 지식과 기술의 생산과 소멸의 주기가 짧아지는 시대가 될 것이라는 예측이 무성하다. 따라서 이러한 시대에 알맞은 새로운 교육의 실적 변화를 향한 여러 가지 제도적 변화를 우리가 모색하지 않으면 안 될 것이다.

또한 정보화 기술의 발전은 공간의 장벽을 매개로 형성된 정치적, 경제적 구획의 힘을 약화시키면서 지구를 하나의 열린 지구촌 공동체로 변화시켜 갈 것이 예견된다. 이러한 변화된 새로운 상황에 적절히 대처할 수 있는 인간의 배양을 위한 교육의 구조적 변화가 우리가 지금부터 착수해야 할 과제이다. 이러한 관점에서 볼 때 우리가 수행해야 하는 개혁작업은 단기적이고 단편적인 것이 아니라 장기적이고 체계적인 작업이 되어야 할 것이다.

교육은 삶의 출발점에 관련된 가장 기본적인 일이다. 국가가 그 구성원의 삶의 조건의 향상에 관련된 기본적인 틀을 마련하는 정치적 장치라고 한다면, 교육은 바로 국가의 일차적 기능이 아닐 수 없다. 더욱이 지식과 정보가 역사의 핵심적인 추동력을 형성하는 시대에 있어서 교육은 국가의 핵심적인 사업일 뿐만 아니라, 국가경쟁력의 뼈대가 아닐 수 없다.

지난 세기 산업화문명에서 우리는 역사의 변방에서 매우 고통스러운 삶을 살아왔다. 지금 우리는 역사의 새 판이 벌어지는 그 전환의 소용돌이 속에 서 있다. 우리가 새 문명의 중심에 우뚝 서 있으려면, 우리는 새 문명이 제기하는 도전에 대하여 매우 단단하고도 알찬 응전의 기획을 짜지 않으면 안 될 것이다. 그리고 그 기획을 옹골차게 실현해 가야 할 것이다.

다 아는 바와 같이 지난 1995년의 5·31 교육개혁안은 이러한 문명사적 전환을 전망하면서 기획한 일련의 변화의 시도라고 할 수 있다. 동시에 그것은 지난 50여 년의 한국 교육을 지배해 온 일제의 유산이 담겨 있는 낡은 틀을 벗어버리려는 획기적 변화의 틀이기도 하다. 그것은 종래의 교육법을 전면 폐기하고 새롭게 교육기본법, 초중등교육법, 고등교육법 등의 3법의 제정으로 나타났던 것이다.

지금부터 나는 그동안 한국에서 진행되어 온 교육개혁을 되돌아보면서 몇 가지 현안 문제에 관해서 살펴보고자 한다.

2. 교육에 있어서 자유와 평등의 문제

종래의 우리의 교육은 자유와 평등의 문제에 관하여 일관성이 결여된 정책을 수행해 왔다. 대학 이전의 초중등교육은 획일적인 평등주의의 기조 아래 '옆으로 나란히' 구호에 따른 교육을 실시하다가, 대학 문 앞에 가서는 갑자기 '앞으로 나란히' 구호에 따라 급격하게 서열화로 바뀌는, 극심한 자유경쟁의 싸움터가 된다. 일렬횡대로부터 갑자기 일렬종대로 판을 바꾸는 현장을 우리는 '입시전쟁'이라는 말로 표현하고 있다.

이러한 기형적인 구조 아래서 우리 국민들은, 한편에서는 '평준화 고수'를 외치고 있는가 하면, 또 다른 한편에서는 그 반대의 자유경쟁의 목소리를 높이고 있다. 양쪽 세력은 서로 팽팽하게 평행선을 달리고 있는 것 같다.

여기서 우리가 머리를 가다듬고 생각해 보아야 할 것은 교육기회의 평등과 교육의 내용과 방법의 다양성, 그리고 교육의 수월성 확보의 문제는 상충하는 것이 아니라는 점이다. 앞에서도 지적한 바와 같이 삶의 출발점의 평등의 확보는 진정한 자유경쟁의 토대이다. 교육기회의 평등은 저 출발점의 정의를 실현하는 기반이다.

그런데 교육의 내용과 방법의 다양성은 인간의 다양성을 살리기 위한 필수조건이라 할 수 있다. 사람은 각기 다른 능력과 소질을 가지고 태어난다. 이러한 다양한 인간의 자질과 능력 그리고 취향에 알맞은 교육을 위해서는 획일적인 교육 내용과 방법은 적절치 않다. 종래의 평준화 교육은 전국의 모든 학교에서 모든 학생에게 같은 날 같은 시간에 똑같은 방법으로 똑같은 내용의 교육을 실시하는 것을 그 핵심으로 하고 있다고 볼 수 있다. 이러한 교육의 획일주의는 '프로크루스테스의 철 침대'와 같이 인간의 다양한 '개성'의 가능성의 세계를 용납하지 않는 닫힌교육이 아닐 수 없다.

그리고 교육의 수월성의 확보는 학습자 각자가 지닌 잠재적 능력과 소질을 최대로 발휘하는 것을 의미한다. 이러한 교육의 수월성은 교육의 다양성이 실현될 때만 달성할 수 있다.

우리가 교육에 있어서 실현해야 할 평등의 이념은 누구나 자기의 능력과 소질을 최대로 발휘할 수 있는 교육기회를 모든 사람들에게 동일하게 확보해 주어야 한다는 것이다. 그러나 그것이 개인들의 다양성이 살아 숨 쉴 열린 가능성의 세계를 차단함으로써 결과적으로 모든 인간을 철 침대 위의 똑같은 인간으로 획일화를 도모하는 것과 혼동되어서는 안 될 것이다.

교육에 있어서 평등 이념이 모든 학생을 1분에 100미터를 달리게 만들고, 또한 모든 학생을 노래도 잘 부르며 수학과 과학 그리고 국어와 영어에서 똑같은 능력을 갖추도록 만드는 것을 함축한다고 주장하는 것은 매우 비현실적인 평등 개념에 대한 이해가 아닐 수 없다.

지금 우리에게 요구되는 것은 자유와 평등, 그 어느 한 가지만을 붙잡는 것이 아니라, 그 둘의 적절한 조화의 가능성을 탐색하는 구체적 대안의 모색이다. 그것을 나는 '여러 줄 세우기 교육'이라는 말로 표현하고

자 한다. 이것은 모든 사람들이 자기에게 알맞은 교육을 통해서 자아실현을 극대화할 수 있도록 하는 교육을 말한다.

그러기 위해서는 잘 뛰는 사람 발목 잡는 일도 없어야 할 뿐 아니라, 사회적 장애로 인해 잘 뛰지 못하는 사람들에게 장애물을 제거해 주는 일도 게을리해서는 안 될 것이다. 이러한 일을 성취하려면 획일화된 현재 초중등교육의 내용과 틀을 다양화해야 할 것이다. 또한 대학교육도 여러 줄 세우기 교육으로 재편되어야 할 것이다.

3. 기초학문의 위기의 문제

우리나라의 서구형 대학의 단초는 일본 식민지 통치 아래서 설립된 '경성제국대학'임을 우리는 잘 알고 있다. 해방 이후 미군정 아래서 경성제국대학은 미국 주립대학의 모형에 따라 재편되어 '국립 서울대학교'로 출현했다. 앞에서 이미 지적한 바와 같이 미국의 주립대학의 모형은 농공상의 산업인력 양성에 초점을 둔 새로운 대학 모형이다. 이것은 학자 양성과 지배층의 양성을 목표로 삼은 전통적 상아탑과는 존재이유가 다른 대학 모형이다. 전통적 상아탑 대학 모형은 기초학문을 중심으로 형성된 대학인 데 반해, 주립대학 모형은 생산 분야별 대학들—이를테면, 공과대학, 농과대학, 상과대학 등—이 주축이 된다. 미국의 소위 '아이비리그 스쿨(Ivy League School)'이라 불리는 전통적 대학들에는 공대, 농대 등과 같은 직업 영역별 단과대학이 없다.

이렇게 형성된 서울대학교의 모형을 따라 우리나라의 대학들이 설립되어 오늘에 이르는 동안, 우리나라의 고등교육기관은 상아탑으로서의 대학 이념과 산업인력 양성기관으로서의 대학 이념 사이에서 갈피를 잡지 못한 채 서성거려왔다고 볼 수 있다. 말하자면 '대학 정체성의 위기'가 늘 잠복되어 온 것이 아닌가 싶다.

이러한 혼돈의 상황 속에서 최근에 학생의 전공 선택권을 존중하는 대학개혁의 바람을 타고 취업 현장에 유리한 응용학문 분야로 학생들이 몰려감에 따라 나타나는 현상이 이른바 '기초학문의 위기'라 볼 수 있다.

이러한 기초학문의 위기 앞에서 우리가 손쉽게 생각할 수 있는 해결방안은 학생의 전공 선택권을 넓히는 개혁을 중단하고 종래처럼 학사과 정부터 학과 속에 학생을 묶어놓는 것이 될 수도 있을 것이다. 그러나 우리는 그러한 현상 고착적인 방법보다는 지식정보화 시대에 걸맞은 고등교육의 변화를 겨냥하면서 보다 진취적인 해결방안을 모색하는 것이 바람직하리라고 생각한다. 오기 싫다는 사람 억지로 코를 꿰듯 묶어놓는다고 해서 과연 그것이 기초학문 연구 같은 그렇게 쉽지 않은 성업(聖業)에 얼마나 공헌할 수 있을까를 조금만 깊이 생각해 보면 현상 고착적인 방법의 한계가 곧 드러날 것이기 때문이다.

기초학문의 위기는 말할 것도 없이 학문의 위기요 대학의 위기임에 틀림없다. 기초학문은 문자 그대로 응용학문의 이론적 토대이기 때문에 기초학문이 무너진다는 것은 응용학문이 제대로 설 자리도 없어진다는 것을 뜻한다. 또한 기초학문 연구가 없는 대학만 무성하게 된다면 결국 대학은 하나의 산업인력 양성소에 머물고 말게 될 것이다. 산업인력 양성은 매우 중요한 고등교육의 기능임에 틀림없지만, 대학의 존재이유가 그것에 한정될 수 없음은 또한 의문의 여지가 없다.

기초학문의 응용의 총아의 이름은 과학기술이다. 과학기술의 발전이 어떻게 이루어지느냐가 미래사회의 매우 중요한 변수가 될 것임은 또한 의문의 여지가 없다. 핵심은 기초학문이냐 응용학문이냐의 택일의 문제가 아니라는 데 있다. 따라서 우리가 추구해야 할 방향은, 어떻게 하면 기초학문과 응용학문이 더불어 활성화될 수 있는가의 모색이다. 응용학문은 직접 시장에서 그 생명력이 보장된다. 그러나 기초학문은 시장과 간접적인 관계에 놓여 있다. 따라서 기초학문의 후원자는 시장의 배후 세력이거나 국가일 수밖에 없다. 기초학문의 혜택은 매우 장기적이고 보편적인 것이기 때문이다.

우리는 여기서 기초학문과 응용학문의 균형 발전을 위해서 크게 두 가지 방향의 해결방안을 모색할 수 있을 것 같다. 그 첫째 방향은 지식정보화 사회에 걸맞은 대학교육제도 차원의 변화이며, 둘째 방향은 지원의 문제이다.

우선 대학교육제도 차원에서는 다음과 같은 대안들을 생각해 볼 수 있다. 나는 앞에서 지식정보화 사회에서는 지식의 생산과 소멸의 주기가 매우 빠르게 진행된다는 점을 지적했다. 특히 이러한 급속한 변화의 중심에 놓여 있는 지식은 응용 분야의 지식이라 할 수 있다. 그러므로 이러한 응용 분야 한 가지만 대학에서 전공해서 써먹을 수 있는 기간은 매우 짧게 될 것이다. 따라서 지식정보화 시대에 걸맞은 교육은 그러한 변화에 잘 적응할 수 있는 능력이라 할 수 있는데, 그 첫째가 창의력이다. 아무것도 없는 것에서 새로운 것을 만드는 그런 창조는 인간에게 불가능하다. 인간에 있어서 가능한 창조는 이미 있는 요소들을 새롭게 결합함으로써 이전에 없던 것을 출현시키는 일이다. 이러한 창조를 가능케 하려면 우선 학문의 기초를 다지는 일을 해야 할 것이며, 그 다음 필요한 것은 한 가지 이상의 영역에 대한 이해능력을 기르는 것이다.

이러한 교육이 가능하기 위해서는 '기초학문 + 응용학문'의 연계교육과 더불어 응용학문 분야의 복수전공교육이 필요하다. 이러한 교육 프로그램은 학사학위 과정을 종착 교육으로 받으려는 학생들에게 실시함이 적합할 것이다.

그리고 보다 전문적인 교육을 위해서는 학사학위 과정에서는 기초학문 분야의 과목을 자유롭게 이수하게 한 후 각종의 전문대학원 과정에서 응용학문 분야의 공부를 하도록 제도화하는 것이 바람직할 것이다. 법조인과 의사 양성을 위한 전문대학원, 언론인과 전문경영인(MBA)을 위한 언론대학원과 경영대학원, 그리고 교사 양성을 위한 전문교육대학원의 설립이 바로 그것이다.

이렇게 각 분야의 고급 전문 인력의 양성을 대학원 수준에서 해야 하는 중요한 이유의 하나는, 열린 지구촌 시대의 선두주자들과 우리가 동일한 마당 위에서 경쟁할 수 있기 위해서는 그들과 호환 가능성 있는 능력을 갖추어야 하기 때문이다. 국내에서만 통용되는 그런 능력을 가지고서는 지구촌 시대에 경쟁력을 갖기 매우 어렵기 때문이다.

둘째 방향은, 응용학문은 시장의 메커니즘을 통한 지원 정책을 중심으로 삼고, 기초학문은 국가 지원 정책을 중심으로 삼아야 한다는 것이다.

요약하면 오늘 우리가 당면한 이른바 기초학문의 위기를 타개하기 위해서는 지식정보화 사회에 걸맞은 대학교육제도를 겨냥하면서 '기초학문 + 응용학문'의 적절한 배합을 통한 학문의 균형 발전을 도모할 수 있는 연계 전공의 다양한 프로그램 개발과 각종의 전문대학원제도의 도입이 요청된다는 것이다. 그리고 기초학문을 시장논리에만 맡겨서는 안 된다는 것이다. 시장은 만병통치약이 아니기 때문이다.

여기서 한 가지 매우 중요한 점을 지적하면 기업의 학과 중심의 고용관행이다. 특히 시장과 직접 연관이 있는 응용학문 중심의 고용관행은 기초학문으로부터 학생을 멀어지게 하는 매우 강력한 힘의 원천이 되고 있다. 따라서 기업의 이러한 고용관행은 기초학문과 응용학문의 균형 발전, 나아가 한국 학문의 발전을 위해서 반드시 시정되어야 할 것이다. 그뿐만 아니라 그러한 응용학문 전공자에 대한 선호는 21세기 지식정보화 사회에서 기업 자체에도 매우 불리한 인사정책이 될 것이다. 미국의 기업체에서는 학사과정의 전공은 인사에 있어서 최후의 고려사항에 불과하다는 보고서가 무엇을 암시하는지는 너무나 분명하다.

4. 교수평가와 연봉제

교육의 질을 결정하는 핵심적 요소는 무엇보다도 교육을 담당하는 사람의 질이 아닐 수 없다. 이런 의미에서 교수의 질에 관한 평가는 교육의 질을 높이려는 작업에서 빼놓을 수 없는 과제가 아닐 수 없다. 교수평가와 관련하여 연구와 교육 그리고 사회봉사가 평가 항목으로 논의되고 있으며, 각 평가 항목의 평가치를 합산하여 평가 집단의 구성원을 점수에 따라 일렬로 세우기가 요즈음 논란의 대상이 되고 있다. 여기서 연구평가는 논문 게재지를 등급화하고 등급화된 게재지에 실린 논문의 편수에 따라 계량화된 점수를 매기며, 교육평가는 학생 평가와 동료 교수의 평가가 주요자료로 사용되며, 사회봉사는 학회와 학교 보직을 비롯한 대내외의 활동이 그 평가의 자료로 사용되고 있다.

이러한 총점 위주의 양적 평가는 자칫하면 대학으로부터 아인슈타인을 박대하거나 내쫓고 부지런한 개미 교수만 남게 되는 매우 불행한 사태를 초래할 수 있다는 우려를 낳게 하고 있는 것 같다. 이러한 우려는 하나의 우스갯소리로 그냥 흘려버릴 이야기가 아니라고 나는 생각한다. 더구나 그러한 총점을 토대로 한 줄 세우기 평가에 따라 차등화된 연봉제를 실시할 경우 그 위해의 가능성은 매우 심각할 수 있다.

이와 관련하여 나는 다음과 같은 몇 가지 점을 지적하고자 한다.

첫째로 대학교수의 능력과 관련해서는 그러한 양적인 평가가 핵심을 놓친 평가일 수 있다는 점이다. 한마디로 장기적 관점에서 교수의 업적에 대한 질적 평가가 배제된 단기적 양적 평가는 '부지런한 개미 교수'를 겨냥하는 데는 적합하지만, 일생 동안 10편 정도의 논문만 쓰고도 수백 년에 한 번 나오는 위대한 업적을 내는 아인슈타인과 같은 천재적인 교수는 구제될 수 없다는 치명적인 약점을 가지고 있다. 아인슈타인은 일생 동안 11편의 논문밖에 세상에 내놓은 학술 업적이 없는 천재임을 우리가 눈여겨보아야 한다.

둘째로 교수평가를 보수와 연결시키려면 직장 단위 수준에서 동료끼리의 차등을 두는 선에서 그쳐서는 안 된다는 것이다. 업적과 관련해서 연봉제를 실시하는 나라에서는 직장 단위에서 동료 간의 차등 보수보다는 국가 전체의 영역 안에서 같은 직종의 차원에서 연봉 수준이 정해지고 그 연봉의 액수 책정은 초빙 시의 개인별 계약 때 이루어진다는 점을 우리가 지금 눈여겨보아야 한다. 또한 선진국의 경우에 직장별 동료 간의 차등 지급을 위한 평가는 우리가 지금 논의하는 바와 같은 총점 위주의 양적 평가가 크게 부각되지 않을 뿐 아니라, 그 차등의 수준도 무시할 만한 수준이어서 실제에 있어서 예외적인 경우를 제외하고서는 신경을 곤두세울 만한 정도가 아닌 것으로 알려져 있음도 우리가 눈여겨보아야 할 것이다.

우리가 지금 관심을 가져야 할 것은 전국 수준의 교수에 대한 질적 평가이며, 그리고 그에 상응하는 연봉제이다. 말하자면 A급 교수라면 어디에 있든지 그에 상응하는 연봉이 개인별 계약에 의해 책정되는 것이 그 핵심이 될 것이다. 소위 일류 대학의 교수 전원이 소위 삼류 대학의 교수 전원보다 낮은 수준의 급여가 지급되는 상황 아래서 직장 안의 동료들 사이의 차등 평가에만 교수평가가 행해진다면, 그것은 대학의 질 향상에 기여하는 것보다 오히려 해악을 초래할 가능성이 매우 높을지도 모른다.

위와 같은 지적이 어느 정도 타당성을 지니고 있다면, 우리가 앞으로 추구해야 할 것은 다음과 같은 일들이 되지 않을까 싶다.

첫째로 지적하고 싶은 것은 평가가 제대로 이루어질 수 있는 환경 조건을 만들어가는 일을 해야 할 것이다. 우리의 삶의 맥락 속에서는 평가라는 것이 매우 거북하고 또 익숙하지 않은 일이다. 평가는 활발한 토론 문화의 환경 속에서 잘 자랄 수 있는 삶의 방식이다. 무엇을 까발리고 시비곡직을 면전에서 가리는 것은 당돌한 몸짓으로 기피의 대상이 되어온 것이 우리의 전통적 삶의 방식이었다면 지나친 이야기일까? 이러한 전래의 전통 안에 살고 있는 우리가 하루아침에 엄밀한 양적 평가를 하는 것도 문제이지만, 그러한 평가의 타당성이 공인되기 매우 어려울 것이다. 따라서 지금부터 우리가 쌓아가야 할 것은 그러한 평가의 배경이 되는 환경을 조성해 가는 일이다.

우선 국내에서 발행되고 있는 학술지에 대한 공인된 평가의 토대를 마련하고 각종의 실험적인 평가 작업들을 선행하면서 국내 학술지의 학문적 잣대를 구축해 가는 작업을 해야 할 것이다.

그 다음으로 적극 추진해야 할 사업은, 외국의 저명한 학자들과 공동으로 국제학술지를 발행하는 사업을 정부가 적극 추진해 나가는 일이다. 현재 정부가 추진하는 국제학술지 지원 사업은 그 규모에 있어서나 시행의 내용에 있어서 너무나 영세한 수준에 머물러 있다. 이 부분에 대한 대대적인 국가적인 지원 사업이 한국 학계를 세계 학계로 연결시키는 도약의 디딤돌이 될 수 있도록 크게 강화되어야 할 것이다. 국제학술지 지원 사업이 성공하려면 단순히 외국어로 발행되는 학술지 수준을 넘어서 세계의 저명한 학자들의 논문이 다수 게재되도록 편집하여 외국의 해당 분야의 학자들이 꼭 읽어야만 하는 학술지가 되도록 해야 할 것이다. 그렇게 하기 위해서는 외국의 저명학자의 투고 논문에 대한 각별한 배려를 할 수 있도록 정부의 적극적인 고단위 처방이 요청된다. 이것을 위해서 정부의 별도의 투자가 요청되는 것이지만, 별도 투자가 어려울 경우 현재 국내학자들에게 지급되는 재원을 활용해서라도 최우선적 사업으로 정부가 추진해야 할 것이다. 이것이야말로 평가의 환경 조성을 통해 교수의 질 향상을 위한 견인차 역할을 할 수 있는 촉매로 작용할 것이다.

둘째로, 연봉제는 이미 자타가 공인하는 외부 교수들 초빙 시에 먼저 실시하면서 기존의 내부 교수들에게는 본인의 선택에 의해 점진적으로 실시하는 방안을 검토할 것을 제안한다.

결국 교수평가가 궁극적으로 겨냥해야 할 것은 교수를 '황금알 낳는 암탉'으로 만드는 일이다. 능력이 있는 교수를 발굴하여 그에게 높은 연봉의 계약과 연구비의 지급, 그리고 정부가 그에게 연구비를 지급할 경우에 그에게 주어지는 연구비와 맞먹는 금액을 그가 소속한 대학에 지급하게 되면, 그 교수는 가히 황금알 낳는 암탉이 될 것이다. 이러한 황금알 낳는 암탉을 자기 학교에 끌어오려고 대학 총장들이 농분서주하는 날 우리의 대학은 세계적 대학으로 부상하게 될 것이다. 학교의 명성도 높여주고 돈도 벌어오는 교수를 마다할 총장이 어디 있겠는가? 또 그러한 대학을 찾아가지 않을 학생이 어디 있겠는가? 누가 돈을 받고 실력 없는 교수를 뒷구멍으로 데려오려고 하겠는가? 그가 제대로 생각하는 사람이라면 말이다.

5. 대학의 자율과 입학제도의 문제

새로 제정된 고등교육법에 따르면 대학은 정부의 간섭 없이 대학이 스스로 제정한 학칙에 따라 운영할 수 있도록 규정하고 있다는 사실을 우선 지적하고 싶다. 물론 이런 고등교육법은 5·31 교육개혁에 의해 제안되었으며, 그 시행은 국민의 정부가 시작된 1998년 3월 1일부터였음도 지적될 필요가 있다. 왜냐하면 아직도 많은 사람들은 새로운 고등교육법에 의해서 대학의 자율성이 원칙적으로 확보되어 있다는 사실을 간과한 채, 대학 자율성의 필요성을 역설하는 경우가 종종 있기 때문이다. 이전에도 학칙은 대학이 제정하긴 했으나 정부의 허가사항이었는데, 고등교육법 제정으로 학칙은 정부 보고사항일 뿐이라는 점을 우리가 분명히 지적할 필요가 있다. 사정이 이러함에도 아직도 교육 당국의 눈치를 보며 정부규제 아래서 만들어진 옛 학칙을 그대로 간직한 채 옛날식으로 대학을 운영하고 있는 대학 책임자들은 없는지 궁금하다.

그러면 지금 어떤 대학을 만들 것인가? 그것은 각 대학이 대답해야 할 문제가 되어 있다. 어떤 학생을 어떻게 뽑아서 어떻게 교육시킬 것인가? 그것도 대학이 풀어가야 할 문제로 남겨져 있다. 물론 대학입학제도와 관련하여 고등교육법 시행령에 대학별 별도의 학과목 필기시험은 금지하고 있는 제한조항은 아직도 남아 있다. 원칙적으로 말하면 이런 금지조항은 앞으로 폐기되고 대학 자율에 맡겨져야 할 사항이라고 나는 개인적으로 생각하고 있다.

내가 대학 자율과 관련하여 지적하고 싶은 점은, 대학 자율은 대학의 책임을 수반한다는 엄숙한 명제이다. 대학은 단순한 배움터가 아니다. 대학이 행사하는 엄청난 사회적 영향력에 상응하는 공적 책임을 동시에 지니고 있는 사회의 공적 존재의 일부분이다. 그렇기에 대학은 모름지기 '국가적 관점'에서 대학과 관련된 문제를 바라보고 그 문제를 풀어가는 공적 기구이다. 대학의 이러한 공적 위상은 대학으로 하여금 대학이 내리는 판단과 결정이 국가적으로 사회적으로 어떤 영향을 미칠 것인가를 숙고해야 할 책무를 지니게 하는 것이다. 그렇기에 한 대학의 이해라는 작은 울타리를 넘어서서 대학의 정책 결정을 하지 않으면 안 된다.

특히 대학입학제도가 대학 이전의 초중등교육에 미치는 영향에 대한 심층적 검토 없이 개별 대학 이기주의에 혈안이 되어 이상야릇한 입학정책을 실시한다면, 그것은 대학이 지닌 공적 책임을 내던지는 일이 아닐 수 없다.

선진국의 앞서가는 대학들은 그것이 국가의 아무런 통제를 받지 않는 사립대학이라 하더라도 국가적 관점에서 입학정책을 실시하고 있다는 사실에 우리가 주목할 필요가 있다. 그리하여 그런 대학들은 아무리 성적이 뛰어난 명문 사립학교 출신이 많이 지원했더라도 일률적인 성적순에 의해 선발하지 않고, 사립학교 출신과 공립학교 출신에 대한 할당제와 함께 소수인종에 대한 할당제, 그리고 기타 불리한 여건에 놓인 사람들에 대한 특별배려 등을 통해 교육에 있어서 자유의 원리와 평등의 원리가 균형을 이루도록 여러 가지 제도적 장치를 자율적으로 가동시키고 있음을 우리가 눈여겨보아야 할 것이다.

물론 이러한, 어떻게 보면 매우 느슨한 입학제도가 제대로 작동하기 위해서는 대학 운영자들의 높은 도덕적 안목과 신뢰성이 전제되어 있나. 품격 높은 노덕성이 살아 숨 쉴 때만 질 높은 대학이 가능하다.

이렇게 볼 때 오늘 한국의 대학이 넘어야 할 산은 제도의 산뿐만이 아니라는 것을 우리가 깨닫게 된다.

6. 교육개혁이 제대로 되려면

첫째로 초당파적인 합의에 의한 추진이 필요하다. 교육개혁의 효과는 적어도 10년 정도는 걸려야 제대로 나타나는 이른바 '백년대계'의 사업임에도 불구하고, 우리는 그동안 너무나 단기적이고 파당적인 시각에서 갑론을박해 왔다. 그렇기에 초당파적인 합의에 의한 장기적이고 체계적인 추진만이 교육개혁의 성공을 보장할 수 있다. 그러나 그동안 우리의 교육개혁은 이러한 당위적 위상과 너무나 동떨어진 곳에서 추진되어 왔다.

둘째로 지속적인 교육재정의 뒷받침 없이는 교육의 질은 향상될 수 없다. 많은 사람들은 우리의 열악한 교육재정은 간과한 채 우리 교육의 질만을 탓한다. 한국의 현재 공교육 투자는 GDP의 4.4% 정도이며 과외교육비로 GDP의 3.2%가 가계에서 지출되고 있다. 선진국의 경우는 GDP 대비 6-7% 수준인데 우리가 선진국 수준에 도달하기 위해서는 사교육 투자를 공교육 투자로 전환시키기 위한 '마중물' 유도정책을 구사하지 않으면 안 될 것이다. 이러한 마중물 유도정책이 성공을 거두어 사교육 투자를 공교육 투자로 전환하게 될 경우 우리의 정부 투자와 사교육비 투자를 합하면 7.6%로서 선진국 수준이 될 것이다.

이렇게 전체적으로 볼 때 교육투자는 많이 하면서도 교육의 질은 신통치 않은 저효율 교육투자가 한국에서 이루어지고 있다. 씨 뿌린 만큼 수확하지 못하는 어리석은 농사꾼이 바로 우리의 현주소인 셈이다.

셋째로 교육개혁은 일시에 전면적 실시의 접근법보다는 시범 실시를 통한 점진적 접근법을 구사하는 것이 더 효과적일 수 있다. 일시에 전면적 실시는 정보 결핍과 박탈감 등으로 인한 저항감으로 인해 많은 부작용을 낳을 뿐 아니라, 자칫하면 행정의 획일화로 인해 교육의 다양성이 훼손될 수 있다. 따라서 개혁은 개별 학교의 자율적 참여를 토대로 하여 추진되어야 하며, 개혁의 표본으로서 '시범학교' 운영이 바람직할 것이다. 이러한 아래로부터의 개혁과 위로부터의 개혁이 함께 만남으로써만 교육개혁이 제대로 이루어질 수 있을 것이다.

『철학과 현실』(2001년 겨울)

사립학교 교육 선진화 개혁을 위한
사회협약을 제안한다

1. 토론에 들어가기에 앞서서: 문제 상황

지금 인류문명은 대전환의 용트림을 하고 있다. 한반도에 살아온 우리의 조상은 지난 농경문명에서 산업문명으로의 대전환기에 농경문명의 높은 울타리 속에 안주하며 산업문명 대전환의 질풍노도의 정체를 인식하지 못했다. 그 결과 우리 조상들은 산업문명의 대전환의 도전에 제대로 대응했던 산업문명 주역들의 포로가 되고 말았다. 지금 우리는 또다시 새로운 제3의 문명의 대전환의 도전을 받고 있다.

지금 우리는 무엇을 할 것인가? 지난 역사의 과오로부터 우리가 무엇을 배울 것인가? 대답은 자명하다. 실패의 역사를 되풀이해서는 안 된다. 대세가 변화를 요구할 때 변화를 거부해서는 안 된다. 봄에 잎사귀가 돋아나고 꽃을 피우듯이, 때에 알맞은 변화의 몸짓을 하는 것은 모든 살아 있는 것들이 살기 위한 자연스러운 생명의 운동이다.

문명의 중심에서 당당하게 사느냐, 역사의 변방에서 쓴 잔만 붙들고 애태우는 가엾은 존재가 되느냐, 그 갈림길에 우리는 오늘 서 있다. "아내와 자식을 빼놓고 모든 것을 바꾸자"는 어느 기업가의 절규처럼 오늘 우리는 변화의 엄청난 소용돌이 속에 놓여 있다. 그런데 문제는 그 변화의 방향과 내용이 무엇인가 하는 것이다. 지금 한국 땅 위에서는 '변화와 개혁'이라는 동일한 구호들을 목청 높게 떠들고 있으나, 그 속을 들여다보면 한쪽은 뒤로 가자고 하며 다른 쪽은 앞으로 가자고 한다. 아무렇게나 변화한다고 해서 사는 길이 열리는 것은 아니다. 규제의 강화는 역사를 거꾸로 몰고 가는 변화와 개혁이요, 자율의 확대는 역사를 앞으로 전진시키는 변화와 개혁이다. 앞으로 다가오는 문명은 경직성 대신에 유연성을, 획일성 대신에 다양성을 요청한다. 진보는 역사를 한 단계 더 높이려는 운동을 지칭하는 언어이다. 이러한 새로운 문명에 알맞게 우리의 생각과 삶의 틀인 제도와 법을 바꿀 때만, 우리가 새 문명의 중심에서 살 수 있게 될 것이다. '선진화(先進化)'란 화두는 바로 새 문명의 중심권을 향한 우리의 노력을 지칭한다. 그러므로 선진화 운동은 이 시대의 진보운동이다.

우리가 토론하고자 하는 주제인 사립학교 교육 선진화에 대한 토론의 출발점은 바로 우리가 숨 쉬고 있는 한국 공동체가 21세기 새 문명의 중심에 어떻게 하면 진입할 수 있는가에 있다. 먼저 지적되어야 할 것은, 1963년에 처음으로 한국의 법전 속에 도입된 사립학교법은 우리가 지금은 이별의 전송가를 불러야 하는, 낡은 시대에 입고 다니던 낡은 옷이라는 점이다. 그것은 획일적 규제 중심의 시대, 대량생산의 시대에 만들어진 제도적 틀이기 때문이다. 지금 한창 지난 시대의 낡은 사회적 틀을 벗어던지고 새 문명의 중심권으로 진입하려는 오늘의 중국이 어떻게 교육의 틀을 변화시키려고 하는지 우리가 주목할 필요가 있다. 한마디로 그들은 국가 주도의 경직된 틀을 벗어던지고, 민간의 자율적 창발의 자유로운 모험의 영역을 활짝 열어놓으려고 하고 있다. 이른바 선진국들의 경우는 말할 것도 없다. 서구 선진국들에는 지금 온 나라가 들썩거릴 정도로 찬반양론이 벌어지고 있는 '개정 사립학교법' 같은 것은 아예 존재하지도 않는다는 점을 우리가 눈 똑바로 뜨고 들여다볼 필요가 있다.

인류의 문명사가 그동안 우리에게 일깨워준 것은 타율보다는 자율, 강제보다는 자발성이 살아 숨 쉴 때만 인간의 능력은 극대화된다는 진리이다. 그렇기에 우리가 오늘의 토론 주제에 제대로 접근하기 위해서는, 먼저 눈을 들어 잘나가는 나라들이 어떻게 하고 있는지 잘 관찰해야 한다. 그리고 인류문명의 역사가 보여수는 인간성에 대한 교훈이 무엇인가를 깊이 성찰해야 한다. 그것이 바로 오늘의 토론 주제에 올바로 접근하는 첫 관문이다.

'한국의 사학'에 대해 몇 마디 붙이겠다.

첫째, 한국의 경우처럼 특히 중고등 사학의 비율이 높은 나라는 없다. 지난 산업화 과정에서 경제 건설에만 한눈이 팔렸던 당시에 국가운영자들은 근대 이후 국가의 핵심 사업으로 여겨졌던 국민의 기본교육에 대한 투자에 너무나 소홀하였다. 국민의 기본교육을 민간 부분에 맡겨버림으로써 사학이 중고등학교의 거의 절반을 차지하는 결과로 나타났는데, 이는 다른 국가에서 그 유례를 찾아보기 힘들다.

또한 1974년에 소위 평준화 제도의 도입으로 사학은 '준(準)관학'으로 변질되어 사학의 본질적 가치가 크게 훼손되었다. 서구 선진국들의 경우에 사립학교는 교육관청으로부터 독립된 자율의 영역에서 교육을 시행하며, 공립학교는 그 공립학교가 위치한 구역의 거주자들을 배정하는 지역학교(일종의 평준화 제도)의 역할을 해왔다. 물론 최근에는 공립학교의 경우에도 일정한 교육자치구 안에서는 강제 배정이 아닌, 수요자의 선택에 의해서 교육을 시행하는 추세가 점증하고 있다. 이러한 외국의 사례들에서 보는 바와 같이 평준화 제도와 같은 것은 공립학교에 한정되는 데 반해서, 우리의 경우에는 획일적으로 모든 학교에 적용됨으로써 사립학교가 사립학교다운 교육적 역할을 수행할 수 없다.

둘째, 그동안 한국을 '교육 강국'으로 만든 일등공신은 열화 같은 교육열에 불타는 '한국의 맹모들'이다. 그 다음은 누가 뭐라고 해도 사학의 설립자들이라 할 수 있다. 물론 사학의 설립자들 가운데는 세인의 빈축을 받아야 마땅한 사람들이 있었던 것은 누구도 부정할 수 없는 사실이다. 그러나 또한 우리가 놓쳐서는 안 될 것은 해방 이후 여태껏 이 나라가 이만큼 성장해 온 것은 '의로운 일꾼들'이 비춘 '역사의 빛(光)' 때문이었다는 긍정적 사실과 함께 '어두운 그림자'의 부정적 사실도 존재해 왔다는 것이다. 건국 이후 그 많은 혼란을 거듭하는 가운데 준칙보다는 반칙에 기대어 살고자 하는 풍조가 우세했던 것도 사실이다. 따라서 우리 사회의 빛과 그림자는 보편적인 것이어서 유독 사학 영역에만 존재해 온 것처럼 목청을 높이는 것은 참으로 공정하지 못한 일이다. 일반 백성들은 백성들을 지도한다고 큰소리치는 관청의 높은 분들을 더 의심스러운 눈초리로 쳐다보고 있다는 사실에도 눈감아서는 안 될 것이다.

셋째, 우리의 사학을 본래의 사학의 본질에 따라 자율적으로 운영되게 할 경우, 그 많은 지금의 중고등 사학을 모두 국가의 통제로부터 과연 '방면'할 수 있을 것인가 하는 문제가 제기된다. 이것은 바로 국가의 본질적 기능인 국민의 기본교육을 국가가 포기하는 사태로 인식될 수 있기 때문이다. 따라서 여기서 새로운 조정 장치의 필요성이 대두한다. 그 조정 장치로 특히 사립 고등학교를 세 가지 모형으로 분류하여 그 일부는 설립자에 대한 적절한 보상을 전제로 국가가 공립화하는 방안을 고려할 수 있다.

지금 우리 모두에게 먼저 요구되는 것은 겸손한 마음으로 자기 눈에 들어 있는 대들보를 부끄럽지만 인정하고, 서로를 보듬어주면서 우리 모두가 더불어 잘 사는 새로운 길을 모색하는 일이 아닐까. 어디 반칙의 명수가 사학에만 있었다는 말인가. 이 땅을 참으로 살맛나는 좋은 땅으로 만들기 원한다면, 나와 네가 응징과 복수의 눈초리가 아니라, 정겨운 미소를 서로에게 전염시켜야 할 것이다.

나보다 앞서가는 사람의 발목을 잡으려 하기보다는, 나보다 뒤처진 사람을 보살펴줌으로써 우리 모두가 승자가 되는 세상을 만들어가야 할 것이다. 21세기는 한 나라의 높낮이가 구성원 전체의 학습력의 총량에 의해 결정될 것이기 때문이다. 세상에는 다양한 재주와 관심, 그리고 다양한 배움의 체험을 가진 다양한 사람들이 함께 살고 있다. 이렇게 다양한 사람들을 하나의 철 침대로 획일화하려는 것은 세상을 지혜롭게 사는 방법이 아니다. 다양한 사람들이 다양한 방식으로 자신의 능력을 극대화함으로써 자아실현을 최적화하는 길은 오직 교육의 다양화이다. 교육의 다양화는 서로 다른 사람을 다르게 살도록 하는 교육적 장치이다. 사립학교의 자율성을 존중하는 것은 바로 교육의 다양화로 가는 길이다. 다른 것은 아름답다.

2. 토론에 들어가서

1) 개혁 방향

교육의 질이 한 사회의 핵심적 추동력을 형성하는 21세기 지식정보화 세계에 적합한 교육의 틀을 갖추도록 하는 데 개혁의 초점을 맞춘다.

종래의 **타율적 규제 중심**의 교육체제로부터 **자율적 창발에 토대**를 둔 새로운 교육의 틀로 전환함으로써 세계 정상급의 교육의 질적 혁신을 도모한다. 이것이 바로 우리나라를 21세기 새 문명의 중심권으로 진입케 하는 교육 선진화의 요체이다.

2) 개혁의 기본원칙

(1) 사학의 본질인 **사학 운영의 자율성**을 보장한다.

(2) 사학 운영의 투명성을 확보한다.

3) 개혁 핵심 내용

국회와 정부 그리고 사학 당사자 대표들은 다음의 사항들에 관한 '사회협약'을 맺는다.

(1) 국가는 타율적 규제 중심의 지난 시대의 유물인 **사립학교법을 폐지**한다(개혁의 기본원칙 (1)항의 실현).

(2) 사학법인은 사학 운영이 **투명하게 운영되도록** 하기 위하여 그 **정관을 자율에 의해 획기적으로 개정**한다(개혁의 기본원칙 (2)항의 실현). 그리고 사학법인 운영의 비리를 감시하고 제재하는 기관으로 **사학윤리위원회**를 설치, 운영한다.

(3) **초중등학교법인과 고등교육기관법인은 분리**한다(우리의 현 교육법은 초중등교육법과 고등교육법으로 분리되어 있다).

4) 세부 내용

(1) 사학 운영의 투명성을 확보하기 위하여, 첫째로 각 사립학교는 그 정관을 다음과 같이 자율에 의해 혁신적으로 개정하고, 둘째로 사립학교법인의 비리를 감시하고 제재하는 기관으로 다음과 같이 사학윤리위원회를 구성한다.

(2) 사립학교법인 정관에 포함되어야 할 사항

가. 예산 및 결산 공개

나. 결산은 학교운영위원회나 대학평의원회가 지정하는 외부 회계 전문 감사기관으로 하여금 감사 보고하도록 한다.

다. 영리법인의 사외이사제도에 준하는 외부 저명인사를 이사로 충원하며 친인척의 이사는 최소화한다.

라. 모든 인사는 공개모집에 의한다.

(3) 사학윤리위원회

가. 사학법인과 마찬가지로 사학윤리위원회도 초중등학교와 대학을 분리하여 이원화한다.

나. 각 위원회는 7인으로 구성하며 국회 추천 인사 2인, 교육부장관 추천 인사 2인과 사학법인 추천 인사 3인으로 한다. 그 자격은 종교계, 교육계, 법조계, 시민사회단체를 대표하는 인사로 한다.

다. 사학 운영에 관계되는 비리 사례를 감시하고 제재하며 사안에 따라 교육부와 사법 당국에 법적 제재를 요청한다.

(4) 중고등 사학법인의 세 가지 유형

기존의 중고등학교 사학법인을 일정 기준에 따라 다음 세 가지 유형으로 분류하여 개별 사학이 선택하여 개혁 방향을 정하도록 한다.

가. 완전자립형

정부의 재정 지원과 학생 배정을 받지 않는다.

소위 '귀족학교'가 아닌 정상학교로 운영하기 위해 다음과 같은 장치를 둔다.

- 전체 학생의 20%를 취약 보호 대상으로 충원하며 장학금을 지불한다.

- 공립학교 교육비에 해당하는 금액의 바우처(Voucher) 제도를 도입한다(단, 학부모의 수입이 일정 이상인 자는 제외한다).

나. 자율규제형

정부의 재정 지원과 학생 배정을 받는다.

다. 공립화형

사학 설립자에게 일정한 보상을 전제로 정부에 기부하여 공립화한다. (한국의 사학 비율은 선진국에 비해 엄청나게 많다.)

5) 쟁점의 요체

어떻게 사학을 사학답게 자율적으로 운영하면서 동시에 그 운영이 투명하게 될 수 있도록 할 것인가? 자율경영과 투명경영은 양자택일의 문제가 아니다. 이것이 본 쟁점의 요체이다. 운영의 투명성 확보에만 급급한 나머지 사학의 본질인 자율적 운영권을 훼손하여 사학법인을 반신불수로 만드는 우를 범해서는 안 된다. 그것은 교각살우의 우를 범하는 것이다. 소를 죽이고 뿔을 바로잡은들 무엇하랴.

사학법을 폐지하면 교육현장이 하루아침에 무법천지가 될 것이라고 혹자는 크게 두려워할는지 모른다. 한때 야간통행금지제도가 없어지면 밤에는 온갖 도둑이 들끓는 세상이 될 것이라고 깊은 우려를 하던 때가 있었다. 그러나 막상 통행금지제도가 폐지되고 보니 그전보다도 더 안전한 세상이 되었던 지난날을 우리는 기억하고 있다.

어린아이를 어른이 늘 보살펴야 하듯이 국가가 안쓰럽게 껴안고 보듬어주어야 하는 그런 미성숙한 존재가 사학법인이라고 판단하는 것은 지나친 기우가 아닐까. 어린아이가 성장하여 어른이 되면 자율의 영역에 풀어놓아야 하듯이, 사학법인도 자율의 영역에 풀어놓아야 성숙한 존재가 될 것이 아닌가. 성숙한 존재는 스스로 만든 규칙에 의해 스스로를 규제하는 자율적 존재이다. 타율의 굴레 속에 사학을 가두어놓아 준(準)관학으로 만드는 것은 성숙한 세상, 좋은 세상으로 가는 길이 아니다. 미성숙한 존재에게 우리가 기대할 수 있는 것은 최고의 것일 수 없다. 우리의 교육이 최고의 것이기를 바란다면 우리의 사학이 성숙한 존재로 최선의 교육을 할 수 있도록 규제로부터 자유로워야 한다.

앞서가는 나라들이 사학을 규제의 울타리 속에 가두지 않는 그 지혜를 우리도 배워야 한다. 성숙한 사회를 우리가 만들기 원한다면 말이다. 그리고 우리가 우리나라를 새 역사의 중심권에 진입시키기 원한다면 말이다. 성숙한 사회가 아니고서야 어떻게 새 문명의 중심권에 우뚝 설 수 있겠는가.

이 새로운 제도의 도입은 정부와 사학 관계자들과의 '사회협약'에 의해 결정한다.[1]

『철학과 현실』(2006년 봄)

---

1) 이 글은 2006년 2월 2일 사학윤리위원회가 주최한 '선진사학 교육체제 모색을 위한 세미나'에서 발표되었다.

올바른 대학입학전형을 위한
새로운 대사회협약을 제안한다:
삼불(三不)과 삼가(三可)의 딜레마를 넘어서서

1. 들어가는 말

　제대로 작동할 수 있는 국가정책은 무엇보다도 인간의 본성에 토대를 두어야 한다. 인간의 본성과 정반대 방향으로 가는, 머릿속에서만 그럴 듯해 보이는 이상(理想)에 바탕을 둔 정책들은 현실의 암초에 걸려 좌초되었다는 것을 인류의 역사는 보여주고 있다.

　그 다음으로 지적되어야 할 것은 제대로 된 국가정책은 변화하는 인간 역사의 사회적 변화의 요인들에 제대로 대처할 수 있어야 한다는 것이다. 그럴 때만 역사적 현실 속에서 호흡하며 살아가는 구체적 인간에게 국가정책은 사람을 살려내는 구원의 처방이 될 수 있다.

　인간이 복통에 시달릴 때 두통을 치유하는 처방을 내놓는 것은 인간이 놓여 있는 상황을 고려하지 못한 처방이다. 인간은 끊임없이 변화하는 상황에 대처하며 살아간다. 올바른 국가정책은 바로 이러한 변화하는 상황에 알맞은 올바른 처방이다.

우리의 오늘 토론 주제는 넓게는 한국 교육정책이요, 좁게는 대학입학전형 정책이다.

오늘의 한국 교육의 역사의 뒤안길에는 한민족 전체가 걸어온 수천 년의 역사의 침전물이 자리 잡고 있으나, 직접적으로는 대한민국 정부 수립 이후 산업문명의 막차를 타느라고 온갖 진땀을 흘린 지난 산업화 과정이 자리 잡고 있다.

해방 후 지난 60여 년 동안에 흘린 엄청난 땀방울의 결과로 세계사의 변방에서 서성거리며 품어온 역사의 한을 떨쳐버리고 세계 10위권 안팎의 경제대국으로 올라서는 놀라운 그 기적의 비결이 있었다면 무엇이겠는가? 우리 국민의 열화 같은 '교육열'이 바로 그 비결이라고 나는 거침없이 말하고 싶다. 그 뜨거운 교육열 때문에 비록 산업문명의 막차에 올라탔으나 '압축성장'이라는 산업화의 기적을 일궈낸 '일꾼'들이 역사의 전면에 나타날 수 있었던 것이다. 소 팔고 논 팔아 소위 '우골탑' 속에서 길러낸 산업역군들이 우리나라를 세계의 변방으로부터 세계의 중심으로 접근케 하였다.

이런 시각에서 볼 때 지난 60여 년의 한국 교육은 엄청난 성공을 거둔 교육이라 볼 수 있다. 물론 미래를 내다보는 오늘의 관점에서 보면 여러 가지 고약한 이야기들을 쏟아낼 수는 있을 것이다. 더구나 오늘의 인류 문명을 앞장서서 이끌어가는 선진국의 교육에 견주어보면, 뜯어고쳐야 할 점이 한두 가지가 아닌 것도 사실이다.

그럼에도 한두 가지 자랑할 만한 것을 든다면, 첫째로 한국의 초중등 학생의 학력이 세계의 최상위권에 있다는 점이다. 그것이 비록 학교교육 자체의 직접적인 성공의 결과라고는 볼 수 없다 하더라도, 한국인의 교육열의 열매라고 볼 수 있다는 점에서 한국 교육의 자랑거리임에 틀림없다.

그뿐만 아니라 60여 년의 짧은 고등교육의 역사 속에서도 현재 고등교육기관에서 수학하고 있는 국민의 비율이 세계의 최정상이라는 것도 자랑거리라고 아니 할 수 없다. 한마디로, 지난 60여 년 동안 한국 교육이 이룩한 것은 엄청난 양적 성장이라고 요약할 수 있다. 그 엄청난 양적 성장의 토대 위에서 우리의 산업화는 성공을 거둘 수 있었다.

지금 우리는 지식과 정보를 근간으로 하는 새 문명의 도전 앞에 서 있다. 이 문명의 도전에 적절히 대응하여 새 문명의 중심권에 우뚝 서기 위해서는 지난 산업문명에서 통용되고 유효하던 양적 발전 위주의 교육 모델을 질적 발전 모델로 바꾸지 않으면 안 된다.

이것이 오늘 한국 교육이 당면한 문제이다. 이러한 새로운 도전의 한 가운데서 벌어지고 있는 논쟁들 가운데 하나가 대학입학전형을 둘러싸고 벌어지는 삼불(三不) 정책 논쟁이다.

2. 삼불 정책 논쟁의 허실

삼불(三不) 정책이란 ⑴ 개별 대학이 시행하는 영어, 수학, 국어 과목 중심의 지필고사, ⑵ 기여입학, ⑶ 고등학교 등급화를 금지한다는 교육부의 정책이다. 이러한 삼불 정책에 대해 세 가지 금지 정책을 해제하라는 입장이 연일 주요 신문들을 장식하고 있다.

이러한 삼불 정책에 반대하면서 세 가지를 허용하라는 입장을 '삼가(三可) 정책'이라고 부를 수 있다.

우선 우리가 먼저 분명히 정리해야 할 것은 도대체 이 정책들이 무엇을 달성하기 위한 정책인지, 즉 정책의 목표를 분명히 해야 한다. 흔히 삼불 정책의 목적이 사교육을 억제해서 공교육을 정상화하는 데 있다고 말한다. 그런가 하면 삼가 정책을 목소리 높여 주장하는 입장은, 삼불 정책은 '능력 있는 학생들'에게 능력을 극대화할 수 없도록 억제하는 족쇄가 되고 있다는 점을 크게 부각시키고 있다. 이러한 두 입장이 밑에 깔고 있는 생각을 들여다보면, 정책의 목표에 대한 견해가 다르다는 것을 알수 있다.

삼불 정책은 교육평등을 통해 학교교육의 정상화에 초점을 맞추고 있으며, 삼가 정책은 지적 능력이 탁월한 학생의 수월성 신장에 초점을 맞추고 있는 것 같다.

먼저 삼불 정책을 지지하는 사람들의 견해부터 좀 더 세밀히 따져보자.

(1) 삼불 정책은 과연 사교육의 억제에 성공하고 있는가?

삼불 정책 가운데 소위 본고사 금지가 여기에 해당된다고 볼 수 있다. 각종 여론조사와 통계자료가 보여주는 바에 따르면, 본고사 금지 이후 소위 사교육이 크게 억제되었다는 사실을 보여주는 결정적 증거는 없는 듯하다.

한 가지 지적되어야 할 사실은 정부의 입학정책에 조금이라도 변화가 생기기만 하면 학부모들의 기우가 증폭되면서 사교육에의 의존도가 높아져왔다는 사실이다.

(2) 삼불 정책은 사회경제적 약자에게 유리한 정책인가?

얼핏 생각하면 삼불 정책은 사교육의 경제적 부담을 제대로 감당하기 어려운 학부모들에게 유리한 정책으로 보인다. 본고사를 허용하면 사교육이 더욱 극성을 부리게 되고, 그렇게 되면 사회경제적 약자는 소위 '좋은 대학'에 들어가는 것이 더욱 어렵게 될 것이라고 추측하기 때문이다.

과연 이런 추측은 정당한가? 이 추측이 정당한 생각이 되려면, 본고사 금지가 사교육을 억제했다는 사실적 증거가 있어야 한다. 그러나 위에서 지적한 바와 같이 그런 결정적인 사실적 증거는 아직 나와 있지 않다. 혹자는 반대로 본고사를 허용했던 이전 시기에 지금보다도 사교육 의존도가 낮았다는 통계자료를 내놓으면서 본고사 금지가 사교육의 억제와 무관하다는 주장을 펼 수도 있을 것이다.

그러나 이런 주장은 우리나라의 경제성장을 고려하지 않은 채 오직 통계 숫자에만 의지하고 있는 주장이므로 타당성이 없다.

나의 판단으로는 사교육을 유발시키는 원인이 본고사냐 수능시험이 냐에 대한 논쟁을 종식시켜 줄 결정적인 사실적 증거는 아직 나와 있지 않다.

그보다는 사교육에의 강한 유혹은 어떻게 해서든지 자기 자녀를 '좋은 대학'에 입학시키고 말겠다는 치유하기 어려운 집념으로부터 나오는 것이 아닐까 싶다. 한국의 맹모(孟母)들의 뜨겁게 불타는 교육열이 바로 사교육의 주범이라고 나는 추측한다.

전형 방법이 무엇이든 이 뜨거운 교육열이 존재하는 한, '입시전쟁'은 종식될 수 없을 것이다.

(3) 삼불 정책은 교육의 평등성을 높여줌으로써 사회경제적 약자에게 살 만한 세상을 만들어준다. 과연 그런가?

무엇보다도 고교 등급화 금지는 고교 평준화 정책을 지탱해 주는 보루이다. 고교 평준화는 사회경제적 약자에게 좋은 대학 입학의 기회를 가진 자와 동등하게 부여해 주고 좋은 세상을 만들어줄 것이라고 삼불 정책을 지지하는 사람들은 주장한다. 과연 그런가? 일부의 논자들에 의하면 사람의 지적 능력은 타고난 유전자에 의존하기 때문에 사회경제적 약자라도 타고난 유전자에 따라 지적 능력이 탁월한 사람은 '좋은 고등학교'에 진학하여 '좋은 대학'에 입학할 수 있을 것이라고 주장하는 사람도 있다. 오히려 사회경제적 약자가 평준화된 고교에 다니면서 사교육(과외)을 제대로 받을 수 없을 경우 고교 평준화는 약자에게 이로운 제도가 아니라고 주장한다.

다음으로 삼불 정책을 폐지하자는 삼가 정책을 주장하는 사람들의 경우를 검토해 보자.

(1) 본고사를 시행하면 한국 교육이 과연 좋아지는가?

본고사를 통해 대학 입학이 결정되는 경우 한 번 시험을 잘못 보면 적어도 1년은 기다려야 한다. 본고사 하나만으로 대학입학전형을 결정하는 나라들에서 보여준 사실은 대학 입학을 위한 고통의 행렬이 재수, 삼수, 계속 쌓여간다는 사실이다.

그뿐 아니다. 영어, 수학, 국어 중심의 본고사는 대학 이전의 교육에서 길러야 할 인성교육을 비롯한 여러 가지 인간의 자질들을 도외시하는 분위기를 만들어놓음으로써, 제대로 된 인간의 육성이라는 대학 이전의 교육의 본질을 불구화하는 결과로 유도될 가능성이 매우 높다.

더구나 21세기 새 문명은 인간의 다양성을 매우 중시하는 세상이기 때문에 지적 능력만을 중시하는 교육은 21세기가 요구하는 좋은 인간을 길러내지 못할 것이다.

올바른 대학입학전형은 대학 이전의 교육의 본질을 훼손시키지 않을 뿐 아니라, 더 적극적으로는 초중등교육의 정상화에 기여해야 한다. 그리고 더 나아가 다양한 사람들의 소질과 특성을 제대로 평가하고 살릴 수 있는 방법이어야 할 것이다.

본고사를 실시해야 한다는 주장의 저변에 흐르는 기본적 사고는, 현행 수능고사로는 지적 능력이 뛰어난 학생들을 제대로 선별해 낼 수 없는 데 문제가 있다고 본다. 또한 현행 수능시험은 누가 실수를 덜 범하느냐에 따라 결판이 나는 시험일 뿐 아니라, 수험생들의 학력을 일정 수준 안에 가두어놓음으로써 고급 능력의 배양을 양성하는 데 기여하기보다는 억제하는 기제로 작동하고 있다고 본다. 물론 이러한 지적은 일면 타당하다. 그러나 앞에서도 지적한 바와 같이 본고사에 의한 입학전형이 초래할 고교교육의 불구화까지 고려한다면 '본고사 = 교육 발전'이라는 등식이 성립되지 않음이 분명해진다.

그렇다고 '본고사 금지 = 교육 발전'이라는 등식도 앞에서 지적한 바와 같은 이유들에 비추어 타당한 주장이 되지 못함을 인식할 수 있다. 그러므로 우리가 추구해야 할 올바른 대학입학전형 방식은 본고사 금지나 본고사 허용이라는 딜레마로부터 자유로운 제3의 길이어야 할 것이라고 나는 본다.

(2) 기여입학제도는 고등교육의 질적 향상을 가져온다. 참으로 그런가?

고등교육기관은 돈 먹는 하마라 해도 과언이 아닐 만큼 좋은 고등교육기관을 제대로 운영하려면 엄청난 재원이 뒷받침되어야 한다. 우리나라 도처에서 터져 나오는 한국 대학에 대한 불만의 볼멘 목소리는 "왜 우리나라에는 세계 100등 안에 드는 대학이 없는가?"라는 탄식이다. 재정이 신통치 않은 대학치고 세계의 유명대학으로 칭송되고 있는 대학이 없는 것이 사실이라면, 대학 재정의 확충은 좋은 대학을 만들고자 하는 모든 사람의 지대한 관심사가 아닐 수 없다. 이런 상황 아래서 기여입학제가 가장 손쉬운 대안으로 나타나고 있는 것 같다.

그러나 세상일을 도모함에 있어서는 해야 할 일과 해서는 안 될 일이 있는 법이다. 목적이 좋다고 모든 방법이 다 정당화되지는 않는다. 더구나 교육이라는 사업은 그 어떤 사업보다도 수단의 선택이 매우 신중하게 결정되어야 하는 사업이다. 절차의 정당성이 매우 소중히 여겨져야 하는 일이 바로 교육사업이다. 이런 의미에서 한국사회에서 일반적으로 인식되고 있는 소위 기여입학제가 안고 있는 가치 정당성을 사려 깊게 숙고해 보아야 할 것이다.

간단히 말해서 우리나라에서 일반적으로 인식되고 있는 기여입학제는 대학 합격증을 일종의 경매 방식으로 처리하자는 견해로 압축될 수 있는 듯이 보인다. 그래서 5천만 원 기부하는 사람보다도 6천만 원 기부하는 사람에게 입학의 자격을 부여하고, 9천만 원 기부자보다도 1억 기부자에게 입학의 기회를 주는 식으로 기부액이 높은 사람에게 입학을 허락하는 경매 방식의 입학전형이 그 핵심이라 할 수 있다.

대학 입학의 문 앞에서 돈을 많이 거는 사람이 대학의 문 안으로 들어가는 세상, 그것이 바로 기여입학제에 대해서 일반 사람이 머리에 떠올리는 그림이 아닐까? 그래서 많은 사람들은 이러한 신종 노름판에 대해서 거부의 몸짓을 하는 것이 아닐까? 하기야 그렇게 해서 생긴 돈을 가난한 학생들을 위한 장학금으로만 사용한다는 단서를 붙인다면, 다소 거부의 몸짓이 수그러들지도 모른다.

일부의 기여입학제 주장자들은 말한다. 서양의 선진국 대학들에서도 이런 기여입학제가 시행되고 있으니, 우리라고 못할 까닭이 어디 있느냐고. 사실을 말하자면, 선진국의 대학치고 (적어도 이름깨나 있는 대학치고) 이런 방식으로 돈을 거둬들이는 대학은 적어도 내가 알기로는 없다.

우리의 현행 대학입학전형과 같이 소수점 이하까지 따져 모든 수험생을 계량화된 점수라는 획일적 잣대로 한 줄로 세워놓고, 합격과 불합격의 판정을 내리는 이 엄혹한 양적 평가 획일주의 전형 방법에서는 금전적 기여라는 것을 입학사정의 잣대로 사용하기는 매우 어려운 것이다. (이 부분과 관련해서는 추후에 재논의하기로 한다.)

(3) 고교 등급화는 교육 발전을 위해서 과연 필요한가?

한마디로 말해서 고교 등급화라는 것이 전국의 고교를 성적 매기듯이 서열화해서 그것을 잣대로 그 학교 출신의 내신평가에 일률적으로 가중치를 주는 것과 비슷한 방식으로 기계적으로 산정하여 입학전형 자료로 삼는다면, 이것이 초래할 사회적 함의는 엄청날 것이라고 나는 상정한다.

미국의 경우를 보면, 소위 아이비리그 대학들은 미국의 일류 사립학교(보딩 스쿨) 출신 학생들과 일반 공립학교 출신들을 한 가지 잣대로 평가하지 않고, 일정한 할당제 같은 설정을 하여 사립학교 출신의 경우와 공립학교 출신의 경우를 별도의 잣대로 평가하는 것이 상례이다. 이것은 일류 사립학교 출신에 대한 역차별로 이해될 수도 있는데, 한 개인의 잠재적 능력과 그가 우연히 얻게 된 사회적 특혜를 구분함으로써 우연적 계기에 의해 조성된 사회적 불평등을 감소시키려는 의도에서 실시되는 방법으로 이해될 수 있을 것이다.

그러나 다른 한편 개별 학교 차원에서 이루어지는 성적 부풀리기나 성실하지 못한 교사의 추천서 등에서 나타나는 학교의 평가 타당성과 신뢰성의 문제를 교정하기 위한 방책으로 개별 학교나 개별 교사가 작성한 전형 자료의 신뢰성과 타당성을 엄격히 평가하는 것은 공정한 입학전형을 위해서 매우 필요한 절차라고 나는 생각한다.

사실 우리는 고교의 성적 부풀리기와 같은 사태로 인해 고등학교 내신 자료의 타당성과 신뢰성의 위기를 철저하게 체험한 바 있으며, 선진국에서 실시되고 있는 고교 교사의 추천서를 신뢰성의 문제 때문에 입학전형 자료로 활용하지 못함으로써 수험생이 성취한 고등학교에서의 학업 성취의 내용이 대학입학전형에 제대로 반영되지 못하고 있다. 이것은 결국 고등학교 교육 따로, 대학입학시험 따로라는 교육의 분열을 낳고 있다. 어쩌면 이것이 오늘날 한국 교육이 당면하고 있는 가장 심각한 교육적 현안이라 해도 지나친 말이 아니다.

이러한 고등학교 교육과 대학입시의 분열을 극복하기 위해서는 개별 학교와 교사들이 작성해서 대학에 제출하는 모든 전형 자료의 타당성과 신뢰성을 평가하는 절차는 반드시 도입될 필요가 있다고 나는 본다.

3. 한국 교육의 질적 발전을 위해서 털어버려야 할 몇 가지 고정관념들

(1) (가) 모든 사람은 똑같은 능력을 가지고 태어난다. (나) 따라서 모든 사람은 똑같은 방식으로 교육해야 한다. (다) 이것이 바로 교육에 있어서 평등이다.

오늘 이 땅의 교육에 관한 토론에 있어서 엄청난 혼란은 바로 이와 같은 생각으로부터 나온다고 나는 진단한다. 우선 (1)의 (가) 명제는 우리가 매일 만나는 사람들로부터 사실이 아니라는 것을 확인할 수 있다.

모든 사람은 똑같은 능력을 가지고 태어나기보다는 서로 다른 능력과 소질을 가지고 태어난다는 것을 우리는 지금까지 삶의 현장에서 매일 체험하고 있다. 따라서 우리의 체험이 보여주는 것은 명제·(가)의 반대이다. 즉 사람은 매우 다양한(서로 다른) 재능과 소질을 지니고 태어난다. 따라서 똑같은 방식(획일적 방식)의 교육은 옛 신화의 철 침대 위에 올려놓고 사람을 재단하는 것과 같이 인간을 억압하는 틀이다(인간해방의 틀이 아니다).

다양한 인간에 알맞은 참교육은 각자의 능력과 특성에 따라 거기에 적합한 교육을 실시하는 맞춤식 교육(교육의 다양화)이다.

교육의 평등은 각자에게 알맞은 교육을 받을 수 있는 기회를 모두에게 고루 제공하는 데 있다. 그럴 때 비로소 서로 다른 사람들 모두에게 고르게 대접하는 '더불어 잘 살 수 있는 열린 세상'을 이룰 수 있을 것이다.

김 군에게는 자신의 몸에 맞는 옷을 입도록 하는데, 박 군에게는 김 군의 몸에 맞는 옷을 입도록 한다면, 김 군과 박 군을 고르게(평등) 대접하는 것이 아니다.

따라서 다른 사람을 다르게 대접하는 것이 사람을 고르게 대접하는 공평한 세상이다. 서로 다른 사람에게 (어떤 한 사람에게 맞을지도 모르는) 하나의 옷을 주며 입으라는 것은 획일주의의 횡포가 아닐 수 없다. 획일주의는 평등의 가면을 쓴 인간 억압의 틀이다.

따라서 우리가 추구해야 할 교육의 올바른 방향은 바로 교육의 다양화이며, 수준별 교육과정이 목표로 삼는 것은 바로 각자의 능력과 특성에 알맞은 맞춤교육이다.

그런데 지금 한국 땅 위에는 교육의 평등이라는 기치 아래 수준별 교육과정을 반대하는 사람들이 존재하고 있다. 이것은 인간에 대한 그릇된 가정으로부터 발생하는 고정관념의 하나라고 나는 진단한다.

세상에 다양한 재능과 소질을 지닌 다양한 사람들이 존재하기에 세상은 제대로 돌아갈 수 있다. 왜냐하면 세상은 다양한 역할을 수행하는 다양한 일꾼들이 운영해 가는 모듬살이이기 때문이다. 만일 세상 사람들이 모두 똑같은 일만 할 줄 아는 사람들로 가득 차 있다면 어떻게 될 것인가? 생각만 해도 끔찍한 세상이다. 사람이 살 만한 세상은 모두가 똑같은 멜로디를 부르는 제창의 사회가 아니라, 악기마다 다른 멜로디를 연주하는 **교향악의 사회**가 아닐까. 이것이 바로 우리가 교육의 다양화를 지향하는 까닭이다.

(2) 경쟁은 만능의 열쇠요, 최고의 가치이다. 따라서 교육에 있어서도 경쟁만이 모든 교육적 문제를 푸는 해결사이다.

'적절한 경쟁'은 발전의 원동력이다. 그러나 '지나친 경쟁'은 발전을 저해한다는 것도 이해해야 한다.

'생산적' 경쟁도 있지만 '불모'의 경쟁도 있다. 세상은 다양한 능력과 소질을 지닌 다양한 인간들의 모듬살이다.

어떤 사람은 수학을 잘하는가 하면 어떤 사람은 노래를, 또 다른 사람은 달리기를 잘한다. 수학을 잘하는 사람과 노래를 잘 부르는 사람을 모아놓고 수학 경쟁만을 무리하게 시켜서도 좋은 교육이 아니겠지만, 수

학과 노래 어느 경쟁에도 뒤처진 약자를 나 몰라라 하고 눈감아 버리는 교육도 사람이 살 만한 세상 속의 교육은 아닐 것이다.

경쟁을 하다 보면 반드시 경쟁의 낙오자가 있기 마련이다. 이 경쟁의 낙오자에 대해서 따뜻한 시선과 배려가 없는 세상은 너무나 냉혹한 세상이다. 제대로 된 교육은 경쟁의 낙오자에게도 따뜻한 시선을 보내주는 교육일 것이다. 그럴 때 우리의 삶터는 더불어 잘 사는 세상이 될 것이다.

경쟁 일변노의 교육은 올바른 사람 키우기 방법이 아니며, 인간을 매우 조심스럽게 다루지 않으면 (특히 어렸을 적에) 정상적 인간을 양육할 수 없다. 최근 서울시 교육청 산하 학교보건진흥원이 발표한 조사에 의하면 서울시 청소년의 25.7%가 특정 공포증, 강박증, 주의력 결핍 등 정신장애자라는 것이다. 10명 가운데 7명이 자살을 생각해 본 적이 있다는 여론조사 결과도 있다. 이렇게 된 제1원인으로 학업문제를 들고 있다 (『동아일보』, 2007년 4월 16일 사설 참조).

이런 조사에서 우리가 눈여겨보아야 할 것은 오늘 한국 교육이 앓고 있는 병 가운데 하나는 '비생산적 경쟁'이 너무 지나칠 정도로 압도하고 있다는 사실이다.

따라서 우리가 교육에서 경쟁 만능만을 외치는 것도 문제이려니와, 마땅히 있어야 할 '창조적 경쟁'에 대한 억압도 문제라는 것을 우리가 유념해야 할 것이다.

우리가 새롭게 가꾸어가야 할 교육은 생산적 경쟁은 활성화시키고 불모의 경쟁은 퇴화시키는 것이어야 한다. 새로운 창조적 능력의 함양보다는 작은 실수를 안 하는 연습에만 몰두하는 교육은 분명히 생산적 경쟁이 살아 숨 쉬는 교육이 아니다. 그것은 불모의 경쟁일 뿐이다. 오늘의 한국의 고등학교에서 교육 따로 하고, 대학 문 앞에서의 입시 따로 하는 '따로따로 교육'은 분명히 비생산적 경쟁교육이라는 지적을 면하기 어려울 것이다.

(3) 대학입시 정부규제만 풀면 한국 교육은 하늘로 비상할 수 있다. 과연 그런가?

어린아이에게 어른들이 내뱉는 대부분의 말을 잘 살펴보면 "안 돼"가 그 핵심에 놓여 있다. 어린아이는 정말 세상 물정을 아는 게 없다 보니 이런 위험 저런 위험에 노출되어 있기 마련이다. 그런 아이의 부모는 아이가 하는 모든 일이 위험천만의 것이니, "이것도 안 돼, 저것도 안 돼"가 자식 사랑의 지극한 표현으로 입가를 떠날 날이 없게 된다.

철모르는 어린아이에게 자율의 세계는 없는 셈이다. 스스로 사리를 제대로 판단하고 행동할 수 있을 때 자율의 세계가 열린다. 정부의 규제도 본질적으로 어른들이 어린아이에게 입버릇처럼 내뱉는 "안 돼"의 언어와 크게 다르지 않다.

규제의 대상들(대학)이 자율적으로 일을 잘 처리해 내리라는 믿음이 없기 때문이다. 그런 상황 아래서 그 모든 규제를 대번에 걷어치우면 세상이 과연 잘 돌아갈까?

물론 현존하는 정부의 많은 규제들은 지난 산업화 초기 시대에 제정된 것이 대부분이다 그래서 오늘의 현실에 알맞지 않은 것도 많다. 그렇게 규제라는 온실 속에서 오래 살다 보니 비바람이 몰아치는 거친 들판에서 스스로 제 살길을 찾아갈 수 있는 체질과 훈련이 마련되어 있지 않은 것도 사실이다. 이런 상황에서 규제의 온실을 아무런 준비도 없이 당장 걷어치우면 어떻게 될 것인가? 삼불(三不)이라는 정부규제를 오늘 당장 털어버린다고 우리의 교육이 하늘로 훨훨 날아올라 갈 수 있다고 누가 진짜 장담하며 그 결과에 책임질 수 있겠는가.

온실로부터 거친 들판으로 나오는 중간 과정은 매우 조심스러워야 한다. 그렇기에 '살기 위한 개혁'은 점진적이요 신중해야 한다. 때려 부수기만을 능사로 삼는 개혁이 인간의 역사가 하나의 유기체라는 것을 망각한 사람들이 부르짖는 만용의 구호가 될 위험은 없는지, 우리 모두가 겸허하게 성찰해야 할 때가 아닐까?

(4) 교육 평준화 절대 고수해야 우리가 산다. 아니다. 그것을 무너뜨려야 우리 교육이 산다. 이 두 상반된 주장 가운데 어느 한 곳에 정답이 있다. 과연 그런가?

지난 군사정권과 산업화 과정에 전면적으로 거부의 몸짓으로 저항하던 사람들 중 그 당시 만들어신 제도늘 가운데 유독 평준화 제도에 대해서만 각별한 집착 증세를 보이는 입장과, 그리고 평준화 제도를 바로 이 땅의 교육의 만악의 근원처럼 보는 두 가지의 극단적 입장이 오늘 이 땅에서 서로 대립하고 있다.

두 입장은 각자 자신의 입장이 바로 시대의 정론이요, 한국 교육의 정답이 자신에게 있다고 강변하고 있다. 첫 번째로 지적해야 할 것은, 적어도 우리의 평준화 제도는 지난 압축성장의 산업화 시대에 역사적 기여를 했다는 점이다. 그리고 두 번째로 지적하고 싶은 것은 어떤 선진국에서도 공립학교 모두가 입학경쟁시험을 통해서 입학을 결정하지 않는다는 사실이다. 그런데 문제는 사립학교의 경우이다. 선진국의 사립학교의 경우에는 학교마다 나름대로의 입학전형 절차가 있는데(대개는 서류전형), 학생의 선택의 영역에 속해 있는 교육기관이다.

그런데 우리나라의 사립학교는 그 태생의 역사적 배경이 서양의 경우와 판이하다. 최근 우리 경제가 중진국 수준에 들어가면서 정부가 공교육에 대한 투자 여유가 생김에 따라 공립학교를 왕성하게 창설하면서부터 사립학교와 공립학교 수의 비율이 6 대 4에서 반반으로 되다가, 최근에는 사립과 공립의 비율이 약 4 대 6 정도가 되었다.

그렇게 될 수밖에 없었던 것은 국민의 교육에 대한 수요는 급격하게 증가하는데 국가의 재정은 교육의 수요를 제대로 충족할 만큼 넉넉하지 못한 결과, 그러한 국민의 왕성한 교육적 수요를 채워주기 위해서는 민간 부분에 위탁하지 않을 수 없었다. 그 결과 생겨난 것이 과도한 사립학교의 출현이었다. 이런 상황 아래서 사립학교는 '일종의 불패의 기업'처럼 그릇된 인식이 한때 생기기도 했다.

이런 상황 아래서 태어난 것이 우리의 교육 평준화 제도이다. 평준화 제도는 사립학교의 학생 선발권과 자율적 학교운영권을 모두 국가에 헌납해 버린 것과 같은 상태를 만들어놓았다. 사학의 이름만 남아 있는 것과 같은 상태가 된 것이다.

물론 이렇게 사립을 포함한 모든 학교를 정부의 획일적 통제 아래서 학생의 학교 선택권을 전부 없애버린 우리의 평준화 제도와 같은 제도를 둔 나라는 그 유례를 찾기 어렵다. 사립학교 제도가 아예 없는 유럽의 나라(독일 등)에서는 물론 모든 학교가 정부의 통제 아래 있다.

아무리 우리의 역사적 배경이 특수하다 하더라도 사립학교와 공립학교는 그 설립 취지와 운영 방식이 기본적으로 다른 토대 위에 서 있다. 따라서 아예 사립학교를 모두 공립학교로 전환하지 않는 한, 사립과 공립은 서로 그 특색을 살려 다르게 운영되는 것이 합리적이다.

그러므로 사립을 공립과 동일하게 하나의 국가의 관리체계 아래 두는 현행 평준화 제도도 문제이지만, 공립학교까지 사립학교와 마찬가지 방식으로 정부규제로부터 완전히 벗어난 방식으로 운영되어야 한다고 주장하는 것도 지나친 주장이 아닐 수 없다. 이런 관점에서 볼 때 현행 평준화 제도에 대한 두 가지 종류의 극단적 입장은 그 설득력이 빈약하다는 진단을 내릴 수밖에 없다.[1]

---

1) 사립학교의 미래지향적 개선 방안에 관해서는 이명현, 「사립학교 교육 선진화 개혁을 위한 사회협약을 제안한다」, 『철학과 현실』, 2006년 봄, pp.281-289 참조.

(5) 국립대학의 법인화는 국립대학의 생존에 관한 문제이다. 그것은 학생에게도 교직원에게도 모두 해로운 제도이다. 또한 기초학문을 황폐화시킬 뿐 아니라, 대학의 빈곤화를 촉진시킬 것이다.

한국 교육이 질적 비약을 하려면 대학이 그 변화의 중심에 서 있어야 한다. 그리고 그 변화의 근본적 진원지는 국립대학교가 되어야 한다. 이 것이 바로 문명사적 전환기에 놓인 한국 대학 앞에 던져진 역사의 도전이다. 이 문명사적 도전에 어떻게 대응하느냐, 이것이 바로 대한민국을 신문명의 어디에 위치시킬 것인가를 결정하게 될 것이다. 이 역사의 도전에 대한 응답은 우리의 위기인 동시에 기회이다.

문명사적 도전을 못 보고 못 들은 체할 수 없다. 그것은 지성의 전당 안에 있는 사람들이 취해야 할 정당한 태도일 수 없다. 따라서 국립대의 법인화 문제를 통째로 회피할 수 없다. 문제는 회피가 아니라, 어떻게 대응하느냐가 우리의 지대한 관심사가 되어야 한다. 이 시대의 지식인의 사명과 책임이 여기에 있기 때문이다. 국립대의 법인화의 결산이 이미 다 나와 있는 것이 아니다. 그 결산은 완료형이 아니라, 예측, 기획, 결단과 실천의 함수일 뿐이다.

우리가 올바른 예측과 기획, 그리고 결단과 실천에 우리 자신을 헌신한다면, 그 결산은 흑자와 희망으로 우리에게 다가올 것이다.

나는 감히 이렇게 권유하고 싶다. 할 수 있는 대학부터 먼저 나서라. 더욱이 '세계의 대학'으로 거듭나고자 하는 대학부터 먼저 모든 의구심과 주저를 버리고 현명한 예측과 대담한 기획으로 실천의 혈전장에 나서라.

대인(大人)은 대의(大義)를 위해 당당히 모험에 나서며, 소인(小人)은 소리(小利)의 속셈에만 몰두하여 의구심과 주저의 오두막에 웅크리고 앉아 있을 뿐이다.

이 시대가 요구하는 참다운 지성은 대인(大人)의 뜻을 품고 실천의 바다에 몸을 던지는 사람이다.

4. 새로운 대학입학전형을 위한 대사회협약(大社會協約)을 제안한다

(1) 대사회협약의 기본 방향

(가) 정부는 입학전형과 관계된 일체의 규제를 철폐한다.

(나) 대학입학전형과 관계된 대학을 비롯한 고등학교, 학부모, 기업을 포함한 각급 고용기관, 사법기관, 언론계, 정치계 등 사회의 온갖 영역의 사람들이 각 영역에서 수행해야 할 각자의 몫을 자율적으로 수행할 것을 약속하고 실천한다.

(2) 정부는 왜 규제를 철폐해야 하는가?

선진국이란 무엇인가? 모든 사회 구성원이 수준 높은 삶을 유지해 가는 품격 높은 모듬살이다. 그러한 **품격 높은 모듬살이가 가능하기 위한 전제조건이 있다. 자율적 인간, 바로 그것이다.** 스스로 자신이 해야 할 일과 하지 말아야 할 일을 인식하여 자신이 만든 규칙에 따라 삶을 영위하는 사람이 바로 자율적 인간이다. 이러한 자율적 인간이 전제되지 않는 한 품격 높은 사회와 나라는 이루어지지 않는다.

그런데 국가의 규제는 타율이요, 그러한 타율이 존재하는 한 성숙한 자율적 삶의 영역은 확보되지 않는다. 따라서 우리가 진정으로 '선진국'으로 진입하고자 원한다면, 우선 국가는 타율의 틀인 규제를 거두어들여야 한다. 그리고 국가의 구성원인 사회의 각 영역은 자기 몫의 역할들에 알맞은 일들을 자율적으로 수행해야 한다. 이렇게 사회 구성원 모두가 이 일을 성취하겠다는 공동의 의지를 표명할 때 대사회협약은 맺어진다. 이것은 한국과 한국인의 선진국 진입을 위한 굳은 결의의 표현이다.

이른바 선진국에서 대학입학전형에 관한 정부의 규제가 없이도 대학입학전형과 관련된 우리와 같은 '대소동'이 없이 제대로 운영되는 것은,

국가와 국가 구성원 사이에 이러한 묵시적 대사회협약이 자율적으로 작동하고 있기 때문이라고 보인다.

지금 정부가 삼불(三不) 정책과 같은 규제를 하는 것은 단순히 국민을 못 살게 만드는 데 관심이 있어서라기보다는 국민을 잘 살게 하겠다는 좋은 의도에서 나온 조치라는 것을 인정하는 데 우리가 인색할 필요가 없다. 문제는 그런 규제를 안 했을 경우에 초래될지도 모르는 사회적 부작용을 최소화하기 위한 정부 당국의 의도가 수용자들에게 제대로 소통되지 않았다는 점과, 동시에 그 부작용에 대한 다른 처방이 가능하다는 것에도 우리가 주목해야 할 것이다.

최근에 삼불 정책이 크게 부각되게 된 데는 소위 2008년도 대학입학 전형에 대한 교육부의 새 지침이 문제의 발단의 단초를 제공하고 있다는 점에 우리가 유의해야 한다.

2008년부터 시행하라는 정부의 새 지침의 골자는 내신성적과 수능성적을 9등급으로만 대학에 제시한다는 것이다. 이러한 새 지침은 수험생의 학습능력에 관한 전형 자료가 최우수생들이 집중하는 이른바 일류 대학에 합격과 불합격을 선별할 수 있는 충분한 자료가 되지 못한다는 약점이 지적되면서 삼불 정책에 대한 '논란'이 한국 교육계의 최대 현안처럼 부각되었다. 그리하여 이 논쟁은 '교육평등 대 교육 수월성'의 대결처럼 보이면서 더욱 뜨거운 논쟁으로 우리 모두에게 다가왔다.

우리는 앞의 논의에서 이미 이 논쟁이 함축하고 있는 중요한 점 등에 관해 살펴보았다. 우리가 여기서 다시 환기해야 할 중요한 점은 인류가 지금 새로운 문명으로 진입하고 있다는 사실이다. 공사립을 막론하고 국가통제 아래서 획일적으로 관리하는 교육의 양적 발전에 초점을 둔 산업화 시대의 교육 모델로는 지금 우리 앞에 서서히 다가오는 새 문명의 도전을 제대로 대처할 수 없다는 것을 우리 모두가 확실하게 깨달아야 한다.

삼불 정책은 지난 산업화 시대의 인재 양성의 모델이 작동하는 교육 운영의 부작용을 최소화하기 위한 정책적 장치라고 볼 수 있다. 그런데 우리가 눈여겨봐야 할 대목은 삼불 정책을 반대하며 삼가(三可) 정책을 주장하는 논자들도 그 내심에서는 산업화 시대의 교육 모델을 은연중에 생각하면서 반론을 펴고 있다는 점이다. 앞에서 살펴본 삼불 정책과 삼가 정책의 논자들의 주장은 그런 점에서 일정한 한계를 지니고 있다고 나는 본다. 거기에는 새 문명의 도전에 대한 응전이라는 시각에서 양(量)에서 질(質)로 바뀌는 교육 모델의 대전환을 전제한 새로운 논쟁의 무대가 설정되어 있지 않다고 생각한다. 지난 산업문명의 교육은 양적 발전을 지향했을 뿐 아니라, 그 운영은 규제라는 타율에 의해 지배되는 교육이었다. 그러나 미래 신문명이 요구하는 교육은 질적 발전을 겨냥할 뿐 아니라, 규제를 넘어선 자율의 질서에 의해서만 성취될 수 있는 고도의 품격 높은 공동체가 지향하는 교육이다.

(3) 대학을 비롯한 교육 관련 각 영역이 자율적으로 수행해야 할 일들은 무엇인가?

(가) 대학의 위상

대학은 자기 학교만을 생각하는 저차원의 애교심으로부터 국가 발전, 나아가 인류의 번영을 통해 자기 학교의 발전을 도모하는 대인(大人) 입장에서 입학전형을 비롯한 학사운영을 해야 한다.

구체적으로는 우선 대학 이전의 학교교육의 정상적 발전을 고려하여 자기 학교의 입학전형 방식을 결정해야 한다. 그리고 사회경제적인 약자들을 고려할 뿐 아니라 공립학교와 사립학교 졸업자 간의 균형, 지역 간의 균형(지역할당제), 소수인종과 외국인에 대한 균형 배분 등을 고려하는 지성의 전당의 주인으로서 성숙한 지혜와 분별력으로 입학전형 방식을 채택해야 한다.

그리고 자기 학교에 주어진 여러 가지 여건과 역량은 고려하지 않고 얄팍한 간지와 잔꾀로 학교운영을 하려는 것은 전혀 지성의 전당의 주인에 어울리지 않는 일이다. 따라서 개별 대학은 자기 대학이 놓여 있는 지역적 여건과 특성을 고려하여 자기 대학에 알맞은 특성화의 길을 모색하는 것이 현명한 일이다.

대학의 본연의 임무는 돈을 벌어들이는 일이 아니요, 진리를 탐구하며 사람을 제대로 육성하여 한 사회와 국가, 나아가 세계에 봉사할 소중한 임무를 수행하는 일이므로, 그 역할에 알맞은 일을 수행해야 할 것이다.

따라서 이런 대국적 차원에서 학교운영을 한다면 그 시각에 있어서 정부 당국의 시각과도 큰 차이가 없을 것이므로, 오늘 한국에서 벌어지고 있는 정부와 대학 사이의 갈등과 같은 것은 없어지게 될 것이다. 이런 의미에서 대학은 모름지기 공동선(共同善)이 실현되는 현장이라 할 수 있을 것이다. 한마디로 대학은 대학 자신의 좁은 울타리를 넘어서 사회 공동체와 인류 공동체 전체를 조망할 수 있는 성숙한 지성의 위상을 견지할 수 있어야 할 것이다.

(나) 학부모의 자세

누구나 자기 자식처럼 세상에 귀한 존재는 없다고 생각하는 것은 인간본성이라 할 수 있을는지 모른다. 그렇다고 무턱대고 자기 자식의 특성과 자질을 전혀 고려하지 않고, 어떻게 해서든지 '일등'만을 향해 무슨 일이든 강행하려 드는 것은 자기 자식에게도 해로울 뿐이다. 다른 사람들과 더불어 사는 세상에 많은 문제들을 초래할 뿐 아니라, 본인 자신의 삶에도 무리가 뒤따르게 될 수 있다.

따라서 모든 일이 그렇듯이 무턱대고 자신의 욕망대로만 자기 자식의 교육문제를 처리하려고 하는 것은 지혜롭게 사는 자세가 아니다.

자기 자식의 특성과 소질, 그리고 그의 희망을 고려하여 거기에 알맞은 교육을 받도록 하는 것이 부모의 올바른 자세이며, 타인과 더불어 잘 사는 지혜로운 삶이라 할 수 있다.

지금 한국에서 벌어지고 있는 소위 '입시전쟁'의 배후에는 '무조건 내 자식은 최고가 되어야 한다'는 비현실적인 욕망이 깔려 있는 것이 아닌가 의심스러울 정도로 어딘가 비정상적인 상황이 벌어지고 있는 것 같다. 금도(襟度)와 분별력을 바탕으로 한 자식 사랑이 가능할 때만 자녀들을 교육의 고통으로부터 벗어나게 할 뿐 아니라, 이 땅에서 벌어지고 있는 입시전쟁으로부터 해방될 수 있는 길이 열릴 수 있을 것이다.

한국 사람의 유전자 속에는 과외 유전자가 있다는 우스갯소리가 나올 정도로, 한국인은 다양한 교육제도를 가진 세계 어떤 나라에 가서도 과외에 열을 올린다는 이야기가 있는 것이 현실이다. 그렇다고 한국 어머니들의 맹모 근성을 부정적인 눈으로만 바라보는 것도 균형을 잃은 처사라고 해야 한다. 그 맹모 근성이 바로 아무 자원이 없는 이 나라를 이만큼 발전시킨 중요한 요인이었음을 간과해서도 안 될 것이다.

그러나 앞에서도 이미 지적한 바와 같이, 오늘 한국의 청소년의 4분의 1을 정신장애자로 만드는 가장 큰 원인은 학업 스트레스라는 조사가 보여주는 것처럼, 청소년이 감당하기 어려울 정도의 무거운 교육의 짐이 오늘날 젊은이들을 병들게 하고 있음을 심각하게 바라보아야 한다.

교육은 사람의 삶을 고양시키고자 하는 것일진대, 그 반대로 인간을 병들게 하고 불행하게 만든다면 이것은 이만저만한 본말이 전도된 일이 아닐 수 없다. 일의 중심을 잃으면 본래 의도했던 것과 정반대로 굴러갈 수 있다는 것은 교육의 경우에도 예외가 아니다. 과욕과 탐욕이 인간의 삶을 병들게 만든다는 것은 일찍이 모든 성현들의 근본 가르침이 아니었던가. 교육 참여자로서의 학부모의 균형 잡힌 판단과 지혜가 없이 올바른 교육운영은 불가능하다.

(다) 각급 학교 교사의 역할

말할 것도 없이 교사들의 올바른 교육관이 없이는 올바른 교육이 이루어질 수 없음은 너무나 자명하다. 교육의 본질은 제대로 된 사람의 육성이라는 것은 더 설명을 요하는 사항이 아니지만, **오늘 우리의 학교교육은 '점수'라는 굴레에 얽매여 제대로 된 사람교육을 수행하지 못하고 있다는 비판을 면하기 어려운 실정이다.** 물론 그렇게 된 사연을 교사들의 탓으로만 결코 돌릴 수 없다. 인성교육을 비롯한 제대로 된 사람교육의 바탕은 가정에서 마련되어야 하며, 오늘과 같이 온갖 정보 네트워크가 활짝 열려 있는 세상에서 학교의 교사들에게만 학생들의 사람됨의 교육의 짐을 지우는 것은 옳지 못하다.

그러나 오늘의 교사들이 옛날의 교사들과 비교하여 사람됨의 교육에 무성의하다는 비판은 면하기 어려운 것도 사실이다.

그뿐 아니라, '점수' 교육에 혈안이 되어 있는 오늘의 학교 현장에서 요즈음 벌어지고 있는 '점수 부풀리기'는 학교 평가의 신뢰성을 무너뜨림으로써 공정한 대학입학전형에 커다란 장애요소로 작용하고 있다. 초중등학교에서 교육에 종사하는 모든 사람들이 교육의 본질에 상응하는 교육 활동에 참여할 때야 비로소 우리나라의 교육의 정상화가 이루어질 수 있으며, 따라서 대학입학전형도 본래 궤도에 들어설 수 있을 것이라는 것은 너무나 자명한 일이다.

(라) 기업을 비롯한 각종의 직업을 제공하는 기관의 역할

기업이 앞장서야 교육개혁이 성공할 수 있다는 말은 결코 과장된 말이 아니다. 대학의 문을 들어가고자 하는 젊은이들은 대학 문을 나선 후에 들어가서 일할 일터를 머릿속에 그려보기 마련이다. 자기가 들어가서 일할 일터에서 어떤 사람을 원하는지에 따라 어떤 대학에 들어갈 것인가를 선택하는 것이다.

그렇기에 선택의 끈을 쥔 것은 일터이다. 일터가 요구하는 것이 무엇인가에 따라 대학의 선택이 이루어지고, 대학 안에서의 학습 활동이 결정된다. 이렇게 보면 대학의 성격을 조종하는 것은 일터라고 말할 수 있다. 오늘날 한국 대학의 극심한 서열화와 응용학문 중심의 극단적인 편중화 현상은 이러한 일터의 조종의 끈과 결코 무관하지 않다.

이를테면 미국 같은 나라의 기업에서는 "당신은 무엇을 할 수 있는가?"라는 개인 능력 관점에서 사람을 선발하며, "어떤 학교를 졸업했는가?"라는 학벌의 관점에서 사람을 평가하지 않는 것이 상례라고 한다. 더구나 "어떤 전공을 했는가?"는 기업이 면접할 때 묻는 물음 가운데 맨 나중의 물음이라고 한다.

그래서 적어도 큰 일류 기업에서는 자기 기업에서 일하는 데 필요한 '현장 능력'은 입사 후 반년 정도의 연수기간 내에 습득할 수 있다고 믿고, 첫 고용 때 관심을 두고 평가하는 것은 그가 지닌 '기본적 자질과 능력'이다. 그 결과 대학에서 인류학이나 수학을 전공한 사람이 일류 금융기관에 채용된다. 그 결과 인문학과 자연과학 등과 같은 기초학문만을 가르치는 미국의 소위 아이비리그 졸업생들이 각종의 일류 기업에 채용된다.

더구나 지난 세기는 전공의 이름 아래 학문의 세분화가 대세를 이루었으나, 오늘 21세기는 학문 영역 간의 융합(fusion)을 통해 새로운 창조를 지향하는 것이 오늘의 학문 연구의 대세를 형성해 가고 있는 상황에 있다. 따라서 전공에 대한 지나친 집착은 낡은 사고요, 그런 낡은 사고에 뿌리를 둔 인재 양성과 선발 방식은 새 문명에 전혀 맞지 않음을 인식해야 한다.

또한 미국 주립대학 졸업생들도 아이비리그 대학 졸업생 못지않게 자기의 능력에 따라 좋은 직장을 얻을 수 있다. 이런 상황 아래서 대학 입학을 위한 '재수생'이란 존재하지 않는 미국이 있는 것이다. 일터가 재수를 필요 없게 만든다고 볼 수 있지 않을까?

'능력 중심'의 사회가 만들어지려면 일터에서 사람에 대한 평가가 제대로 될 때 가능하다. 그럴 때야 비로소 지나친 학벌 중심 사회, 대학의 지나친 서열화, 대학에서의 전공 편중 현상이 해소될 수 있을 것이다.

그렇기에 기업에서 올바른 교육관이 살아 움직이지 않을 때 교육의 정상화는 결코 이루어질 수 없다는 진리(?)를 우리가 뒤늦게나마 인식하는 것이 오늘의 한국 교육이 제 궤도에 오를 수 있도록 하는 계기가 될 수 있을 것이라고 나는 믿는다.

(마) 사법기관의 올바른 자세

수능시험에 95%를 맞힌 자기 아들은 A라는 대학에 떨어지고, 90%를 맞힌 자기 아들의 친구가 A라는 대학에 합격했다면, 95%를 맞히고 떨어진 학생의 학부모는 어떻게 할까? 사법 당국으로 달려가서 진상 해명을 요구할 것이고 사법 당국은 A대학의 입학관리 책임자에게 입학전형 자료를 제출하도록 요구할 것이 예상된다.

그러나 미국의 경우 그런 일은 일어나지 않는다. 그것이 상례이다. 왜 그런가? 첫째, 미국의 대학은 '총점'에 의해 수험생을 일렬로 세워놓고 점수가 높은 순서에 따라 합격 불합격을 판정하지 않는다. 우리의 수능에 해당하는 SAT와 내신성적을 포함하는 열 가지 항목을 총체적으로 고려하는 총체적 평가(질적 평가 포함)에 의해 합격 불합격을 결정하는 매우 복합적인 전형제도를 운영하고 있다. 물론 그런 총체적인 질적 평가 속에는 부모나 선조의 여러 가지 종류의 '기여'도 고려의 대상이 된다. 그러나 금전적 기여에 따라 결정하는 '경매식' 입학사정은 결코 시행하지 않는다.

둘째로 미국의 사법 당국은 대학입학전형과 같은 일은 사법 당국의 심사 대상에 속하지 않는다고 본다. 대학입학전형의 최종 심판권은 대학 당국에 있다고 보는 한에서만, 대학의 자율성은 살아 움직일 수 있다.

무엇보다도 미국 대학의 입학사정은 입시처에 근무하는 입학사정 전문가들이 판단할 수 있는 고도의 질적 평가를 포함하기 때문에 단순한 양적 평가의 잣대로는 그 타당성을 검증할 수 없다. 따라서 사법기관의 심사 대상에서 제외될 수밖에 없다.

우리나라에서 대학입학전형이 앞으로 수준 높은 방식으로 개선되어 대학의 자율성이 확보되기 위해서는, 지금까지와 같이 모든 것이 사법심판의 대상이 될 수 있다는 일반인의 의식이 변화되고 더불어 사법 당국의 변화가 선행되어야 한다.

현재와 같은 인식 아래서는 대학입학전형과 관련하여 진정한 자율성이 확보될 수 없다. 그리고 단순한 '점수 따기 경쟁'으로부터 벗어나려면 대학 당국이 총체적인 질적 평가 제도를 도입하여 '입학사정관'들로 하여금 그 임무를 수행하도록 해야 할 것이다.

(바) 여론의 역할

한국처럼 입학의 계절이 찾아오면 크고 작은 매스미디어들이 앞을 다투어 대학 입학에 관한 기사를 대서특필하는 나라가 우리 말고 몇 나라나 될까? 적어도 서양 선진국에서는 그런 일은 찾아볼 수 없다.

"병 주고 약 준다"는 말이 있거니와, 우리 언론은 소위 '입시전쟁'에 부채질하는 악역을 담당하고 있는 것이 아닌지 자성해 볼 필요가 있다. 물론 일반 대중의 관심이 가는 곳에 언론이 따라가는 것은 자연스러운 일이라고 볼 수도 있다. 그러나 우리의 경우 뾰족한 대책도 없이 경쟁의 불꽃만 튀겨온 한국사회에 필요한 것은, 적어도 부채질하는 것과 같은 일은 자제하는 것이 이성적인 태도가 아닐까?

서로 남만 손가락질하며 큰소리침으로써 얻는 것이 무엇이 있겠는가?

우리의 문제는 지금까지 이야기한 바와 같이 우리 모두가 자기의 영역에서 본분의 역할을 수행함으로써 함께 풀어가려고 노력할 때만 해결될 수 있는 매우 복합적인 문제이다. 따라서 이 문제의 해결의 열쇠는 '대사회협약'과 같은 것을 교육 관련 사람들 사이에 맺고 그것을 실천에 옮기는 데 있음이 분명해졌다.

5. 앞으로의 과제

첫째, '점진적 변화'를 유도해야 한다. 번갯불에 콩 구워 먹듯 해서는 얻는 것보다 잃는 것이 많을 것이기 때문이다.

둘째, 우선 정부는 현재와 같은 수능과 내신을 9등급으로 나누어놓은 자료 대신에 원래의 점수와 평가를 그대로 대학에 보내도록 해야 한다 (문제의 발단이 9등급 제도에서 시작되었기 때문이다). 그러나 2008년도 입시는 그대로 진행시킴으로써 당장의 혼란을 피하도록 해야 옳다.

셋째, 수준별 교과과정을 더욱 발전시켜 AP 과정을 실시하고, AP 과정을 포함한 고등학교에서의 전 교육에 관한 정보가 대학에 전달되도록 해야 한다.

넷째, 수능은 종래의 수능시험 이외에 개별 과목 수능을 더 보완함으로써 특기 소지자들의 능력이 제대로 평가될 수 있도록 해야 한다.

수준별 교과의 심화 확대(AP 포함)와 개별 과목 수능은 학력 우수자에게 능력 극대화의 길을 열어줌으로써 모든 학생의 학력을 평균수준에 묶어놓는 현행 제도를 혁신적으로 개선하는 데 결정적으로 기여할 것이다.

이상과 같은 일들을 수행하면서 '대사회협약'이 교육 관련 당사자들 사이에서 실천되는 날, 우리 교육은 신문명을 선도하는 능력 있는 일꾼을 배출하는 교육혁명으로 거듭날 것이라고 나는 확신한다.

그렇게 될 때 본고사 논쟁도 사라질 것이며, 고교 등급화와 기여입학제 논쟁도 해소될 것이다.

잘못 제기된 물음에 대한 해답은 가능하지 않다. 잘못 제기된 물음에는 해답이 아니라 해소가 있을 뿐이다.

우리 교육이 새 문명의 도전에 대한 올바른 응전책으로 업그레이드되어야 한다. 그러기 위해서는 삼불(三不)도 삼가(三可)도 해답이 될 수 없다. 우리 교육이 제3의 길로 지향할 때 우리에게 희망이 있다. 그때 우리에게 새 문명의 중심권으로 진입하는 길이 열리게 될 것이다. 그리하여 모두가 더불어 잘 사는 아름다운 세상 속에서 우리가 인류와 더불어 잘 살게 될 것이다. 그것이 바로 우리의 희망이다.[2]

『철학과 현실』(2007년 여름)

2) 이 글은 2006년 2월 2일 사학윤리위원회가 주최한 '선진사학 교육체제 모색을 위한 세미나'에서 발표되었다.

방송대학 케이블 TV 개국과 21세기 원격교육: 열린교육, 더불어 잘 살 수 있는 사회

1.

독일의 철학자 헤겔은 일찍이 "인류 역사는 자유의식의 발전사이다"라고 갈파한 바 있습니다. 자유의식을 가진 사람이 한 사람으로부터 여러 사람으로 확대되고 자유의식의 내용이 더욱 확대되어 간 과정이 인류 역사의 과정이라는 이야기입니다. 그러나 나는 "인류 역사는 교육의 발전사"라고 말하고자 합니다. 소수가 받는 교육으로부터 국민 전체가 받는 교육으로, 기초교육으로부터 고등교육으로 교육의 폭과 깊이가 극대화되어 가는 과정이 곧 인류 역사의 과정이라고 나는 생각합니다. 자유의식의 확대라는 것도 깊이 들여다보면, 교육의 확대 과정의 하나의 산물이라는 것을 우리가 발견할 수 있습니다. 자유는 자아실현의 한 표현입니다. 그런데 교육은 바로 자아실현의 방법을 일깨워주는 일이기 때문입니다.

인간은 이러저러한 특성과 자질을 가지고 세상에 태어납니다. 태어난 것은 열매가 아니라 하나의 씨앗입니다. 어떤 묘밭에 씨를 뿌려 어떻게 기르느냐에 따라 결실이 다르게 된다는 것을 우리는 너무도 잘 알고 있습니다.

교육은 바로 그러한 양육의 과정입니다. 물론 좋은 재배 방법을 채택한다고 해서 사과 씨로부터 배를 그 결실로 얻을 수 있는 것은 아닙니다. 그러나 좋은 양육 방법은 각자가 타고난 자질과 특성을 최선의 것으로 만들 수 있습니다. 닫힌교육은 타고난 인간의 자질을 최선의 것으로 만들지 못합니다. 자아실현이란 바로 각자가 타고난 특징과 자질을 최선의 것으로 발휘하는 일입니다.

우리가 이 땅에서 지금까지 해온 교육은 '획일적인 교육', '한 줄로 세우는 교육', 그래서 각자 자기의 특성과 자질에 따른 다양한 배움을 가로막는 '닫힌교육'이었습니다. 그리고 그것은 한 가지 기준으로 모든 사람을 평가하는 교육이었습니다. 그래서 소수의 사람만 재미 보고 다수의 사람을 들러리 인생으로 만드는 '괴로운 교육'이었습니다.

그것은 사람을 받아들이는 데 힘쓰는 교육이 아니라, 밀어내고 잘라내는 데 힘쓰는 교육이었습니다. 그것은 '당신도 쓸 만한 인재'라는 것을 모든 이에게 북돋아주는 교육이 아니라, '너는 어디가 모자란다'는 것을 꼬집어 낙담케 하는 교육이었습니다.

그래서 많은 사람들을 인생의 여로(旅路)에서 탈락시키는 것을 능사로 삼는 교육이었습니다. 이것은 우리가 청산해야 할 낡은 교육입니다.

우리가 지금부터 키워나가야 할 교육은 열린교육입니다. 그것은 모든 사람에게 자기의 특성과 자질을 살려나갈 수 있는 다양한 길들이 활짝 열려 있는 교육입니다. 그렇게 함으로써 모든 사람이 자아실현을 극대화할 수 있도록 해주는 교육입니다.

물론 이러한 열린교육을 가로막는 것은 단순한 사람들의 의도 때문만은 아니었습니다. 모든 사람들을 이롭게 하겠다는 선의(善意)가 부족해서 그랬던 것만은 아닙니다. 인간의 지혜가 부족했던 것도 사실이지만, 무엇보다도 여러 가지 물질적 조건이 그렇지 못했기 때문입니다. 모든 사람에게 알맞은 교육을 실시할 수 있기 위해서는 많은 재정이 필요하다는 것을 우리는 잘 알고 있습니다. 그뿐만 아니라 다양한 교육을 받은 사람들을 받아들일 수 있는 사회적, 경제적 구조가 필요합니다. 다양한 가치가 존중되며, 다양한 직업이 존중되는 다원적 사회 여건이 요구됩니다.

그뿐만 아닙니다. 지금까지 인류사회에 존재해 온 교육은 공간과 시간의 장벽을 전제로 해서 조직된 사회제도의 하나였습니다. 그리하여 지금까지의 교육은 일정한 공간 안에서 일정한 시간 안에서 이루어지는 교육이었습니다. '공간과 시간의 장벽 안에 갇힌 교육'이었습니다.

이제 우리는 공간과 시간의 장벽을 초월하여 '언제 어디서나 가능한 교육'을 실현할 수 있는 시대를 맞이하게 되었습니다. 첨단 정보통신기술의 발전이 공간과 시간의 장벽을 허물어놓게 된 것입니다. 이러한 시공(時空)의 장벽이 무너짐으로써 교육은 일대 전환점에 서게 된 것입니다. 지금까지의 교육의 패러다임이 뒷전으로 물러날 수밖에 없는 대세가 역사의 전면에 나타나고 있는 것입니다.

2.

누구나, 언제 어디서나, 자기가 원하는(자기에게 적합한) 교육을 받을 수 있는 길이 활짝 열려 있는 사회, 그것을 우리는 '열린교육사회(Edutopia)'라 부를 수 있을 것입니다. 이것이 지난 5·31 교육개혁이 지향하는 '신교육체제'의 비전이라는 것을 우리는 여기서 새삼 강조하고 싶습니다.

이것은 다가오는 새로운 문명을 위한 교육적 대안이기도 합니다. 다가오는 새로운 문명은 어떤 세상입니까? 물론 오늘 아무도 미래를 확정적으로 예단(豫斷)할 수는 없습니다. 좋든 싫든 '정보화'가 미래 문명의 주요한 특성 가운데 하나라는 데는 많은 사람들이 의견을 같이하고 있습니다.

정보화가 미래 문명의 사회구조를 어떤 방식으로 변화시켜 놓을지에 대해서도 오늘 우리가 확정적으로 잘라 말할 수 없습니다.[1] 그러나 한 가지 분명한 것은 산업구조의 일대 혁신이 일어날 것이며, 이것은 종래의 이른바 '블루칼라'와 '화이트칼라'의 이원화된 인력시장에 일대 변화를 초래할 것이 예견됩니다.

그리고 또 하나 예견되는 것은(물론 지금도 일어나고 있는 현상이지만) 새로운 지식과 과학기술이 생산되고 소멸되는 주기가 매우 빨라진다는 것입니다. 이것이 말해 주는 것은 무엇입니까? 지금까지와 같은 지식 전달의 교육체제를 가지고서는 이러한 사태에 적절히 대처할 수 없다는 것입니다. 새로운 구조의 인력 공급을 위해서도 지금까지와 같은 교육체제로는 안 됩니다.

우리가 여기서 몇 가지 짚고 넘어가야 할 대목이 있습니다. 지난 산업화 시대의 초기에는 학문과 기술은 별개의 영역이었습니다. 이때 기술은 어디까지나 '손재주'의 수준에 머물러 있었으며, 그것은 어디까지나 '근육의 피로'에 힘입어 이루어지는 일이었습니다. 여기서 노동은 바로 근육의 소관 영역이었다고 볼 수 있습니다. 대부분의 생산과정은 바로 이러한 '손기술 근육노동'에 의존하는 것이었습니다. 그리고 이러한 노동인력이 산업인력의 주류를 형성했습니다. 이때의 직업기술교육의 체제는 바로 이러한 상황에 알맞게 만들어진 교육의 틀이었습니다.

이러한 초기 산업사회의 상황은 지난 100년 사이에 엄청난 변화를 거

<hr>

1) 이명현, 「신문명과 신문법」, 『철학과 현실』, 1995년 여름, pp.69-84.

듭해 왔음을 우리는 잘 알고 있습니다. 그것은 다름 아닌 전통 기술과는 그 성격이 매우 다른 '과학기술(scientific technology)'의 등장입니다. 전통 기술이 학문 이론과 무관하게 개발, 발전되는 손기술이라면, 새로운 과학기술은 새로운 학문인 과학의 이론으로부터 도출된 기술이라는 점에서 기술의 토대와 근본 성격이 매우 다릅니다.

이러한 과학기술의 등장은 산업 영역 속에 전통적으로 생산과 무관한 것으로 여겨졌던 학문과 학문 종사자의 참여로 나타났던 것입니다. 이러한 새로운 계층의 출현을 뒷받침해 준 것이 바로 새로운 고등교육제도였던 것입니다. 독일의 '호흐슐레(Hochschule)'와 미국의 '주립대학(State University)'의 출현을 그 대표적인 예로 들 수 있습니다. 여기서 '넥타이 맨 산업인력'의 출구가 마련된 것입니다. '화이트칼라'는 바로 넥타이 맨 산업인력이며, 생산세계에 뛰어든 '먹물(士)'들입니다.

전통적인 '사(士)' 계급에 속하던 일부의 사람들이 땀 흘리는 산업현장에 참여하게 된 것입니다. 그와 함께 신분에 의해 먹을 것을 해결함으로써 놀고먹으며 살던 양반계급의 해체가 동시에 진행되었던 것입니다.

미래 정보화 사회가 어떤 사회가 될 것인가의 물음에서 한 가지 분명한 것은, 지식 그리고 과학기술과 같은 정보를 가졌느냐의 여부가 산업현장을 비롯한 각종의 인력시장에서 매우 중시되는 사회가 나타나리라는 것입니다. 그리하여 산업문명 초기에 형성된 것과 같은 '손기술 노동'으로서의 노동의 개념에 커다란 변화가 일어날 것입니다. 이것과 함께 종래의 블루칼라와 화이트칼라의 이원적 인력 구조에 근본적인 변화가 일어나리라는 것을 우리가 예상할 수 있습니다.

이러한 미래사회에서 역사의 주변에서 맴돌지 않기 위해서는 그 미래사회에 적합한 새로운 교육적 장치를 우리가 마련해야 하는 것입니다. 그것이 바로 시간과 공간의 장벽을 넘어서서 누구나 자기에게 적합한 원하는 교육의 문을 활짝 열어놓은 열린교육체제의 건설입니다. 이것은 일정한 시간에 일정한 공간에서 이루어지는 지금까지의 교육과는 전혀 다른 교육의 틀입니다. 누구나 일생 동안 어디서나 교육을 받는 교육입니다.

앞에서 지적한 바와 같이 교육의 폭과 깊이에 따라 인간의 사회적 삶이 달라져왔습니다. 교육의 칸막이가 삶의 칸막이를 유도해 왔습니다. 이제부터 우리가 추구하는 신교육은 칸막이를 훌훌 털어 없앤 열린교육입니다. 이런 칸막이 없는 열린교육은 칸막이 없는 열린사회로 인도할 것입니다.

3.

공간과 시간의 장벽을 초월한 칸막이 없는 교육은 미래사회를 위한 교육의 한 비전입니다. 전자정보기술이 동원된 '프로그램 그물망 중심의 교육(Program Network centered Education)'은 그 전형의 하나가 될 것입니다.

이것은 종래의 집과 직장 그리고 학교의 개념이 통합된 새로운 교육의 장으로 등장할 것입니다. 이러한 교육의 새로운 틀은 종래의 학교교육에 접근이 어려운 여건에 있던 사람들에게 교육의 광장을 열어줄 것입니다. 그리하여 그것은 새 땅과 새 하늘에 대한 희망의 약속으로 다가올 것입니다.

그것은 또한 모든 사람을 위한 정보화 시대의 교육의 장으로 다가서게 될 것입니다. 정보화 시대는 지식과 기술의 생산과 소멸의 주기가 짧아지기 때문에, 계속 교육을 받지 않으면 곧 쓸모없는 존재로 낙오하게 될 것입니다. 한 번 학교 졸업장을 받고 세상에 나와서 일생을 써먹고 살수 있는 오늘과 같은 시대가 이미 아니기 때문입니다.

미래사회에 있어서 만인에게 계속 교육은 필수적인 것이 될 것입니다. 이러한 만인을 위한 평생교육의 수요를 충족시켜 줄 수 있는 새 교육적 장치가 바로 첨단 정보통신기술을 동원한 프로그램 그물망 중심의 교육입니다.

물론 이러한 프로그램 중심 교육방식은 기존의 학교교육에도 엄청난 변화를 초래하게 될 것입니다. 미래사회에 있어서 교육은 특정한 시간과 장소에서 이루어지는 특수한 사건이 아닙니다. 침실 위에서, 차 안에서, 일터에서, 산속에서, 바닷가에서, 어린아이도, 엄마도, 아빠도, 아저씨도, 할머니와 할아버지도 자기가 배우고 싶을 때 배우고 싶은 것을 배울 수 있는 세상, 그것이 바로 열린교육 세상(Edutopia)의 모습이 될 것입니다.

신교육체제 수립을 위한 개혁안 가운데는 프로그램 중심 교육을 위한 여러 가지 제도적 장치가 마련되어 있습니다.

오늘 우리는 이러한 열린 고등교육체제를 수립하기 위한 하나의 중요한 실마리가 될 한국방송대학의 케이블 TV 개국의 의미를 반추해 보고, 그 성공을 위해 해결해야 할 여러 가지 문제점을 검토하기 위해 모였습니다. 한마디로, 이번 한국방송대학의 케이블 TV 개국으로 방송대학의 교육을 내실화할 수 있는 중요한 계기가 마련되었다고 볼 수 있습니다.

그러나 이것은 열린 고등교육체제로 나아가는 첫 실마리에 불과합니다. 모든 일에서 첫 실마리를 바로잡는 일이 매우 중요합니다. 이것을 계기로 교육 내용의 혁신적인 변화와 교육의 질(質)의 제고 방안이 마련되어야 합니다. 전파는 만인에게 열려 있습니다. 따라서 전파를 타고 전해지는 방송대학의 각종 강좌는 20만 방송대학의 식구들뿐 아니라, 한국어를 아는 모든 사람에게 열려 있다는 사실을 우리가 중시할 필요가 있습니다. 대학교육의 요체는 강의의 질에 있습니다. 방송대학의 전파를 타고 나가는 모든 강의가 한국의 최고 강의가 되도록 프로그램을 편성하는 일이야말로 케이블 TV 개국을 계기로 한국방송대학이 힘써야 할 최대의 역점 사업이 아닐 수 없습니다.

왜냐하면 그것이 곧 한국방송대학의 생명을 좌우할 핵심이 될 것이기 때문입니다. 만일 여기에 성공한다면, 한국방송대학은 미래의 열린 고등교육의 상징으로 우뚝 서게 될 뿐 아니라, 기존의 고등교육의 질에도 심대한 영향을 미치게 될 것입니다. 이런 의미에서 '최고의 명강' 프로그램의 제작, 이것은 한국방송대학이 케이블 TV 개국을 계기로 직면하게 된 최대의 도전이 아닐 수 없습니다.

또한 한국방송대학의 케이블 TV 개국을 계기로 여타 케이블 TV 교육채널들과 KBS 교육방송과의 연계 협력 체제의 정비가 모색되어야 할 것입니다.

앞에서도 언급한 바와 같이 한국방송대학의 케이블 TV 개국은 앞으로 열린 고등교육의 첫걸음에 지나지 않습니다. 위성 TV의 도입, 정보고속망과 연계된 멀티미디어 정보통신 소프트웨어의 개발, 그리고 산업체 현장교육과의 연계 등은 앞으로 한국방송대학이 모름지기 미래 열린 고등교육체제의 일환으로 거듭나기 위해 해결해야 할 핵심과제들입니다. 이러한 핵심과제가 실현될 수 있기 위해서는 정부의 관련 부처와 산업계와의 긴밀한 협조와 지원이 필수적입니다.

4.

기회가 언제나 우리에게 열려 있지 않다는 것을 우리는 잘 알고 있습니다. '천재일우'란 말이 그래서 있는 모양입니다. 역사의 판이 바뀔 때, 지금까지는 역사의 변두리에서 맴돌던 사람들이 역사의 새 판에서는 중심의 자리에 우뚝 설 수 있습니다. 이 땅의 스승 함석헌 선생은 일찍이 이렇게 말했습니다. "'뒤로 돌아 가' 하는 구령이 내리는 날, 맨 뒤에 섰던 자가 맨 선두에 서서 가게 된다." '뒤로 돌아 가' 하는 구령이 내리는 날은 역사의 판이 바뀌는 때입니다. 지금까지 세상을 좌지우지하던 온갖 사고와 제도의 틀이 맥을 추지 못하는 날이 바로 새 역사의 문법이 등장하는 때입니다. 그때가 바로 우리를 위한 기회가 찾아온 때입니다.

지금은 문명의 대전환기라고 말하는 사람들이 있습니다. 그래서 신문명(新文明)을 위한 신문법(新文法)이 필요한 때라고 말하기도 합니다. '열린교육사회' 건설을 위한 신교육체제는 바로 그러한 신문명을 위한 교육적 내안으로 마련된 것입니다. 그것은 새로운 문명을 위한 새로운 교육 패러다임입니다. 오늘 우리는 그러한 새로운 교육 패러다임의 자그마한 귀퉁이의 돌 하나를 놓는 케이블 TV 개국을 이야기하고 있습니다. 이제 우리는 위대한 새 역사 창조를 위한 작은 시작에 착수하였습니다. 기회가 왔다고 해서 모든 일이 저절로 성취되지는 않습니다. 우리의 역사를 아끼는 모든 사람들이 고통의 몫을 나누어 가지려는 선의지(善意志)가 없이는 아무것도 이룰 수 없습니다.

열린교육은 우리 모두가 더불어 잘 살 수 있는 사회를 이룩하기 위해서 필수적인 것입니다. 고통을 더불어 나누어 가지고자 하는 사람들만이 더불어 잘 살 수 있는 사회 속에서 복된 삶을 누릴 수 있을 것입니다.

'방송대학 TV 개국 기념 학술 세미나' 기조강연(1996년 9월)

대학의 이념: 진리는 빛이요 길이니

1. 대학의 어제와 오늘의 과제

새로운 진리의 발견과 창출을 위한 연구, 그리고 그러한 연구를 통해서 캐낸 지식을 젊은 세대에게 가르치는 교수, 이 두 가지는 대학이 좇는 이념이요, 대학의 존재이유이다. 대학은 그러한 연구와 교수를 통해서 사회와 역사에 이바지한다. 대학은 진리를 탐색하는 모험가들의 공동체이며, 진리를 사회와 역사에 심고 지키려는 진리의 수호자들의 집단이다. 만일에 이러한 진리의 등대인 대학이 없다면, 사회는 어둠 속에서 헤매는 난파선이 될 것이다. 그리고 우리는 난파선을 탄 사람들처럼 '어둠의 자식'이 되고 말 것이다.

진리에 대한 동경에서 대학의 정신은 태어나며 진리를 끊임없이 찾고 또 전할 때에 대학은 생명의 불꽃이 타오른다. 진리는 대학의 시작이요 끝이다. 대학은 사회와 역사의 발전에 바탕이 되는 힘을 제공한다. 그렇게 함으로써 대학은 사회와 역사 속에서 살아가는 인간의 삶을 더 높은 차원으로 끌어올린다. 왜냐하면 사회와 역사의 발전은 진리에 따라 사회가 움직여갈 때에만 이루어질 수 있으며, 또 그러한 사회와 역사의 발전이 없이 인간의 삶의 차원은 높아질 수가 없기 때문이다. 대학이 사회와 역사에 대하여 지니는 가치와 권위는 바로 여기에 있다.

진리에 대한 탐구의 역사는 인류의 문화사와 그 뿌리가 같다. 진리를 찾는 노력이 없이 인류 문화도 세워질 수가 없다. 그러므로 문화가 있는 곳에는 반드시 진리를 찾는 몸부림이 있기 마련이었다. 이 점에서는 동양과 서양의 차이가 없다. 그런데 우리는 이와 같은 진리를 찾는 몸부림이 개인의 차원을 넘어 집단의 형태로 수행되어 왔음을 인류 역사에서 발견하게 된다. 그것은 여러 가지 형태를 지닌 학교라는 사회조직으로 나타났다. 학교는 바로 사회제도화한 진리의 산실이었다. 공자가 그의 제자들과 진리를 말하던 곳도 그런 진리의 산실이었으며, 소크라테스가 대화법을 써서 진리를 찾았던 곳도 바로 그런 진리의 산실이었다. 그러나 이러한 맨 처음의 학교들은 오늘날의 대학의 뿌리가 되기는 하지만, 오늘날과 같은 틀을 갖춘 교육기관은 아니었다.

하나의 사회제도로서의 대학은 중세의 서양에서 나타났다. 볼로냐와 파리, 옥스퍼드와 케임브리지에 세워졌던 대학들은 바로 그러한 중세 대학의 대표적인 것들이다. 이러한 중세의 대학들은 사회 엘리트층 사람들에게 철학을 가르침으로써 높은 교양을 갖춘 신사로 기르기에 힘썼을 뿐만 아니라, 신학, 의학, 법률 등을 가르침으로써 승려, 의사, 법률가와 같은 전문직에서 일할 사람들을 길러냈다.

19세기 초에 이르러 교양교육에 중점을 둔 이 같은 중세의 대학들과는 다른 특색을 지닌 대학이 독일에 나타났다. 빌헬름 폰 훔볼트의 창안에 따라 세워진 베를린대학이 바로 그것이다. 이 대학은 높은 교양을 갖춘 신사를 기르는 일 말고 전문학자를 기르는 일에 교육의 목표를 두었다. 중세식 대학이 학부 교육에 중점을 두었다면, 이 독일식 대학은 대학원 교육에 중점을 두었다고도 볼 수 있다.

미국에서도 19세기 초에 영국의 케임브리지나 옥스퍼드의 본을 뜬 대학이 세워졌다. 이 미국의 초기 대학에서는 교회의 목회자들을 위한 신학교육과 젊은 사람들을 신사로 기르기 위한 교양교육이 베풀어졌다. 19세기 끝 무렵에 이르러서 미국에는 또 새로운 모습을 지닌 대학이 나타나기 시작했다. 이 대학은 학생들도 기숙사에 살게 했는데, 신사를 기르기 위한 교양교육에 힘쓴 학부 중심의 영국식 대학과, 학문 연구에만 전념하는 전문학자를 기르는 데 중점을 둔 대학원 중심의 독일식 대학을 통합한 대학이라고 할 수 있다.

이러한 미국식 대학들은 사립재단들이 세웠는데, 사립대학교의 뒤를 이어 나타난 주립대학교는 전통적인 대학의 모습에 커다란 변화를 일으켰다. 말하자면 대학교육이 엘리트 교육에서 대중교육으로, 교양교육에서 전문교육이나 직업교육으로 탈바꿈하게 된 것이다. 탈바꿈을 가능하게 한 원인을 우리는 사회적인 요인과 학문적인 요인의 두 가지로 나누어볼 수 있다.

사회적인 요인으로는 사회의 민주화와 산업화를 들 수가 있다. 사회가 민주화됨에 따라 대중이 고등교육을 받을 기회가 넓어짐으로써 대학교육이 더는 적은 수효의 사회 엘리트층이 누리는 특권이 아닌 것으로 바뀌어갔다. 한편으로 과학기술의 발전은 수준 높은 기술과 정보를 요구하는 여러 가지 일자리를 마련해 놓았다. 이러한 일자리는 대학에서 가르치는 전문 지식과 기술을 배우고 닦은 사람들을 요구했기 때문에 대학은 고급 인력을 기르는 곳으로 바뀌어갔다. 이것은 산업사회가 대학에 내미는 바람이었다. 그리하여 대학의 사명은 사회의 요청에 따라 교양교육 중심의 학부 교육에서 고등 직업교육으로 점차 탈바꿈하게 되었다.

대학의 성격 변화에서 학문적인 요인으로 우리는 학문의 분화와 전문화를 들 수가 있다. 지금으로부터 300년 전쯤에 뉴턴이 체계화한 고전 물리학이 나타나기까지 서양에서 순수학문적인 작업들은 철학이라는 하나의 이름으로 불렸다. 달리 말하면 철학은 어떤 특정한 학문의 이름이 아니라, 그 무렵까지 서양에서 이루어진, 이론으로 따지는 모든 작업들을 한데 묶어 부른 이름이었다. 그때는 오늘날에 보는 물리학자나 화학자 같은 자연과학자도 없었으며, 사회학자, 정치학자, 심리학자, 경제학자와 같은 이른바 사회과학자도 없었다. 철학자라고 불리는 사람들이 자연과 사회와 인간에 관하여 여러 모로 머리를 쥐어짜며 그 근본원리가 무엇인지를 탐구하였다. 이러한 사정은 뉴턴이 고전 물리학을 체계화할 때까지 계속되었다.

고전 물리학의 출현을 시작으로 하여 학문의 분화 현상이 줄을 이어 나타났다. 물리학에 뒤이어 화학과 생물학 같은 자연과학이 독립된 학문으로 가지를 뻗었으며, 지금부터 200년 전쯤에는 경제학이, 100년 전쯤에는 심리학이 각각 독립된 사회과학의 한 분야로 가지를 뻗었다. 그리고 지난 100여 년 사이에는 앞에서 말한 수많은 새로운 학문들이 서로 앞을 다투어 나타나서 오늘날에는 우리가 대학에서 보는 것과 같이 그 수효가 100여 가지가 넘게 되었다.

이와 같은 학문의 분화는 자연히 학문 연구의 전문화로 이어졌다. 학문 연구의 전문화는 한편으로는 과학기술의 발달을 부추겼고, 한편으로는 대학교육이 교양교육 중심에서 전문교육 중심이 되도록 만들었다. 그리고 과학기술의 발달은 앞에서 이미 말한 대로 고등 기술과 지식이 필요한 일자리들을 사회에 만들어놓음으로써 대학이 그런 고급 인력의 공급처로서의 기능을 떠맡지 않으면 안 되게 만들었다.

그리하여 대학은 이제 여러 가지 임무를 한꺼번에 맡아 해야 할 처지에 이르렀다. 한편으로는 옛날의 대학이 맡았던 높은 교양을 목표로 삼는 전인교육에도 한몫을 해야 하며, 다른 한편으로는 현대 산업사회가 요구하는 수준 높은 지식과 기술을 지닌 고급 인력도 길러내야 한다. 그리고 의사, 법률가, 목회자와 같은 전통적인 전문 직업에 몸담을 사람들을 키워야 하며, 또 학문 연구에만 골몰할 학문의 엘리트도 길러야 한다. 그와 함께 새로운 진리를 찾아내는 연구도 쉬지 않아야 한다. 이러한 갖가지 기능을 하는 것이 오늘의 대학이 안고 있는 과제이다.

2. 한국 대학의 어제와 오늘

오늘의 한국 대학은 이러한 서양 대학의 모형을 본떠 만들어졌다. 한국의 옛 역사에 대학에 해당하는 교육기관이 없었던 것은 아니다. 먼 옛날로 거슬러 올라가 삼국시대를 보면 태학, 국학과 같은 고등교육기관이 있었으며, 또 고려에는 국자감 아래에 경사육학과 같은 교육기관이 있었다. 그리고 조선시대에 성균관이 으뜸 고등교육기관이었음은 널리 알려진 사실이다. 이러한 교육기관은 대체로 귀족의 자녀들을 가르쳐서 나라의 관료로 기르는 데에 목적이 있었다. 특히 조선의 성균관은 관료의 등용문이었던 과거 시험을 준비하는 교육기관 역할을 맡았다.

오늘의 대학과 같은 고등교육기관이 이 땅에 처음으로 생긴 것은 일본 식민지 시대인 1924년이다. 식민지 시대에 이 땅의 유일한 '대학' 노릇을 했던 경성제국대학이 바로 그해에 세워졌다. 학생이라야 고작 200-300명쯤이었으며, 그것도 대부분이 한국에 머물고 있던 일본인의 자제들이었고 한국인은 고작 몇 십 명을 헤아리는 정도에 지나지 않았다. 그리고 초급대학 수준의 학교로 보성전문, 연희전문 같은 몇 개의 전문학교가 있었다. 이러한 식민지 시대의 대학의 역사는 1945년에 일본이 패망하기까지 스무 해가 넘게 계속되었다.

한국 사람의 손으로 세운 대학의 역사는 해방과 더불어 시작되었다. 국립 서울대학교의 설립과 더불어 시작된 대학 설립의 기운은 이 땅의 곳곳에 뻗쳐올라, 해방 뒤로 오늘에 이르기까지 마흔 해에 걸쳐 4년제 대학만 해도 100여 개가 세워졌으니, 나라의 부피로 보나 지난 시간으로 보나, 그 양으로만 본다면 세계에서 유례를 찾기 힘든 정말로 놀라운 일이 아닐 수 없다. 유럽의 나라들은 대체로 인구 백만 명에 대학이 하나인데, 인구 4천만 명에 대학이 100여 개이니 인구 비율로 보아 우리가 두 배가 더 되는 셈이다.

하기야 대학은 양보다도 질이 더 문제되는 기관이다. 그러므로 대학의 소중함에 대해 깊은 관심을 가지는 우리가 지금부터 힘써야 할 것은 우리 대학의 질을 높이기 위한 여러 가지 조건들을 갖추고 또 그것들을 고쳐나가는 일이다. 그나마 오늘의 수준에 이르기까지 한국의 대학이 겪은 온갖 어려움과 부끄러운 이야기는 한두 가지가 아니다. 그러나 비록 역사가 짧고 그토록 어두운 과거를 뒤에 두기는 하였으나 우리의 대학이 이 나라의 발전에 이바지한 것은 참으로 크다고 하지 않을 수가 없다. 짧은 기간 동안에 우리나라가 좋거나 싫거나 산업화를 이룰 수 있었던 것은 우리의 대학이 그 산업화를 이끌어간 많은 인재들을 길러냈기 때문이다.

흔히 우리 한국 대학은 그 모형을 미국 대학에서 따온 것으로 알려져 있다. 그러나 내용을 좀 더 꼼꼼히 들여다보면, 미국식이라기보다는 서양의 여러 가지 대학의 모습들에서 그 나름으로 좋은 점을 모으느라고 모아서 만든 일본식 대학에 더 가깝다고 볼 수 있다. 다만 지난 10여 년 사이에 우리 대학제도에 부분적인 수정이 생김으로써 일본식 제도와도 꽤 거리를 두게 되었다. 그러면서 실제로 우리의 대학은 아직도 그 성격이 뚜렷하지 않은 상태에 있으니, 이 땅의 대학으로서 남다른 제 모습을 갖추게 되려면 더 큰 노력이 필요하다.

먼저 대학을 보는 일반 사람들의 생각부터 바로잡지 않으면 안 된다. 아직까지도 많은 사람들은 대학에 들어가기 전까지의 교육에 지나친 열과 성의를 바치고 막상 대학에 들어간 뒤에는 그럭저럭 시간만 보내며, 대학을 직장을 약속해 주는 보증서인 대학 졸업장을 얻는 곳쯤으로만 생각한다. 이것은 대학에 대한 가장 그릇된 생각이자 대학의 신성함을 모독하는 생각이다. 대학을 등록금이나 두둑이 내면 인생 복권을 나눠 주는 곳쯤으로 알고 있으니 말이다. 다행히 이런 생각은 요새 들어 점차로 바뀌어가고 있지만, 아무튼 그것이 뿌리부터 잘못된 것임을 다시 깨닫지 않으면 안 된다. 사실을 말하자면 대학에 들어오기 전까지의 교육 내용이란 정말로 별것이 아니며 그렇게 법석거리며 공부할 내용도 없다. 그러니 제대로 말하면, 대학에 앞서 하는 교육의 초점은 좋은 덕성을 기르는 데에 두어야 하며 공부다운 공부는 대학에 들어온 다음에 시작되어야 한다.

학문의 세계가 얼마나 끝이 없고 다함이 없는 것인지는 대학에서 네 해 동안 공부한 뒤에야 비로소 깨닫게 되는 것이 보통이다. 중고등학교가 작은 연못이라면 대학이야말로 학문의 깊고 넓은 바다라고 하지 않을 수 없다. 그래서 대학 졸업을 영어로 'commencement' 곧 '시작'이라고 말하게 되는 것이다. 그때부터야 진리 탐구의 참맛을 알기 시작하기 때문이다.

대학의 문을 두드리는 사람의 머릿속에 첫 번째로 떠오르는 것은 진리의 횃불이어야 한다. 만일에 대학의 문을 두드리는 사람의 마음에 어떤 호화로운 건물 안에 자리 잡은 번들거리는 책상 위에 놓인 두툼한 월급봉투가 그를 사로잡는 첫 광경으로 나타난다면, 대학의 문 밖으로 돌아서 나가는 것이 그가 대학에 대해 가장 큰 경의를 나타내는 일이 될 것이다. 하기야 대학은 진리를 사랑하고 탐구하는 사람들을 굶도록 내버려두지는 않는다. 진리가 때로 우리를 고난에 빠지게는 하지만, 진리는 우리를 빈곤과 무지로부터 구원하여 준다. 진리는 사람에게 더 차원 높은 삶을 보장해 준다. 대학은 바로 이 진리의 산실이며 진리의 보급창이다. 대학의 문을 두드릴 때에 필요한 마음의 자세는 진리에 목말라하는 것밖에 아무것도 없다.

한국의 대학이 오늘의 역사가 요구하는 대학의 사명을 제대로 다하기 위해서는 대학인들의 새로운 깨달음이 요구될 뿐만 아니라, 그러한 사명에 맞추어 대학제도 자체의 개혁과 더불어 대학을 둘러싼 여러 여건들의 변화가 요청된다. 이것은 하루 이틀 사이에 쉽사리 이루어질 수 있는 일은 아니지만 한국사회가 자생적인 문화를 꽃피우기 위해서는 꼭 골몰해야 할 일이 아닐 수 없다. 대학이 한 사회에 필요한 새로운 문화적인 거름의 공급처가 될 수 없을 때 그 사회의 문화는 다른 사회의 문화에 기댈 수밖에 없는데, 그런 문화는 자생적인 문화일 수가 없다. 사람이 사람답게 살려면 개인은 개인대로 인격의 자주성을 가질 수 있어야 할 뿐더러 그가 몸담는 사회가 정신의 자주성을 지니고 있어야 한다. 한 사회의 정신의 자주성은 곧바로 문화의 자주성과 연결된다. 문화의 자주성이 없는 사회에 정신의 자주성이 어떻게 있을 수 있을까.

오늘의 한국의 대학은 여러 가지 역사의 도전 앞에 서 있다. 오늘의 역사는 대학에 대하여 현대 산업사회가 요구하는 과학기술 분야에 종사할 고급 전문가를 길러내라는 요구를 한다. 또 급변하는 현대사회의 여러 문제들을 두루 검토하여 거기에 대처할 수 있는 큰 눈을 지닌 지성인을 길러줄 것을 요구한다. 앞의 요구는 어떤 전문 분야의 집중적인 교육을 통해 채워질 수 있을지 모르지만, 뒤의 요구는 한 가지 분야의 전공교육만으로는 쉽사리 채워질 수 없다. 한 사회 안에서 일어나는 문제는 여러 성질을 지니기 마련이므로 그것을 깊이 있게 꿰뚫어 보자면 존재 현상의 기본적인 분야들을 연구하는 기본학문들에 대한 이해를 갖추지 않으면 안 된다. 그리고 그러한 낱낱의 현상에 대한 이해를 전체적인 시각에서 통합할 수 있는 차원 높은 지적인 눈을 지녀야 한다. 그러한 능력을 갖춘 지성인을 대학이 길러줄 것을 사회는 바라고 있다. 그뿐만이 아니다. 대학은 학문을 발전시키고 장래의 대학생들을 교육할 학문의 엘리트들을 기를 임무를 떠맡고 있다. 이 일도 또한 그리 쉬운 일이 아니다. 그것은 무엇보다도 대학원 교육의 내용을 알차게 함으로써 이룰 수가 있다.

이제까지 이야기한 대학이 맡은 일들은 교육에 관련된 일들이다. 그런데 대학에는 교육과 함께 연구의 임무가 주어져 있다. 새로운 진리의 발견과 창출이 바로 그것이다. 이 작업은 위의 교육의 임무보다 훨씬 더 높은 지능과 열의가 요구되는 어려운 작업이다. 대학교수가 단순한 교육자가 아닌 까닭이 여기에 있으니, 그는 교육자이자 연구원이다. 그는 학생들의 눈초리를 응시해야 할 뿐더러 진리의 실마리에 날카로운 예지를 늘 맞추어놓고 있어야 한다. 대학에서 새로운 진리가 발견되고 창출될 때 그 사회에 자생적인 문화의 꽃이 활짝 핀다. 대학은 그렇기에 자생적인 문화의 모태요 온상이다. 오늘의 한국의 역사는 우리의 대학이 바로 이런 진리의 첨병으로서의 역할을 다할 것을 바라고 있다.

3. 대학의 정신

대학이 그 맡은 임무를 제대로 해내려면 그에 알맞은 고유한 정신이 있어야 한다. 이것이 바로 대학의 정신이다. 대학의 정신은 여러 가지로 말할 수 있지만, 그 알맹이가 되는 것으로 우리는 다음의 네 가지를 들수 있다.

첫째는 합리적인 비판 정신이다. 합리적인 비판 정신은 개인의 감정과 이해에 얽혀서 일어나는 비난이나 욕설과는 애초부터 다른 것으로, 어떤 사태, 의견 또는 이론의 바닥에 깔린 토대나 근거가 무엇인지를 파헤쳐 따져보는 정신이다. 그러므로 합리적인 비판 정신을 지닌 사람은 자기 앞에 나타난 어떤 사태나 주장에 대하여 먼저 거리를 두고 그 바닥을 냉철하게 살핀다. 따라서 맹목적인 찬성이나 적당히 넘기는 태도는 그에게 받아들여질 수 없다. 합리적인 비판 정신 앞에서는 어떤 권위도 그 이름만으로는 빛을 떨칠 수가 없으니 모든 것이 따짐의 대상이 된다. 합리적인 비판 정신은 무턱대고 거부하는 것과도 다르며, 맹목적으로 따르기만 하는 것과도 다르다. 무턱대고 거부하는 것은 폐허만을 남기며, 맹목적으로 따르는 미련한 몸짓은 고여 있는 썩은 물만 남긴다. 합리적인 비판 정신의 창조적인 몸짓이 남기는 것은 찌꺼기가 말끔히 가신 잔잔한 새 생명이다.

인류의 역사는 합리적인 비판 정신이 어떤 일을 해내는지를 알리는 수많은 보기를 우리에게 보여준다. 합리적인 비판 정신이 모자라는 사회의 역사는 황량한 폐허의 역사가 아니면 고여 있는 썩은 늪의 역사였다. 역사책을 몇 십 번씩 읽고도 이 교훈을 얻지 못했다면, 그는 시간만 헛되이 축낸 사람이다. 우리가 합리적인 비판 정신을 대학의 정신이라고 말하는 것은 대학이 진리를 지켜주고 그 진리가 우리로 하여금 역사를 창조적으로 이끌도록 하기 때문이다.

둘째는 상상력의 자유로운 움직임이다. 상상력이 움츠러든 곳에서 새로운 것이 나타나기를 기다리는 것은 북극의 얼음산 위에서 한 송이 백합이 피기를 기다리는 것과 다름이 없다. 상상력은 새로운 생각의 씨를 움트게 하는 햇빛이다. 육체의 눈은 지금 앞에 있는 것만을 볼 수 있으나 상상력은 지금 없는 것을 짜 맞추어 새로운 것을 지어내는 능력이니, 상상력을 지닌 사람은 마음의 눈으로 지금 눈앞에 없는 것도 볼 수가 있다. 창조란 지금까지 없던 새로운 것을 만들어내는 일이므로 상상력의 자유스러운 움직임이 없으면 이루어질 수 없다.

세상이 만들어놓은 온갖 금기의 사슬은 우리의 상상력의 자유로운 움직임을 억누르고 훼방을 놓는다. 우리의 마음은 그러한 사회적인 금기에 꽁꽁 묶여서 모든 것을 관습에 따라 생각하는 데에 그치기 쉽다. 관습의 감옥, 그것은 우리가 항상 빠지기 쉬운 함정이다. 창조적인 삶을 살려면 우리 자신을 관습의 감옥으로부터 풀어놓는 일에 끊임없이 골몰해야 한다.

셋째는 객관적인 정신이다. 사람은 흔히 독단이라는 우물에 빠지기 쉽다. 비판되지 않은 자기의 생각과 느낌을 기준으로 하여 모든 사물들을 평가하고 판단하는 것이 바로 독단이다. 우물 안 개구리라는 말도 있지만, 개구리만이 우물 안에 갇혀 있는 것이 아니다. 우리 자신을 우물 안의 독단에서 건져놓으려면 우리 자신마저 비판과 검토의 대상으로 삼지 않으면 안 된다. 자신한테로 눈을 돌린 비판 정신은 객관 정신을 낳으니, 지성의 소중함은 바로 자기 자신마저 심판대 위에 올려놓는 용기에 바탕을 둔다. 사람은 누구나 늘 자신의 이미지를 사랑하고 거기에 푹 빠져 있는 나르시시스트이다. 따라서 자기 자신을 시퍼런 심판대 위에 올려놓는 것은 여간 어려운 일이 아니니 살을 깎는 아픔보다도 더한 아픔을 견뎌야 한다. 그러므로 자신마저 비판의 대상으로 삼는 용기야말로 용기 중의 용기가 아닐 수 없다. 이런 용기를 갖추지 않고서는 사람은 객관적인 정신을 지닐 수가 없으며, 이런 사람이 내리는 판단은 우물 안 개구리의 형편을 넘지 못하여 돼지 셈법의 오류를 벗어나기 어려울 것이다.

넷째는 진리를 향한 불타는 열정이다. "진리는 빛이요 길이다." 이것은 대학의 알맹이가 되는 정신이다. 진리보다는 떡을 더 사랑하는 이가 있다면, 그는 대학의 정신과 관련이 없는 사람이다. 그러나 떡보다 진리를, 거짓보다 진리를 사랑하는 일이 얼마나 어려운 일인지는 인류 역사의 어둠의 장들이 분명히 말해 주고 있다. 그러나 그것이 아무리 어려운 일이라고 할지라도, 진리를 향한 불타는 열정이 없다면 대학이 좇는 이념은 허상에 지나지 않으며 우리가 대학을 지속시켜야 할 이유는 아무데도 없다.

대학 문을 드나드는 사람이라고 해서 모두 대학인은 아니다. 대학인은 모름지기 대학의 정신을 몸에 익혀 그것에 따라 사는 사람들이다. 대학은 대학의 이념과 정신이 구체화된 것이며 대학인은 그 이념과 정신을 실천하는 살아 있는 사람들이다. 대학은 대학인들의 것이며, 대학인들의 소중한 삶의 공간이다. 또 그것은 마찬가지로 사회와 그 사회 공동체를 이루고 있는 모든 사람들에게 삶의 차원을 높여주는 사회 속의 진리의 전당이다. 그리고 그것은 진리를 사랑하는 모든 사람의 것이다.

『뿌리 깊은 나무』(1984년 12월)

누구를 위한 교육개혁을 할 것인가

　내가 가르치는 일에 몸을 담기 시작한 것은 대학을 졸업하고 공군사관학교에 철학 교관으로 부임했던 1964년 9월부터였으니, 벌써 40년에 가까운 세월이 된 셈이다. 어떻게 보면 가르친다는 것은 배우는 일이기도 하다. 결국 이렇게 생각해 보면 평생 배우느라고 세월을 보낸 셈이다.

　내가 교육부의 책임을 맡게 된 것은 "아닌 밤중에 홍두깨" 식으로, 보스턴의 한 아파트에서 깊은 잠에 빠졌던 나를 깨운 새벽 두 시경의 전화한 통에서 비롯되었다. 교육부 총무과 직원임을 밝힌 한 남자가 하는 말이 "조금 전에 TV를 통해 장관 임명이 발표되었습니다. 곧 귀국하셔서 취임하셔야 하겠습니다"라는 것이었습니다. 나는 당시 하버드대학에서 안식년을 보내고 있는 방문교수였다. 이렇게 나의 장관 취임은 한밤중에 자다가 엉겹결에 끌려와서 이루어진 모양새가 되었다.

　그러나 내가 교육행정과 전혀 무관한 교실 속의 서생만은 아니었다. 이른바 '5·31 교육개혁'이라는 별칭이 붙은 교육개혁안을 만든 문민정부의 대통령 직속 교육개혁위원회의 상임위원으로서 2년 동안 만사를 제치고 밤낮으로 교육개혁안 마련에 심혈을 기울였던 적이 있다. 문민정부의 마지막 교육부장관인 나에게 주어진 임무는 5·31 교육개혁안이 제대로 뿌리내리게 하기 위한 법적, 제도적 장치를 마무리하는 작업이었다.

그동안 여러 가지 형태로 추진되어 온 5·31 교육개혁안을 확고한 토대 위에 정착시키기 위해서는 교육법 체제의 정비 작업이 가장 중요하게 요구되었다. 그래서 교육개혁위원회는 건국 이후 줄곧 시행되어 온 교육법을 전면 개편하기로 하고, 그것을 새롭게 교육기본법, 초중등교육법, 고등교육법으로 세분화하여 새로운 교육 3법을 제정하는 개혁안을 내놓았다. 그리고 이러한 새 교육 3법의 체제 안에 개혁안들을 담기로 하였다.

그런데 새로 제정되는 교육 3법은 1998년 3월 1일부터 시행하기로 되어 있었는데, 그것은 문민정부가 끝나고 김대중 정부가 들어서는 때였다. 그래서 나는 정부 교체 이전에 새 법이 시행될 수 있는 모든 법적, 제도적 장치를 갖추어놓지 않으면 안 되었기에, 교육부 직원들의 사무실을 자정이 다 되도록 전깃불을 밝혀놓도록 다그치지 않으면 안 되었다. 물론 전임 장관, 특히 안병영 장관 때 이미 많은 개혁안들이 실행 단계에 들어가 있었을 뿐 아니라, 고등교육법을 제외한 두 법이 이미 국회에서 통과되어 있었다. 다 알다시피 모법의 시행을 위해서는 시행령이 국무회의에서 통과되어야 하는데, 고등교육법 시행령은 정부 교체 예정일의 3일 전이 되어서야 임시 국무회의에서 통과되었다. 이렇게 해서 새로 마련된 교육 3법의 본격적인 시행은 김대중 대통령의 정부에서부터 이루어지게 되었다.

그리고 내가 가장 주력했던 것은 교육재정으로 GNP 대비 5%의 예산을 확보하는 작업이었다. '교육재정 GNP 5%'는 김영삼 대통령의 대선 공약이었으나 막상 그것을 확보하는 일은 참으로 어려운 일이었다. 내가 교육개혁위원회에 있을 때 유관 부처와 정당의 정책 책임자들과 협의를 해보았으나, 결국 어렵다는 대답이었다. 그래서 마지막 수단으로 교육개혁위원회의 자체 해산까지도 고려한다는 기자회견을 함으로써 사태의 극적 전환이 생겨나게 되었다. 대통령의 긴급 지시에 의해 총리를 위원장으로 하고 10명 내외의 장관들과 교육개혁위원 1명으로 구성된 교육개혁추진위원회가 교육재정 GNP 5% 확보를 위한 구체적인 정부안 만들기에 나서게 된 것이다.

교육개혁위원회가 그 당시 그렇게 극단적인 입장을 취할 수밖에 없었던 것은, 교육재정의 밑받침 없는 교육개혁안이란 하나의 탁상공론으로 끝날 수밖에 없다는 현실 인식 때문이었다.

그런데 막상 1997년 8월 초에 교육부장관에 취임해 보니 교육재정 GNP 5% 확보의 마지막 해로 잡혀 있는 1998년 정부 예산안에는 5%가 미달되어 있었다. 정부 부처 간 최대의 전쟁이라 일컫는 것이 예산 전쟁인데, 교육부의 책임을 맡은 내가 꼭 해야 할 임무가 바로 5% 예산 확보라고 확신하고 대통령과의 한 시간 특별면담을 통하여 교육재정 5% 확보라는 대통령의 최종 결심을 얻어내기에 이르렀다. 그리하여 한국 역사에서 처음 있는 교육재정 GNP 5% 예산안이 마련되었다. 그러나 IMF 사태로 인해 김대중 정부에 의해 전반적인 예산 삭감 조정이 이루어지게 됨으로써 애석하게도 당초의 목표는 달성되지 못하였다. 그 이후 국민의 정부에서 한때는 4.2% 정도까지 교육재정이 하향되는 어려운 때가 있기도 하였는데, 그 후 5년이 지난 오늘도 5%는 하나의 목표로만 남아 있다. 새로 들어선 참여정부는 6%를 공약으로 내걸었는데, 그것이 달성될 수만 있다면 얼마나 좋겠는가.

정리하면, 내가 1997년 8월 초에 장관에 취임하여 1998년 3월 1일까지 7개월 동안 시간을 다투며 이룩하려 했던 것은 5 · 31 교육개혁안을 담은 새로운 교육 3법을 가동하기 위한 핵심적인 법적, 제도적 장치를

마무리하는 일이었으며, 그것의 실행을 밑받침해 줄 교육재정 GNP 5%
를 확보하는 일이었다.

그러면 5 · 31 교육개혁이 지향하는 것이 무엇인가에 대해 간단히 이
야기해 보겠다. 우리는 지금 일종의 문명의 대전환을 맞이하고 있는 듯
이 보인다. 따라서 이러한 대변화의 시대를 예견하고 그에 대처하는 것
이 지혜로운 자세라 할 수 있다. 앞으로 전개될 미래세계가 어떤 것일까
에 대한 명확한 그림을 그리는 것은 인간의 능력 밖에 속한 것이지만, 역
사의 대세를 추측하여 그에 대한 가능한 대처 방안을 모색하는 것은 역
사적 존재로서의 인간에게 주어진 책무이기도 하다. 적어도 역사의 변
방이 아니라 역사의 중심에 서고자 하는 사람에게는 더욱 그렇다 아니
할 수 없다.

이러한 새로운 역사의 도전에 대한 응전의 가장 바람직한 장기적 전
략이 바로 새로운 교육의 틀을 마련하는 것이 될 것이다. 이러한 시각에
서 당시 교육개혁위원회가 제시한 개혁안은 "정보화, 세계화 시대에 대
응하기 위한 신교육체제의 수립"을 목표로 하고 있다. 그동안 역대 정권
과 일반 사람들이 교육개혁 하면 으레 대학입시제도 개혁 정도를 생각하
는 것과는 근본적으로 차원을 달리한다고 볼 수 있다. 이런 거시적 관점
에서, 앞으로 교육개혁을 통해서 만들어가고자 하는 세상을 '열린교육
사회'라고 표현했다. 열린교육사회란 "누구나 언제 어디서나 자기가 원
하는 교육을 받을 수 있는 길이 활짝 열려 있는 사회"를 말한다. (이런
열린교육사회를 표현하는 '에듀토피아(Edutopia: education +
utopia)'라는 용어를 새로 만들었다.)

물론 열린교육사회를 만드는 일은 한두 가지의 제도를 새로 도입하는
것으로 다 이루어질 수 있는 일이 아니며 1, 2년 안에 이룰 수 있는 일도
아니다. 그것은 어디까지나 우리가 추구해 나갈 장기적 비전이요, 원대
한 이상이다.

5·31 교육개혁안으로 제시된 100여 가지의 구체적 개혁안들은 그러한 장기적인 비전을 향해서 새로운 교육의 틀을 형성해 가려는 단계적인 장치들이라 할 수 있다. 흔히 교육을 '백년대계'라는 말로 표현하는데 교육개혁 사업이야말로 하루 이틀, 아니 1, 2년 안에 그 효과를 눈에 띄게 볼 수 있는 그런 일이 아니다. 그런데 우리 사회에서 그동안 교육개혁을 둘러싼 논란들은 대체로 대학입시에 초점을 맞춰서 단시일 안에 좋은 효과가 있는 개혁이냐를 놓고 갑론을박을 해왔던 것 같다. 좀 심하게 표현하면, 한편에서는 누구나 대학에 쉽게 들어갈 수 있게 하자고 주장하는가 하면, 또 다른 한편에서는 중등교육 단계에서부터 자유경쟁에 맡길 뿐 아니라 대학도 저마다 경쟁을 시켜 선발하도록 내버려두자는 주장을 펴왔다고 볼 수 있다. 문제는 이 두 극단 모두 심각한 단점을 지니고 있다는 데 있다. 앞의 주장은 교육의 질적 저하와 국제 경쟁력의 하락을, 뒤의 주장은 사회의 양극화를 초래함으로써 더불어 사는 공동체로서의 국가의 통합에 심대한 위기를 초래할 수 있다는 것이다.

교육에 있어서는 획일적인 평등주의도, 극단적인 자유경쟁도 정도가 될 수 없다. 모든 사람이 자기의 소질과 역량에 맞는 교육을 받음으로써 자아실현을 할 수 있게 하는 교육이어야 한다. 그러기 위해서는 사람들의 '다름'을 보살필 수 있는 그런 교육이 필요하며, 그럴 수 있으려면 이러한 인간의 다양성을 교육의 방법과 평가 면에서 고려할 수 있어야 한다. 이것이 바로 '교육의 다양화'의 원리라고 볼 수 있다. 그것을 한마디로 쉽게 표현하면, 한 줄 세우기 교육이 아니라 '여러 줄 세우기 교육'이라고 할 수 있다. 한 줄 세우기 교육의 획일화는 한 가지 잣대로 사람을 평가하고 한 가지 방식으로 교육을 함으로써 많은 사람들을 쓸모없는 사람으로 만들어, 결국 세상을 불행한 사람들로 가득 차게 만든다.

우리가 벗어나야 할 함정은 바로 획일의 함정이다. 그것이 평등의 깃발을 든 획일이든, 자유경쟁의 깃발을 든 획일이든, 모두가 우리를 불행의 함정 속에 몰아넣을 뿐이다.

열린교육사회는 바로 획일의 함정에서 벗어난 인간의 다양성이 살아 숨 쉬는 세상이다. 5 · 31 교육개혁안은 다양한 인간들이 모두 다양한 자기 소질과 특성을 살려 다양한 척도에 의해 대접받을 수 있는 그런 교육의 틀을 마련하기 위한 여러 가지 교육적 장치들이라고 할 수 있다. 물론 제대로 된 열린교육사회를 만들기 위해서는 앞으로 더 많은 좋은 교육적 장치와 아이디어가 창안되어 동원되어야 할 것이다.

그런데 교육개혁은 단순히 좋은 아이디어만 가지고는 안 된다. 교육개혁에는 좋은 아이디어도 필요하지만, 그것을 제대로 뿌리내리게 하려면 우리는 상황에 알맞은 전략을 구사해야 한다. 모든 개혁이 그렇듯 교육개혁도 기존의 제도와 얽혀 있는 이해집단과의 마찰이 불가피하다. 학교운영자들과 교육자들이 그 가장 대표적인 이해집단이다. 그리고 또 학부모와 학생이 있다. 그런가 하면, 교육을 받은 사람들을 사용하는 고용집단이 있다. 그와 함께 이 모든 이해집단들과 여러 가지 관계를 맺고 있는 정치가 집단이 있다. 그리고 이런 각기 다른 이해집단들의 이해를 옹호함으로써 자신의 이익을 챙기려는 언론들이 있다.

이렇듯 교육개혁과 관련하여 이해가 상반될 수 있는 집단들이 이런저런 그럴듯한 명분을 내세워가며 개혁을 반대하기 마련인데, 이러한 상충하는 이해를 조정할 수 있는 보다 차원 높은 공론의 장이 마련될 수 있을 때에야 비로소 교육개혁은 제 궤도에 오를 수 있다.

문민정부 이래 교육개혁에 대한 목소리는 드높지만, 온 국민이 합의하는 개혁의 방향은 아직도 오리무중인 듯하다. 말은 '교육개혁'이라는 같은 단어를 쓰고 있지만, 도대체 무엇을 어떻게 하자는 것인지에 대해서는 중구난방이다. 한쪽에서 동쪽으로 가는 것이 개혁이라 울부짖는가 하면, 또 다른 쪽에서는 그와 반대의 것을 개혁이라고 내세우고 있다. 그런데 모두 교육개혁을 하자고 야단들이다.

그런데 여기서 우리가 분명히 짚고 넘어가야 할 것은, 이해집단이 돈이나 밥통이 걸린 문제를 밑에 깔아놓고 그럴듯한 명분을 내건 채 개혁 운운하는 목소리를 내는 것에 큰 무게를 둔다면 정책은 개혁은커녕 오히려 개악을 면치 못할 수가 있다. 이런 불합리한 요소들을 제거하기 위해서는 공론의 광장이 제도적으로 활짝 열려 있어야 한다는 것이다. 그때 비로소 반대와 찬성의 뒷면에 가려져 있는 집단의 이해의 실체가 만천하에 드러날 수 있게 될 것이다.

교육개혁은 오늘 우리에게 있어서 너무나 중요한 역사적 과제가 아닐 수 없다. 새로운 역사의 전환기마다 그때에 알맞은 교육체제를 먼저 창안하여 실시한 나라가 역사의 중심에 서 있었다는 역사의 교훈을 우리는 잘 알기 때문이다. 역사는 결국 무엇보다도 어떤 사람들이 어떤 일을 하느냐에 달려 있다. 교육은 바로 무엇을 할 수 있는 사람을 양성하는 일이다. 진정 우리의 역사가 새 문명의 중심의 자리에 서기를 희망한다면, 우리는 새로운 문명에 걸맞은 새로운 교육의 틀을 창안해 내어 우리의 자손들을 교육하지 않으면 안 될 것이다. 나도 40년에 가까운 세월을 학교 훈장으로 보냈지만, 내가 만일 나의 철밥통을 지키기 위해 이런저런 교언(巧言)으로 '교육개혁'을 팔고 다닌다면, 나 역시 역사로부터 존엄한 심판을 면치 못할 것임을 부끄럽지만 고백하지 않을 수 없다. 그렇기에 모름지기 교육개혁은 교육받는 사람과 그가 앞으로 살아갈 세상에 초점을 맞출 때만 제대로 된 교육개혁이 될 수 있을 것이라고 나는 확신한다.

『대학지성』(2003년 5월 30일)

제3의 문명의 도전 앞에 선 오늘의 대학

1. 참으로 딱한 오늘의 한국 대학

오늘의 한국 대학의 몰골은 한마디로 '딱한 신세'라 하지 않을 수 없다. 세상 어디를 둘러보아도 잘한다고 박수 쳐주는 곳이라고는 한 군데도 없고 모두 구박뿐이니 말이다. 세상의 거울이라는 신문이나 TV를 들여다보면 이 땅 이곳저곳에서 터져 나오는 불평의 목소리가 어떤 것인지 가늠할 수 있다.

기업에서는 쓸모없는 일꾼들을 대학에서 세상으로 마구 내보내서 기업은 또다시 돈을 들여 재교육을 시켜야만 써먹을 수 있는 인재로 만들수 있다고 대학교육의 부실을 질타한다. 이런 교육의 부실에다가 연구도 신통치 않아 한국에서 가장 좋은 대학이라고 야단법석 떠는 대학도 세계 대학 가운데 100등 안에도 못 들어가니, 다른 대학들은 말할 것도 없다고 창피를 준다. 하기야 우리 기업들 가운데는 세계 정상급 기업과 어깨를 나란히 하는 기업도 있으니 그런 나무람을 들을 만한지도 모르겠다.

그런가 하면 학부모와 학생들은 좋은 대학을 들어가겠다고 '입학전쟁'을 불사하건만, 대학 문 안으로 들어가는 데만 눈에 불을 켤 뿐, 일단 문 안으로 들어가면 만사가 다 해결된 듯한 모습이다. 학생들은 한 걸음 더 나아가 일단 대학에 들어오면 등록금을 한 푼이라도 더 안 내겠다고 야단법석을 하며, 학교가 학생들 공부를 좀 더 시키겠다고 학사관리를 엄격하게 하려 들면 저항의 몸짓을 내보인다.

그런가 하면 교수들은 대학개혁으로 자신들의 철밥통을 지키는 데 혹시 어려움이 생기지나 않을까 우려한 나머지 현상 유지 쪽에서 서성거리고 있지 않나 싶다. 또한 대학이 학문의 권위를 제대로 확립하지 못할 뿐 아니라, 나라와 사회 전체의 발전이라는 거시적 안목에서 대학을 운영한다기보다는 개별 대학의 이익이라는 저차원에서 학교운영을 하여 세상의 빈축을 사기도 한다.

언론은 이러한 꼴불견을 그냥 보도만 하는 데 그치지 않고 사설과 각종 칼럼을 통하여 '통렬한 비판'을 쏟아내고 있다. 정부는 정부대로 관리자로서 책무를 수행하느라고 가끔 발생하는 대학 운영의 부조리에 매서운 칼날을 높이 쳐들기도 한다.

진리의 산실과 진리의 전파를 존재이유로 삼고 있는 대학이 이렇게 안팎으로부터 발길질만 당하고 있는 것이 한국 대학의 오늘의 모습이 아닌가 한다. 참으로 딱한 처지가 아닐 수 없다. 우리 속담에 처녀가 아이를 낳아도 할 말 있다는 말이 있다. 이런 딱한 처지를 면치 못하게 된 데도 깊은 사연은 있을 것이다. 구박만 해서는 될 일도 안 된다. 사정을 들어봐서 도와줄 것은 도와주어야 꼴찌의 가여운 신세를 면할 수 있을 것이다.

세계 대학 서열에서 100등 안에 못 든다고 구박만 할 것이 아니라, 100등 안에 드는 소위 세계의 일류 대학이 굴러가기 위해 얼마나 많은 돈의 밑받침을 받고 있는지 깊이 들여다보는 아량이 있어야 할 것이다.

세상에 공짜는 없다. 어찌 보면 일류 대학은 '돈 먹는 하마'라 할 수 있을 정도로 엄청난 재원의 밑받침 없이는 제대로 굴러갈 수 없는 매우 값비싼 기관이다.

소위 선진국의 일류 대학의 유지에 드는 재원은 하늘에서 공짜로 떨어진 만나가 아니다. 수많은 사람의 기부와 정부의 투자, 그리고 수익자들이 자기 몫을 기꺼이 부담함으로써 가능해지는, 많은 사람들의 헌신과 땀방울의 결과이다. 그런데 우리는 어떤가? 모두가 제 주머니는 잠근 채 남의 주머니만 쳐다보며 '일류 대학 타령'만 하는 꼴은 아닌가. 모두가 '십시일반의 마음'으로 나설 때만 우리 대학은 새로운 동력을 얻어 정상을 향해 움직일 수 있을 것이다.

2. 문명사적 변화와 대학의 변신

인류가 지구 위에서 생존을 해온 시간은 우리가 알고 있는 문명의 역사보다는 훨씬 장구한 시간이었으나, 인류문명사는 크게 보아 농경문명의 단계를 지나 산업문명을 이룩해 왔다고 볼 수 있다. 지난 20세기는 바로 그런 산업문명의 절정기라 할 수 있을 것이다.

우리가 잘 아는 바와 같이 오늘과 엇비슷한 대학이라는 교육기관의 원조는 12세기 전후에 창설된 볼로냐대학, 소르본대학, 케임브리지대학이라 할 수 있다. 이 교육기관은 한마디로 당시의 지배 엘리트를 위한 것이었다. 기독교 문명이 지배하는 세상에서 당시의 가톨릭 신부는 지배 엘리트의 최정상에 있었으므로, 신학교육이 이들 대학교육의 중심이었다.

이런 사정은 동양의 경우도 크게 다르지 않다고 볼 수 있다. 국자감과 성균관은 당시의 지배계층인 선비(士)를 위한 고등교육기관이었다. 농공상(農工商) 종사자를 위한 고등교육기관은 없었다. 생산자들은 당시에 학문을 즐길 여유가 없었을 뿐만 아니라, 그 당시의 학문 연구는 생산에 어떠한 기술적 도움도 줄 수 없는 것이었다.

말하자면, 전통 대학이 가르치던 교육 내용은 생산체계와 직접 연결되지 않았기에 현실로부터 초연한 하나의 '상아탑'이었으며, 그것은 당시 지배계층과 그 주변 사람들에게 제한된 교육이었다. 이러한 전통 대학이 바로 진리의 산실과 진리의 보급창으로서의 대학상(大學像)을 형성했다고 볼 수 있다.

이러한 전통 대학과 다른 제2의 모형의 대학이 출현한 것은 지금부터 130여 년 전으로, 전통 대학의 교육 대상에서 배제되었던 농공상에 종사하는 산업인력의 리더를 위한 고등교육기관이 나타났다. 미국의 주립대학교(State University)와 독일의 '호흐슐레(Hochschule)'가 바로 그것이다. 이 고등교육기관은 농과, 공과 등 생산을 위한 과학기술의 교육이 그 핵심을 이루었다. 그리고 전통 대학에서 배제되었던 예능 계통 종사자들을 위한 고등교육도 실시하였다.

이러한 새로운 대학 모형은 과학기술(scientific technology)의 출현과 궤를 같이한다. 전통사회에서 기술은 학문과 무관한 하나의 '손기술'이라고 한다면, 과학기술은 학문(과학)으로부터 유도된 기술이라 할 수 있다. 손기술에 의존하던 종래의 생산체계가 과학기술에 의한 생산체계로 전환됨에 따라, 새로운 종류의 고등교육이 필요하게 되었다. 그뿐만 아니라 민주화 과정이 진전됨에 따라 고등교육에 대한 요구도 점증되었다. 이러한 역사적 상황 변화가 새로운 제2의 모형의 대학을 출현하게 했다고 볼 수 있다.

전통 대학이 현실로부터 거리를 둔 순수학문 연구와 학자와 사회의 리더들의 양성에 초점을 둔 대학인 데 반해, 새로운 대학은 산업현장과 연결된 연구와 고급 산업인력 양성에 주력하는 대학이라 할 수 있다. 미국의 경우 아이비리그 스쿨(Ivy League Schools)로 불리는 대학은 바로 그런 전통 대학으로서, 주립대학교에 있는 공과대학, 농과대학 등 직업과 직접 연관된 교육은 하지 않고 순수학문(Liberal Arts and Sciences) 교육만 실시하고 있다.

이렇게 본다면 오늘 한국 대학은 미국의 주립대학과 같은 대학 모형을 따르고 있다고 볼 수 있다. (서울대학교의 전신이라고 볼 수 있는 경성제국대학은 독일의 전통 대학 모형에 따라 만들어진 대학이라 볼 수 있다.)

최근에 한국사회에서는 대학의 정체성(identity)에 대한 논란이 일어나고 있다. 산업현장에서는 대학이 산업현장에서 당장 써먹을 수 있는 것을 가르치지 않는다고 불평의 목소리가 드높다. 반면에 대학 내부에서는 대학은 진리 탐구의 전당이지 산업인력 양성소가 아니라고 맞받아치고 있다. 이것은 상아탑으로서의 전통적인 대학관과, 고등 산업인력 양성을 겨냥하는 제2모형의 대학관이 충돌하는 현상이 아닐 수 없다. 우리나라의 경우 대학 모형은 제1의 상아탑 대학 모형이 아닌 산업인력 양성의 제2의 대학 모형을 가졌음에도, 제1모형을 대학의 본질로 내세우고 있는 상황인 셈이다. (물론 미국의 주립대학도 오늘날에는 대학원 수준에서는 순수학문 연구를 중시하고 있는 것도 사실이다.)

3. 한국 대학의 개혁 방향과 한국의 미래

대학에 불변의 본질이 있다고 주장하는 것은 대학이라는 존재에 대한 오해에 근거하고 있다. 대학에 불변의 본질이 있다면 대학개혁을 말하는 것은 불가능한 일을 주장하는 것이 될 것이다. 금(金)과 물(水)의 본질을 말할 수 있으나, 금과 물의 개혁을 말할 수는 없다. 세상에는 물질적 존재와 인위적, 제도적 존재가 있다. 인간이 자연의 법칙을 바꿀 수 없기에 자연의 개혁을 말하는 것은 난센스이다. 우리가 대학개혁을 말할 수 있는 것은 대학에 불변의 본질이 없기 때문이다.

대학은 시대의 필요에 의해 인간에 의해서 만들어진 인위적, 제도적 존재이다. 따라서 시대가 변하여 새로운 요구가 생기면 거기에 부응할 수 있는 새로운 제도로서의 대학이 탄생하게 되는 것이다. 우리가 오늘날 대학개혁을 말하는 것은 바로 새로운 필요가 나타났다는 것을 함축한다.

지금 인류는 새로운 문명의 도전 앞에 서 있다. 오늘 많은 사람들은 지식과 정보가 역사의 추동력인 사회가 도래하고 있다고 말한다. 그것은 지금까지 지속되어 온 산업문명을 벗어나 새로운 문명으로 전환되어 가고 있다는 말이다. 지난 농경문명에서는 지배 엘리트를 교육 대상으로 삼는 전통 대학이 탄생했으며, 산업문명 속에서는 제2의 새로운 산업 중심의 대학이 출현했음을 우리는 이미 살펴보았다.

지금 우리는 새로운 문명의 필요를 충족시켜 줄 대학은 어떤 것인가 하는 문명적 도전에 직면해 있다. 그것이 바로 오늘날 우리가 대학개혁을 말하게 되는 근본적 사유이며 당위성이다.

사람들은 지식정보가 역사의 중심 추동력이 되는 세상이 좀 더 진행되면 '노동(육체노동)의 종말'이 오리라고 말한다. 그렇게 되면 종래 대학교육을 안 받아도 되던 사람들이 대학교의 문 앞으로 달려들어 오리라는 예측을 할 수 있다. 어쩌면 한국이 오늘 그런 시대로 먼저 진입하고 있지 않나 하는 느낌을 받고 있다. 정부의 통계에 의하면 작년(2004년) 대학 취학률이 81%라는 놀라운 발표가 있었다. 이것은 대부분의 선진국 대학 취학률이 50-60%대에 머물고 있는 것과 비교해 보면 놀라운 변화가 아닐 수 없다.[1]

앞으로 나타날 새로운 대학의 모형은 바로 이러한 새로운 변화에 대처할 수 있는 새로운 교육적 장치가 되어야 할 것이다. 사회 구성원 대부분이 고등교육을 받는 세상은 분명 과거의 상아탑으로서의 대학이나 고

급 산업인력 양성기관으로서의 대학과 동일한 고등교육체제 속에 그대
로 수용되기 어려울 것이다. 새롭고 다양한 고등교육의 모형들이 창출
되어야 할 필요성이 여기에 있다.

또한 지식정보화 사회가 앞으로 더욱 진전되면 지식과 정보의 생성
소멸의 주기가 매우 빨라짐에 따라 직업의 교체가 심해져서 일생을 무사
히 살아가려면 대학에서 한 번 배운 지식으로는 불가능하게 될 것이 예
견된다. 따라서 미래의 대학은 젊은이들만을 상대로 하는 교육이 아니
라, 성인을 대상으로 새로운 지식과 정보를 재충전하는 평생교육기관으
로서 기능을 수행하지 않을 수 없게 될 것이다. 이렇게 되면 고등교육의
대상의 외연이 이중적으로 확대될 것이다. 그리고 교육방법에 있어서도

---

1) 다음의 자료 참조.

〈고등교육기관 진학률〉

	한국	미국	일본
1970	26.9%	51.8%	23.6%
1990	33.2%	59.9%	36.3%
2000	68.0%	63.3%	49.1%
2004	81.3%	–	–

자료 출처
한국 : 교육인적자원부
미국 : Digest of Education 2001, NCES. Table185.
일본 : 平成 13年度 文部科學白書 圖 2-3-8.

〈한국 고등교육 경쟁력 변화 추이〉(IMD 조사)

연도	1999	2000	2001	2002	2003	2004
순위	47위 (47개국)	43위 (47개국)	47위 (47개국)	41위 (49개국)	28위 (30개국)	59위 (59개국)

2003년 순위 : 미국 1위, 일본 30위
자료 출처 : World Competitiveness Yearbook, IMD

상당한 변화가 초래될 수밖에 없다. 종래의 학교는 정보원(교육자)이 존재하는 곳으로 공간적, 시간적으로 집중화하는 장치라고 볼 수 있다. 그러나 정보화 기술의 첨단화는 종래 정보원(교육자)과 정보 수요자(피교육자) 사이를 차단하는 시간적, 공간적 장벽을 낮추거나 철폐하게 됨으로써 새로운 종류의 교육방법을 사용하는 새로운 학교로 변신할 가능성이 열리게 된다. 나는 이러한 시간(time)과 공간(space)을 넘어서는 (trans) 대학(university)을 'TST University'라고 부르고자 한다.

결국 이런 새로운 변수들이 얽힌 삶의 세계는 일터와 배움터(학교)가 확연히 갈라진 지금까지의 교육기관과는 다른 새로운 교육의 제도적 틀이 작동하는 세상이 될 수밖에 없으리라고 내다볼 수 있다. 따라서 교육자의 역할에도 상당한 변화가 초래될 수밖에 없을 것이다.

이제까지 가르치는 사람의 일방적인 지식 전달을 목적으로 하는 강의는 CD나 인터넷으로 대체할 수 있게 될 것이며, 가르치는 사람과 학생의 만남은 토론과 대화가 중심을 이루게 될 것이다. TST University의 가능성은 종래 일정한 공간 중심적 개별 대학이 멀티 스페이스(multi-space)로 확대되어 연계될 수 있는 가능성을 열어놓게 됨으로써, 여러 개별 대학이 연계된 멀티 유니버시티(multi-university)가 국내는 물론 국경을 넘어서 다국적 연계대학으로 출현할 가능성도 열려 있다.

이러한 상황이 전개될 때 온 세상은 일터이자 배움터요, 또 삶터가 통합되는 교육낙원(Edutopia)이 될 수 있을 것이다. 이것이 바로 언제 어디서나 자기가 원하는 교육을 받을 수 있는 길이 활짝 열린 교육낙원이다.

지금까지 이야기한 것은 앞으로 다가올 새로운 세상에서 이뤄질 수 있는 가능성을 예견하는 몇 가지 사례에 불과하다. 우리는 지금 그런 여러 가지 가능성 앞에 서 있다. 그것이 바로 오늘의 대학이 당면한 문명적 도전이다.

이러한 새 문명적 도전에 어떻게 대응하느냐에 따라 새로운 문명의 새 판도에서 우리가 어떻게 사느냐가 결정될 것이다. 과거 문명의 주역 국가들은 바로 그 시대에 적합한 교육체제를 선구적으로 창설한 나라였다는 역사적 사실로부터 우리가 교훈을 얻어 실천에 옮겨야 할 것이다. 그것이 바로 오늘의 대학인의 어깨 위에 놓인 문명사적 과제가 아닐 수 없다.

『철학과 현실』(2005년 여름)

대학에 대한 오해와 진실

　사람들은 최고의 대학을 선망한다. 학부모나 학생이나 마찬가지다. 그런가 하면 최고의 대학이 없어졌으면 한다. 그래야 그보다 못한 대학에 다니는 자기도 으쓱해질 수도 있다고 믿기 때문이다. 평등의식의 뿌리에는 질투심이 놓여 있기 때문일까?

　보통 사람들은 이렇게 두 가지 상반되는 마음으로 살고 있다. 그래서 한편에서는 대학 간 경쟁을 이야기하는가 하면, 다른 한편에서는 대학의 평준화를 이야기한다. 더욱이 일부 정치인들은 국민들의 이런 두 가지 마음 사이에서 왔다 갔다 하면서 표를 얻어 권력을 잡으려고 서울대 폐지론을 들고 나온다. 공부 잘하는 사람보다 그리 잘하지 못하는 사람 숫자가 많다. 많은 사람들의 마음에 아양을 떨며 표 사냥꾼 정상배들은 "내가 좋은 세상을 만들겠다"고 떠들어댄다. 그 소리가 권력 장악의 길이라고 믿기 때문이다.

　이 세상에 도대체 경쟁이라는 것이 없어질 수 있을까? 그런 경쟁 없는 세상이 참으로 좋은 세상일 수 있을까? 가난과 굶주림에 허덕이는 세상에 가보면, 경쟁다운 경쟁이 있는가, 없는가? 자기의 삶의 질을 높이는 제도적 경쟁은 없고, 눈앞의 먹거리 하나 먼저 집어 먹으려고 아귀다툼 하고 있지 않은가?

지난 20세기 인류는 그런 경쟁 없는 좋은 세상을 꿈꾸었다. 모든 사람이 평등한 세상 말이다. 이 꿈은 많은 사람들의 마음에 불을 질렀다. 그리고 요원의 불길처럼 들고 일어나 소위 공산주의 혁명을 성취했다.

한반도에 있어서도 그 뜨거운 불길이 조선이 일본에 식민화된 후 번져갔다. 그 후 북쪽에는 공산국가가 들어섰다. 남쪽에서는 2000년 이후 공산세계를 흠모하는 사람들이 여러 가지 애매한 언어를 사용해 가며 '경쟁 없는 평등한 세상'을 꿈꾸며 여기서 꿈틀 저기서 꿈틀해 왔다.

그런데 공산주의 혁명을 최초로 성취하여 공산주의 세계의 대부 노릇을 하던 소련과 그 위성국들은 1990년을 전후하여 공산주의를 버렸다. 왜 버렸는가?

공산주의 세상에 살던 사람들의 고백이다. 책만 보면 온갖 아름다운 언어들로 충만한데, 막상 공산주의 국가에 살아보니 모두가 '열중 쉬어 자세'로 빈둥거리며 살게 되어, 사는 꼴이 말이 아니었다. 책 속의 아름다운 언어는 도대체 무엇인가? 우리가 지금 목도하고 있는 것은, 중화인민공화국 등소평의 등장으로 공산주의라는 경제체제는 지금 역사의 뒤안길로 사라져가고 있다.

무엇이 문제인가? 사람이 가진 두 가지 마음 때문이 아닐까? 자기가 하면 로맨스, 남이 하면 스캔들. 사람의 두 가지 마음이다. 모두 '나 잘난 박사'가 되고자 하지만 그게 누구나 이룰 수 있는 일이 아니다. 경쟁이 전혀 없는 세상은 그래서 한갓된 꿈일 뿐이다.

문제의 핵심은 모든 인간이 다르다는 엄연한 사실을 깨닫는 것이다. 남을 흉내 내려 하지 말고 자신의 소질과 적성, 취미, 지향점을 찾아, 자기에게 알맞은 길, 나의 길을 찾아, 거기서 삶의 높고 낮은 준령을 넘어 삶의 의지를 펼쳐나가는 인생관의 확립이다.

국가교육제도는 이렇게 개별적 차이에 맞추어진 맞춤식 교육으로 전환되어야 한다. 대학도 마찬가지다. 세상에는 여러 가지 인재가 요구된다. 거기에 알맞은 다양화된 대학이 활성화될 때 한국 땅은 모두가 못 사는 세상도, 몇 사람만 활개 치는 세상도 아닌, 모두가 더불어 잘 사는 열린교육세상이 되지 않을까?

『대학교육』(2013년 1월)

대학: '저항의 기지'로부터 '창조의 기지'로

대한민국에 대학이라는 교육기관이 생기면서부터 '시위', '데모'라는 저항의 몸짓이 대학가를 떠나지 않았다. 어쩌면 대학은 바로 시위와 데모의 생산기지로 태어난 듯이 말이다. 그도 그럴 것이 우리가 일본 식민지의 백성 노릇하면서 '사람다운 몸짓'을 한 번 보이려고 하면, '저항의 몸짓' 이외에 별 신통한 것이 없었기 때문이 아니었을까.

저항(resistance)은 억울한 일을 당한 자가 마땅히 해야 할 일이 아닐까. 그렇기에 그 당시 한국 사람의 마음에 가장 뼈저리게 와닿는 언어가 '저항', 'resistance'이었던 것 같다.

저항은 거부의 몸짓이다. 그것은 '아니요'를 외치는 부정(否定)의 운동이다. 부정은 바로 그 시대의 시대정신이었다. 그 시대의 사람들에게 부정 의식은 바로 삶의 맥박 그 자체였다. 부정 의식은 의식의 반작용(反作用)이다.

우리의 외부에는 모두 우리를 먹이로 삼으려는 움직임(작용)이 살벌하게 이루어지고 있는 때였으니, 당하는 처지에 놓여 있는 우리에게 있어서 최선은 그 작용에 대한 반작용, 즉 저항과 부정의 외침일 수밖에 없다.

우리의 최근의 역사는 우리를 먹이로 삼으려는 밖의 세력(外勢)에 대해서 안의 결집을 통해 저항과 부정의 몸짓을 가다듬는 역사였다. '민족주의(民族主義)'는 바로 그런 저항과 부정의 운동을 상징하는 언어였다.

그런데 작용으로서 우리 앞에 서 있는 외세는 일본만이 아니라고 느끼는 사람들에게 민족주의는 반(反)일본을 겨냥하는 저항과 반작용의 추동력 이상의 것을 의미한다. 그것은 모든 잠재적 외세에 대한 항(抗) 개념이다. 그 잠재적 외세란 다름 아닌 아시아와 아프리카를 식민화하고 있던 당시의 서구 제국들이다. 이른바 서구 제국주의 국가들이 우리의 민족주의의 저항과 부정의 표적으로 마주 선다. 그런데 이 제국주의 국가들은 자본주의 경제제도에 의해 운영되는 나라들이다. 따라서 민족주의의 맞은편에 서 있는 항 개념의 보따리 속에는 '자본주의'도 들어 있게 되었다. 이런 기이한 역사적 함축으로부터 귀결되는 것은 '민족주의'가 '반자본'과 동렬(同列)의 개념군에 귀속되게 되었다는 것이다. 그리하여 '민족주의'의 애호가는 '반자본'의 애호가들과 동지(同志)로서의 연대의식을 갖게 되는 기연(奇緣)이 나타나게 된다.

언어는 삶의 현장 속에서 숙성한다. 지난 20세기의 한국인의 삶의 현장은 힘센 자들과의 생존을 위한 몸부림의 역사였다. 힘센 자들의 '먹이'이기를 거부하고 그들의 힘을 부정하려는 삶의 현장 속에서 우리의 언어는 영글어갔다. '민족주의'라는 언어의 역운(歷運)은 참으로 눈물나는 고통의 언어였다.

우리는 지난 20세기의 절반은 침략자의 손아귀 속에서 빠져나오려는 모진 고역(苦役)의 삶을 살았다. 그러나 침략자의 손아귀에서 해방된 후에도 우리는 너무나 오랫동안 저항과 부정의 악몽 속을 헤매며 살아왔다. 어떤 사람들은 해방 후 우리의 땅을 점령한 것은 자본주의 국가 미국이라고 여긴 나머지, 우리의 '민족주의'는 아직도 부정되어야 하는 대상을 눈앞에 두고 있다고 생각하여 저항과 부정의 몸짓을 계속 내보이는 것이 마땅하다고 보고 있는 것 같다.

사실 우리가 일본으로부터 벗어났던 것은 우리의 저항운동의 직접적인 결과가 아니라, 일본의 패전에 의하여 승전국인 미국과 소련의 패전 지역의 점령에 기인했던 것이 사실이다. 그런데 어떤 사람들은 소련의 북쪽 지역(북한)의 점령과 미국의 남쪽 지역(남한)의 점령을 다른 잣대로 해석한다. 그래서 남쪽은 '예속의 나라', 북쪽은 '자주의 나라'라고 말한다. 북쪽을 점령한 외세는 '반자본'이요, 남쪽을 점령한 외세는 '자본'이기 때문에, '민족주의'의 깃발을 드는 사람은 남쪽(남한)을 '예속의 나라'로 볼 수밖에 없다는 것이다.

이런 발상법에 길들여진 사람들이 아직도 '민족주의'를 들먹이며 저항과 부정의 목소리를 내고 있다. 우리가 받은 상처가 이다지도 깊고 처절한 것인가.

나는 감히 말한다. '저항'과 '부정'이 우리의 영혼을 달래야 살 수 있는 때는 이미 지났다고. 우리는 이제 제 발로 당당하게 걸어가는 세상을 살고 있다. 일본의 식민 지배는 역사책 속에 있을 뿐이고, 일본은 우리의 이웃일 뿐 이미 우리의 상전 나라가 아니다. 식민의 악몽은 하나의 나쁜 꿈이요, 우리가 오늘 몸담고 있는 현실이 아니다. 과거의 식민을 자주 이야기하는 것은 하나의 정신병적 고착(fixation)일 수 있다. 과거 일본의 종살이 적 삶이 아무리 괴로웠다 하더라도 거기에만 우리의 마음이 달라붙어 있으면 우리는 이미 정상인이 아니다. 더구나 오늘 이 땅을 활보하는 대다수의 사람들은 그 고난의 시대에는 존재하지도 않았다.

당당한 우리는 지금 세계의 시민으로 살고 있다. 어느 누구의 더부살이를 하는 것도 아니다. 떳떳한 사람, 제 생각으로 말하고 행동하는 사람으로, 세계를 휘젓고 다니는 사람들이다. 우리가 '민족주의'라는 구명선에 의지해야 했던 그 어두운 세상은 이제 하나의 과거로 역사 속에 편입되었을 뿐이다.

우리는 지금 그런 구차한 언어가 필요 없다. '민족주의'라는 언어에 담긴 약자의 상처로부터 이제 자유로울 때가 되었다. 오늘 우리가 다른 나라 사람들과 어울리면서 '민족주의'라는 언어를 들먹여서 덕 볼 것이 무엇인가? '민족 이기주의자'라는 불쾌한 감정을 세계의 이웃들에게 심어주는 것 말고 무엇을 얻어낼 수 있겠는가?

그래서 나는 감히 부르짖는다. 우리는 이제 '민족주의'로부터 자유로울 때가 되었다고. 그래서 세계의 이웃들과 형제애를 나누고 서로 필요한 것을 주고받으며 다정하게 사는 지구촌 시민으로 당당하게 살아가자고 말이다.

우리는 지금 새로운 문명의 문턱에 서 있다. 지난 산업문명 속에서도 우리는 역사의 변방에서 무척이나 허덕였다. 그러던 우리가 계속 역사의 변방에서 한숨이나 쉬면서 피해의식에 가득 찬 저항과 부정의 고함소리나 내지르고 있을 수는 없다. 우리는 새 문명의 새 판의 중심권을 향해 당당히 걸어가야 한다. 중심에 서 있는 사람은 무엇(These)에 대한 부정의 목소리를 내지르는 사람이 아니라, 새로운 것을 창조해 내는 지혜를 가진 사람이다.

지금까지 우리의 대학은 불행하게도 저항과 부정의 기지(基地) 역할밖에 못했다. 그것은 불행한 역사적 기연(奇緣)의 소산이었다.

그러나 지금은 그럴 때가 아니다. 우리는 지금 새 문명의 문턱에 서서 새 문명의 주역으로 살기를 원한다. 우리는 그렇게 원할 뿐 아니라, 그렇게 될 수 있는 사람들임을 스스로 느낀다. 우리는 그런 자신을 믿는다.

그럴 수 있으려면 대학은 이제 저항의 기지로부터 탈바꿈하여 창조의 기지가 되어야 한다. 대학이 모름지기 창조의 기지가 될 때 우리는 그리고 우리나라는 그리고 한반도는 새 문명의 중심에서 살아가게 될 것이다. 저항과 부정은 피해의식의 또 다른 얼굴이다. 지금 우리에게 절실히 요구되는 것은 대긍정(大肯定)이요, 새로운 창조 정신이다.

『철학과 현실』(2005년 겨울)

대학원 입학 정원 100명 시대

요즈음 서울대학교는 대학원 석사과정 2,654명, 박사과정 2,316명의 신입생을 매년 모집하고 있다. 내가 대학원 시험을 치르던 1964년 봄에는 100명의 신입생을 뽑았다. 석사과정이다. 그때 박사과정이란 없는 것과 같았다. 이른바 구제 박사학위가 주어지던 세상이었다. 구제 박사학위란 이미 교수 자리를 차지하고 있던 사람들이 간판이 필요해져서 그 수요를 충족시키기 위해 '구제금융'처럼 '구제 박사학위'를 현직 교수들에게 수여하던 것을 말한다. 구제란 이러한 지난 시절의 박사학위제도를 가리키는 옛날의 제도란 뜻의 낱말로 탄생하였으나, 일종의 박사학위가 필요했던 교수들의 학위 열망증을 구제해 주었던 임시방편의 한 방법이었다.

그러면 그 당시 100명의 신입생은 어떻게 뽑았을까? 서울대학교에 속한 단과대학의 구별 없이 필기시험(전공, 영어, 제2외국어)을 치러 수험생이 획득한 총점 석차 순으로 100명을 합격시킨다. 그러다 보면 어떤 학과는 신입생이 한 명도 들어오지 못한다(그 당시 서울대학교 학과 수는 100개 이내였던 것 같다). 보통 1-2명 정도의 신입생이 들어가면 괜

찮은 편이었다. 그 당시 제2외국어는 대부분의 학생이 독일어를 선택하고, 프랑스어를 선택하는 학생도 가끔 있었다. 그리고 제2외국어는 문과 계열과 이과 계열로 나누어 출제 내용이 달랐다. 문과는 이과보다 일반적으로 어려운 내용이 출제되었다. 내가 응시했던 1964년 봄에 출제된 독일어 시험은 중세 독일 문학사에서 발췌한 듯이 보이는 한 단원의 문장을 번역하는 문제였다. 중세 독일 문학사에 관한 문장이라 내용도 낯설 뿐 아니라 문장을 구성한 단어들도 일반적으로 흔히 만날 수 있는 어휘가 아니었다. 그러다 보니까 독일어를 선택한 응시자들은 큰 코를 다친 셈이었다. 평소 독일어를 잘한다고 뽐내던 친구들도 낙방의 고배를 마셨다. 나와 같이 응시한 친구 중 한 사람은 독일 단편소설을 번역하기도 한 우수한 독일어 인재였으나 낙방했고, 나와 같이 응시했던 동기들은 모두 쓴잔을 마시고 나 혼자 철학과 신입생이 되었다. 나의 3년 선배로 입학했던 하일민 선배가 나와 같이 합격함으로써 철학과 신입생은 두 명이 되었다. 그리고 다른 몇몇 학과의 경우 한 명의 신입생도 없었다.

　너무 큰 격세지감이다. 오늘날 5천 명에 이르는 대학원 신입생을 보면서 느끼는 감회가 너무나 크다. 그 당시 대학원 강의, 특히 문과 계통의 경우 대부분의 학과에서는 첫 번 상견례로 만나 짜장면 한 그릇을 나눈 후 헤어졌다가, 학기 말이 다 되어 소위 리포트란 과제들을 제출함으로써 학기가 끝을 맺는 경우가 허다했다. 이것은 당시 학풍의 단면을 드러내기 위한 언급이요, 비방을 일삼고자 하는 말이 아니다. 그 당시 대학원을 다닌 사람치고 이것을 부인할 사람은 많지 않을 것이다. 오늘날의 대학원 교실 운영과 비교할 때 너무나 엄청난 격차를 느낄 뿐이다. 세월이 약이라는 말이 있거니와, 50년이라는 반세기의 역사가 결코 작은 차이가 아니라는 것을 절감케 한다.

　부끄러운 이야기지만, 그 당시 각 분야의 교과서라는 책들은 거의가 일본 식민지 시대 일본 학자들이 써놓은 책들을 이리저리 요약, 편집한 것들이 일반적인 상황이어서, 요즈음 우리 학계에서 종종 문젯거리로 지적되는 표절 시비 같은 것은 아예 문제로 인식될 수조차 없는 상황이었다. 그 당시 각 분야의 대가(大家)라고 칭송되던 분들의 신상명세를 깊이 들여다보면, 기껏해야 일본 식민지 시대에 동경제대를 졸업했거나 서울 동숭동, 지금의 대학로에 자리 잡고 있던 경성제국대학을 졸업한 후 일본인 교수 밑에서 조교 몇 년 하다가 해방정국을 맞이하여 일본인 교수들이 본국으로 쫓겨나다시피 하여 일본으로 돌아간 후 텅 빈 교수 자리에 조교로부터 교수로 등단한 경우가 허다했다. 갑자기 교수가 된 그분들이 만든 대학 교재가 그 당시 각 분야를 소개하는 대학 교과서들이었던 셈이다.

내가 직접 배웠던 철학교수들은 모두 저 세상으로 떠나셨다. 그들이 안 계시다고 내가 마음 놓고 이런저런 험구를 하는 것처럼 받아들이기 쉬운 이야기를 많이 늘어놓은 셈이 되었다. 하지만 내가 이런 옛이야기를 늘어놓는 것은 나를 키워준 은사님들을 비난하기 위한 말이 아니다.

개인적인 차원에서 보면 그들은 당대의 최고 수재들이었다. 당시 동경제국대학을 다닌 한국 학생들은 식민지의 아들로 태어나서 일본인들과 경쟁하며 매년 최우수자로 선발된 10명 이내의 소수정예 청년들이었다. 이 몇 안 되는 한국의 소수정예 인사들은 해방 후 이 나라의 핵심 일꾼으로 나라의 대들보 역할을 수행한 사람들이다. 경성제국대학의 경우도 240명 정도의 학생으로 시작한 한반도 식민지 유일의 대학으로, 학생의 대부분은 당시 식민지 통치를 하던 일본인의 자제들이었으며, 각 도를 대표한다고 할 수 있는 소수의 한국 학생(조선 식민지 출신)만이 입학의 영예를 누렸다.

따라서 일본 동경제국대학과 경성제국대학을 나온 조선 식민지 출신의 인사들은 '하늘 높은 줄 모르는' 자타가 공인하는 참으로 대단한 인물들이었음에 틀림없다.

세계의 변방의 끝머리에 뒤처져 있던 한국을 오늘 세계의 중심권으로 올라서게 한 인재의 씨를 이 땅에 뿌려놓은 위대한 선배들임을 오늘의 역사는 증언하고 있다. 그래서 오늘의 우리가 이렇게 가슴을 펴고 존재한다. 그들은 우리의 존재근거이다.

『서울대 대학원 동창회 학보』

Ⅲ _ 교육의 정치적 중립성

교육의 정치적 중립성

　교육은 개인의 입장에서 보면 개인이 지닌 잠재적 능력을 현실적 능력으로 바꾸어 자아실현을 극대화하는 기제라고 말할 수 있다. 그러나 국가의 입장에서 보면, 교육은 국가의 능력, 즉 국력을 극대화하는 국가운영의 방책의 하나라고 볼 수 있다. 그래서 국가는 교육을 국가의 인적 자원(human resources)을 공급하는 최적의 수단으로 간주하게 된다. 물론 국가운영에는 인적 자원뿐 아니라 물적 자원의 관리도 필수적이기는 하지만, 인적 자원에 대한 최적의 관리야말로 국가운영의 핵심적 과제가 아닐 수 없다.

　그런데 이러한 인적 자원 관리를 담당한 국가운영자들은 특정한 정치적 이해집단에 대부분 속해 있다. 이것은 바로 오늘날 정당정치를 기본으로 삼고 있는 국가들의 현실적 상황이다. 그런데 이러한 정치적 집단들은 또한 특정한 정치적 이념을 신봉하는 사람들로 구성되어 있다. 더구나 자유민주주의의 체제를 지닌 국가들에 있어서는 원칙적으로 표현의 자유를 기본으로 하여 모든 정치적 이념에 대해 열려 있다(자유롭다).

매우 역설적이지만, 자유민주주의의 체제는 자유민주체제를 부정하는 목소리에도 자유가 허용될 수밖에 없는 논리적 역설(logical paradox)을 원리적으로 포함하고 있다. 그래서 자유민주주의 국가에서는 자유민주체제를 정면으로 부정하는 공산주의 이념을 떠받드는 공산당마저도 허용하는 나라도 있다. 그러나 그 사회의 기본 질서를 뒤엎는 폭력을 포함하는 구체적 행동에 대해서는 법률적 통제를 하고 있다.

이러한 상황 아래서 '교육의 정치적 중립성' 개념은 매우 중요한 의미를 지니고 있다.

여기서 한 가지 분명히 짚고 넘어가야 할 것은 여기서 말하는 교육의 중립성이라는 개념이 교육을 관리하는 교육행정 체계가 모든 정치권력으로부터 자유로운 지대에 놓여 있어야 한다는 것을 의미하지 않는다는 점이다. 만일 그렇게 해석된다면 특정 정당에 속한 대통령이 교육부장관을 임명하여 교육을 관리하도록 하는 것은 교육의 정치적 중립성 개념에 어긋나는 일이 될 것이다. 그러나 교육의 정치적 중립성을 받아들이는 그 어떤 자유민주주의 국가들도 대통령이 교육부장관을 임명하는 것을 당연시하고 있을 뿐 아니라, 특정 정당에 속하는 정치인이 주지사로 당선되어 주 교육부장관을 임명하고 있다. 이러한 현실을 고려할 때 교육의 정치적 중립성의 개념을 교육관리의 행정적 측면에서 이해하는 것은 문제가 있다.

그러면 교육의 정치적 중립성 개념에 대한 올바른 해석은 무엇인가? 우리는 미성년자에게는 일반 성인에게 허용되는 알코올, 담배, 성인 영상물 등과 같은 것들을 허용하지 않는 세상에 살고 있다. 그것을 미성년자에게 허용하지 않는 근본적 이유는 '능력의 미성숙'에 있다. 미성년자는 육체적으로, 정신적으로 그것들을 제대로 감당해 낼 수 있는 능력이 아직은 성숙되어 있지 않기 때문에, 그런 것들에 노출되었을 경우 여러 가지 커다란 부작용을 낳게 될 수 있다는 우려가 그 접근을 금지하고 있는 것이다.

교육의 정치적 중립성 개념은 미성년자인 피교육자들에게 특정한 이념에 치우친 내용을 교육함으로써 나타날 교육적 부작용을 차단하기 위해서 필요한 장치라는 것이다. 그것은 앞서 예를 든 것들을 미성년자에게 허용하지 않는 경우와 동일한 이론적 이유에서이다. 아직 정신적으로 성숙하지 못하여 비판적 사고능력을 제대로 갖추지 못한 미성년 학생들에게 특정 이념에 치우친 정치교육은 회복하기 힘든 엄청난 부작용을 낳을 수 있다는 것이다. 그것은 미성년자에게는 마약과도 비슷한 '이념의 중독'에 감염될 소지가 너무나 크다. 따라서 미성년자를 대상으로 하는 교육현장은 정치로부터 자유로운 중립지대여야 한다는 결론이 도출된다.

그러나 대학교육은 이와 사정이 전혀 다르다. 거기서는 모든 사상과 이념이 자유롭게 논의되고 토론될 수 있는 비판의 광장이 마련되어야 한다. 학문의 자유가 말하는 바가 바로 그것이다.

한국사회는 그동안 교육의 정치적 중립성 개념에 관해 매우 혼란스러운 모습을 보여왔다. 교육의 정치적 중립성 개념을 교육관리 행정문제와 연결해서 이야기함으로써 교육자치를 일반 행정자치로부터 독립해야 교육의 정치적 중립성을 확보할 수 있다는 주장이 바로 그 대표적인 오해의 사례라 할 수 있다. 앞에서도 지적한 바와 같이 교육의 정치적 중립성을 존중하는 선진국에서는 정당 출신으로 당선된 주지사가 주 교육책임자(주 교육부장관)를 임명한다. 그렇게 함으로써 지방자치의 책임자인 주지사가 교육에 적극적으로 기여할 수 있는 문을 열어놓고 있다. 그리고 교육자치는 그보다 하위의 작은 지역 공동체 중심으로 이루어지고 있으며 이 교육자치의 책임자(교육감)는 재산세에 대한 일정 부분의 조세권도 행사함으로써 실질적으로 교육에 대한 재정권을 확보하고 있다.

교육의 정치적 중립성 개념에 대한 혼란은 우리나라의 교육현장에서도 나타나고 있다. 일부 교원단체가 교과과정에는 없는, 특정 교원단체가 구성한 '정치적으로 민감한 문제들'에 관한 교육 자료를 가지고 학생들에게 교육을 함으로써 사회적 비난을 불러일으키고 있다. 이것은 앞서 지적한 교육의 정치적 중립성 개념에 상치하는 사례라고 볼 수 있다. 미성년자에게 특정 이념에 치우친 정치교육은 안 된다는 것이 바로 교육의 정치적 중립성 개념이며 올바른 교육이 서야 할 자리이다.

더구나 학부모의 입장에서 보면, 학생의 학교 선택권도 없는 오늘의 한국과 같은 상황 아래서 자기 자식이 자기의 정치적 입장과 전혀 다른 정치적 이념교육을 받도록 강요당하는 것은 참을 수 없는 일이라고 생각한다. 이것은 학생과 학부모의 교육권을 무시하는 교사의 일방적인 교육권의 행사라는 지적이 있다.

이러한 '혼란'을 제대로 정리하기 위해서는 교육의 정치적 중립성 개념을 우리 교육에서 바로 세워나가야 한다. 지금까지의 논의로부터 분명하게 된 것은, 학교에서 무엇을 가르쳐서 어떤 인간으로 키워야 할 것인가가 매우 중요한 문제라는 것이다. 이 물음에 대한 가장 짧은 대답은 이것이다. 나라의 구성원이 '합의한 보편적 내용'을 가르쳐서 구성원 모두가 잘 살 수 있는 '일류 국가'를 만드는 데 기여할 수 있는 인재를 양성하는 것이다.

『철학과 현실』(2006년 여름)

이 과외 열병을 고칠 방도

도대체 공부를 열심히 하는 것이 무엇 때문에 잘못일까? 학교에서 배운 것이 성이 안 차서 또 책가방을 메고 끌며 '안방 학교'로 달려가 밤이 늦도록 눈이 빠져라 책과 씨름하는 젊은이들이 이 나라에 들끓고 있다는 사실이 어째서 문제일까? 거기다가 제 주머니를 털어 제 자식 공부를 더 열심히 시키겠다는데 왜 죄인이라도 된 듯이 보려고 할까? 어떤 나라에서는 배워 남 주는 것 아니니 제발 학교 좀 가서 더 배우라고 나라에서 돈까지 주어가며 부추겨도 배우려 드는 젊은이가 많지 않아 걱정인 모양인데, 이 나라에서는 배우겠다는 사람들이 너무 많아서 이 걱정들일까?

그러나 이 나라 젊은이들이 정말로 '목마른 사슴이 시냇물을 애타게 찾아 헤매듯 진리에 목말라' 책가방을 들고 이 골목 저 골목에 있는 안방 교실을 찾아가고 있는 것일까? 만일에 그렇다면 저 진리의 길로 가는 어린 사람들의 총총걸음을 보는 이 땅의 어른들은 감격스러워 해야 마땅한 일이 아닐까? 이것이 사실이라면 우리는 축복받은 민족이요, 영광의 아들들이 아닐 수가 없다.

그런데도 오늘 이 땅에는 공부하려는 그 열기가 너무 뜨거워 큰일이라고 걱정하는 사람들이 많이 있다. 그 사람들은 그 속사정을 제대로 모르고 그러는 것일까? 좀 차근차근 그 속사정을 하나씩 따져보자.

먼저 물어보아야 할 것은 참으로 이 땅의 젊은이들이 제 스스로 공부를 열심히 하겠다고 마음을 도사려 먹고 있는지 어떤지 하는 점이다. 그러나 요즘 돌아가는 꼴을 차분히 살펴보면, 공부하는 학생들보다 공부시키려는 그 주위의 사람들이 더 신바람이 나 있거나 미쳐 있다는 사실을 알아낼 수가 있다. 이를테면 시집 장가 가는 신랑이나 신부보다 그 '떨거지들'이 더 얼굴이 벌겋게 달아올라 야단법석을 부리는 것 같다. 그러니 과외 공부를 하려는 이 열띤 행렬은, 끓어오르는 애국심을 어찌하지 못하여 전쟁터로 달려가는 지원병들의 그 뜨거운 행렬과 비슷하기보다는 차라리 백성의 희생을 밑천으로 자기의 권좌를 유지하려는 압제자들에게 강제로 끌려가는 징용병의 행렬과 같은 것이 아니라고 말할 수 있을까?

이 과외 공부의 행렬이 공부하려는 마음이 불타오르는 젊은이들 스스로 만든 것은 아니다. 그 젊은이들이 공부를 좋아하건 싫어하건 상관하지 않는 그들의 어머니와 아버지의 들끓는 마음이 젊은이들의 등을 떠밀어 과외 공부의 행렬을 만들었을 뿐이다. 오늘 이 땅의 부모들의 이런 마음은 무엇을 애타게 얻으려고 그러는 것일까? 그것이 진리를 애타게 찾는 목마름 때문일까? 오늘 이 땅의 부모들 가운데 책을 읽는 사람이 가물에 콩 나기만큼이나 흔치 않다고 한다. 그렇다면 그 사실은 무엇을 말해 주는 것일까? 진리에 목말라 하는 사람이 책을 멀리하는 것은 이치에 맞지 않는다. 그렇다면 이 땅의 어른들은 자신의 목마름을 자기 자식의 탐구를 통해 간접적으로 충족하려는 것일까? 그럴지도 모른다. 그러나 솔직히 말해 그것을 수긍하는 부모가 이 땅에 몇이나 있을까? 과외 공부에 열을 올리고 있는 이 땅의 부모들은 한결같이 "요즘 세상에는 대학을 나와야 사람답게 버젓이 살 수 있으니 자식의 자질이나 관심이야 어떻든 어떻게 해서라도 좋은 대학에, 가능하면 가장 좋은 대학에 등을 떠밀어서라도 집어넣어야겠다"고 생각하는 것은 아닐까? 바로 '어떻게 해서라도'라는 굳은 결의가 오늘 이 땅 위에 과외 공부 열풍을 불러일으키는 원인이라고 말한다고 해서 크게 잘못된 말이 아닐 것이다.

이렇듯이 자기 자식을 잘되게 하겠다는 갸륵한 부모의 뜨거운 마음이 일으키는 바람이 '과외 열풍'이라고 한다면, 부모의 자식 사랑을 탓하지 않고 그 과열 과외를 탓할 수는 없을 것이다.

아무튼 학교가 고작해서 졸업장이나 하나 얻어 가지고 나오면 되는 곳이 되어가고 있는 이 마당에서 그 과외 열풍을 강 건너 불구경하듯이 바라보고만 있기에는 우리의 교육 현실이 너무나 다급해졌음을 알 수 있다. 학교에서 어물어물 시간이나 보내고 낮잠이나 자다가 알짜 공부는 엄청난 돈을 지불한 과외 선생님의 안방 교실에서 해야 대학 문을 들어갈 수 있는 세상이 되었다. 그렇다면 이 나라의 공교육은 지금 어디로 가고 있는 것일까? 가난한 집의 자식으로 태어난 아이들은 돈 많은 부모를 만난 아이들과는 달리 알짜 공부를 하는 그 고생스러운 일을 면제받아 좋으나 대학의 입학마저도 면제받게 되었다. 그러니 가진 자와 못 가진 자의 사회적인 틈새가 더 크게 벌어지게 되고 드디어는 그냥 두고 볼 수 없는 형편이 되어버렸다. 많이 가진 사람이야 가진 돈 좀 쓰면 되는 팔자 좋은 형편이나, 못 가진 사람으로서는 정말 참기 어려운 상황이 아닐 수 없다. 또 중간층 생활자도 이런 처지에서는 빼도 박도 못하는 딱한 처지에 놓이게 되고 말 것이다.

모름지기 나라를 이끌어가는 사람들은 이 현상을 그냥 가볍게 여겨서는 안 될, 참으로 심각한 상황임을 인식하지 않으면 안 된다. 나라를 이끌어가는 위치에 있는 사람들 자신이야 과외 바람이 그리 큰 문젯거리가 아닐지도 모른다. 국민 앞에서는 "과외하지 말라"고 점잖게 말씀 한마디하고 나서는 제 자식은 특급 과외 선생한테 보내면 그만일 것이다. 그러나 나라를 이끄는 사람의 마음과 눈이 똑바로 가야 할 곳은 이 땅 위에 사는 수많은, 지치고 뒤처진 민중의 시름에 찬 마음과 눈물이 글썽이는 눈망울이다.

이 나라에서 과외가 중요한 사회문제로 등장한 것은 퍽 오래된 일이다. 중학교에 들어가려고 국민학교 학생들 사이에서 과외가 극성을 부리던 때가 있었다. 중학교 입학이 추첨제도를 채택함으로써 국민학교의 열띤 과외는 일단 가라앉았다. 그리고 고등학교의 교육 평준화 시책이 실시되어 고등학교 입학도 학군제에 따라 경쟁하지 않는 제도로 바뀌었다. 이 평준화 시책이 노린 목표 가운데 하나는 학교의 격차를 없애고 입학시험을 없앰으로써 과열 과외를 없애고 불평등을 없애자는 것이었을 것이다. 그러나 현실은 오히려 그 반대 방향으로 치닫고 있다. 과외는 전에 볼 수 없을 만큼 극성을 부리고 공교육은 이제 파산 지경에 이른 것이 아닌가 하는 위태로운 생각마저 든다. 평준화 시책으로 얻은 좋은 효과가 있다면 국민학교 과외를 조금 진정시켰다는 것이다. 그러나 그 때문에 중고등학교 학교교육의 전반적인 질이 크게 떨어짐으로써 공교육이 자기파탄의 위기까지 몰고 왔다는 점을 들 수 있다.

여기서 우리는 지금까지 이 나라에서 여러 차례에 거쳐 이루어진 교육의 제도 장치의 변혁이 왜 그렇게 자살적인 시도로 이어졌는지를 그 밑뿌리에서부터 검토해 보지 않으면 안 된다. 한마디로 잘라 말하면 교육제도는 한 사회의 구조 전체와 맞물려 있는 복합 구조를 가진 것이므로, 한 사회의 전체 구조와의 관계를 생각하지 않고 교육제도의 어느 한 부분만 손질한다고 해서 효과를 거둘 수는 없다. 사회의 전체 구조를 배려하지 않고 교육제도를 개혁하여 실패하지 않는다면 그것은 기적일 수밖에 없다. 그렇기 때문에 지금 우리가 부딪힌 사회의 근본문제로서 교육의 문제는 서로 연관되어 있는 여러 문제들을 함께 뜯어고치지 않고서는 풀리지 않는 '한 보따리 속의 문제'이다. 이 문제의 성격을 이해하는 것은 이 문제를 푸는 첫 번째 열쇠가 될 수 있다.

관찰력 있는 내 친구의 말에 따르면 광화문 네거리에서 몇 년 전부터 하루도 도로를 뜯고 다시 만드는 일이 벌어지지 않은 날이 없었다. 아마도 이것은 전체적인 안목을 갖지 못한 사람들이 치르는 홍역이요, 낭비요, 스스로 사서 하는 고생의 본보기일 것이다. 교육제도의 개혁도 전체적인 안목에서 이루어지지 않을 때 광화문 네거리의 도로 공사처럼 뜯어고치자마자 또 뜯어고치지 않으면 안 되는 개혁의 악순환에 휘말리지 않을 수 없을 것이다.

현재 우리가 빠져 있는 이 사회적인 수렁은 다음과 같은 몇 개의 두드러진 요인들이 서로 얽혀 생긴 것이라고 보인다.

첫째 요인은 이 나라를 휩쓸고 있는 단색적인 사고와 단일적인 가치 의식이다. 무엇이든지 한 가지로 생각하여 그와 다른 것은 이단시하고 배척하는 단색적인 사고는 모든 현상을 하나의 정점과 연결지어 생각한다. 이러한 사고는 여러 가지 일이나 사람들이 저마다 나누어 가질 수 없는 독특한 가치를 지녔다고 보지 않고, 모든 것을 '하나의 가치'로 환원될 수 있는 것으로 보는 단일적인 가치관과 연결된다. 그리하여 사람들은 저마다 다른 자질과 다른 소양을 가지고 있음에도 불구하고 오직 하나의 동일한 꼭대기를 향해 몰려든다. 출세해서 남 주지 않는다는 신념 아래 권세와 돈줄을 잡으려고 모두가 미친 듯이 날뛴다. 그 출세의 일등가도가 바로 대학이요, 대학 중에서도 일류 대학이라고 믿는다. 그리고 온갖 사회제도와 사람들의 취향은 그것을 밑에서 받쳐주고 부추긴다. 대학을 나오지 않으면 모든 것이 신통치 않다. 봉급이 그렇고, 사람대접이 그렇다. 그리고 시집 장가 갈 때도 그것이 중요한 작용을 한다. 이 판에 바보가 아니고서야 누가 가만히 앉아 있겠는가. 이것을 알아차린 어른들은 자기 자식을 어떻게 해서라도 대학에 집어넣고자 수단과 방법을 가리지 않는다.

둘째 요인은 학교의 시설과 교사의 질은 고르게 해놓지 않은 채로 학생만 차별 없이 일률적으로 나누어 가두어놓은 점이다. 그러니 학교가 교육을 제대로 할 수 없는 곳이 되고 말 것은 뻔한 이치이다. 사람은 타고난 자질이나 그 관심이 서로 많은 차이가 나는데도 그것을 전혀 고려하지 않고 한데 묶어놓으니 문제가 생긴다. 그러니 이 평준화 교육은 저질화 교육과 곧바로 이어지고 있는 것 같다.

셋째 요인은 교육투자가 이루어지지 않음으로써 이러한 저질 교육을 더욱더 부채질하는 것이다. 이것은 재정적인 면이나 정신적인 면에서 모두 그렇다는 말이다. 쉽게 말해 먹고살 것도 제대로 주지 않을 뿐만 아니라 사람대접도 제대로 안 하는 '선생질'을 스스로 희생하면서 신명이 나서 할 사람이 이 세상에 얼마나 있을까? 학교는 관계기관은 말할 것도 없고 선생에게서도 버림받은 공간이 되지 않을 수 없다. 이 버림받은 공간에 갇혀 있는 이 땅의 젊은이가 내일의 역사의 주인공이 될 것이라는 것을 생각하면, 그 내일이 정말 두렵기만 할 뿐이다. 그리하여 이 땅의 어른들은 학교를 믿을 수 없어, 없는 돈 있는 돈 다 털어 자식들을 이 골목 저 골목에 있는 그 '개인 학교'를 찾아다니게 한 것이다.

넷째 요인은 이 땅의 사람들이 지닌 엄청난 삶의 의지이다. 그것을 성취 욕구라고 바꾸어 말해도 좋을 것이다. 이 엄청난 성취 욕구가 어떻게 해서라도 제 자식은 대학에 집어넣겠다는 집념으로 표현된다. 이 성취 욕구는 아마도 우리가 겪은 근세의 모멸스러운 역사 체험으로 얻은 응어리를 풀려는 강인한 삶의 의지인 것 같다. 아마도 이 강인한 삶의 의지가 오늘 이 나라의 살림살이를 그래도 이만큼이나마 꾸려놓게 한 원동력이 된 것은 사실인 것 같다. 우리가 그 끈질긴 집념을 그냥 부정적인 눈으로만 볼 수 없는 까닭도 바로 여기에 있다. 밑바닥에 흐르는 그 상승하려는 욕구, 그 적극적인 삶의 의지는 우리가 북돋우고 키워나가야 할 요소이지 억누르고 침 뱉을 만한 것이 아니기 때문이다. 우리가 앞으로 애써야 할 것은 이 엄청난 삶의 의지를 이 땅의 모든 사람이 다 같이 사람답게 살 수 있는 그 건강한 사회 안에서 제대로 꽃피울 수 있도록 조정하는 일 일 것이다.

우리가 지금 빠져 있는 이 사회적인 수렁에서 빠져나오려면 무엇을 어떻게 해야 할지가 얼마쯤 밝혀진 것 같다. 그것은 바로 위에서 말한 문제의 불씨를 없애거나 고치면 된다. 먼저 말하기 쉬운 것부터 들어보기로 하자.

첫째로 교육투자를 확대하는 것이 시급하다. 정부의 살림을 짜는 사람들은 이제 생각을 좀 바꾸어야 한다. 공교육을 망가뜨려놓아 국민이 짊어져야 하는 그 부담도 부담이려니와 그로부터 일어나는 사회 불균형을 우리가 너무 대수롭지 않게 여겼다는 것을 철저히 반성하지 않으면 안 된다. 투자를 확대하기 위해서 교육세를 신설하든가, 할 수만 있다면 전체 예산의 일정한 비율을 교육에 쓰도록 못 박는 법률을 제정해야 할 것이다. 이와 함께 무형의 투자도 확대해야 할 것이다. 지난 몇 년 동안에 걸쳐서 우리는 교육에 종사하는 일선 교육자를 푸대접하는 것이, 특히 관료사회에서 깊어졌음을 보았다. 교육자를 행정 관료의 손바닥 위에서 놀아나게 한 경직된 교육행정은 한마디로 교육에 대한 무형의 투자가 빈곤했음을 증명해 준다. 교육자로 하여금 긍지를 가지고 교육에 온 힘을 기울일 수 있도록 교권을 확보해 주어야 한다. 이것을 위해서는 우선 일반 행정 관료가 학교의 우두머리로 앉는 현재의 제도를 반드시 뜯어고쳐야 할 것이다. 그리고 사람을 만드는 사람인 교육자가 물건을 만드는 사람인 회사원보다 보수를 적게 받거나 사람대접을 못 받아야 할 이유가 어디에 있는가? 사람이 물건보다 귀하지 않다는 생각이 밑바닥에 깔려 있지 않고서야 어떻게 그런 대접을 할 수 있을까? 이런 불균형을 바로잡지 않고서야 학교가 버림받은 곳이 되지 않을 수가 없다. 사람을 만드는 일이 귀한 일임을 인정한다면 마땅히 그만한 대가를 지불하는 것이 상식에 맞는 일이 아닐까? 우수한 자질을 갖춘 사람들을 학교에 모아 그들을 가르치는 일에 열을 올릴 수 있도록 국가 차원에서 경제적인 투자와 정신적인 투자를 집중해야 할 것이다.

둘째로 사회의 단일적인 가치관의 형성에 크게 이바지하는 임금제도의 개혁이 이루어져야 한다. 현재와 같이 대학 졸업자와 고등학교 졸업자가 받는 초임이 차이가 심하게 나는 형편에서는 사람들이 어떻게 해서라도 대학에 들어가야겠다는 생각을 버리기는 참으로 어려울 것이다. 고등학교 졸업자의 초임과 대학 졸업자의 초임의 차이는 4년이라는 교육 기간만큼의 근무 연한의 차이에 해당하는 임금의 차이로 줄여야 한다. 이렇게 되면 대학을 안 가고 회사에서 4년을 일한 사람과 대학을 졸업한 사람이 받는 임금이 서로 같아지게 될 것이다. 대학을 졸업한 사람과 고등학교를 졸업한 사람의 차이가 하는 일의 내용에 한정되어어야지, 그 인간적인 노력에 대한 근본적인 차별로 나타나서는 안 된다. 모든 사람이 지니는 인간 존엄성에 평등의 원리가 적용되어 임금제도가 반드시 개선되어야 한다.

셋째로 대학입시를 포함한 대학교육제도가 개혁되어야 한다. 현재의 입시제도는 무엇을 줄줄 외우기만 잘하는 사람이 쉽게 들어가게 되어 있으므로 요점 암기를 중심으로 하는 과외 공부가 특효약으로 잘 팔리게 된다. 이에 대비하여 새로운 입학전형 방법으로 응시자의 출신 학교의 지역이나 소득이나 사회계층에 따라 일정한 비율로 배분하여 여러 부분마다 정원을 정하고 그에 따라 학생을 뽑도록 해야 한다. 이것은 지역이나 계층 사이의 불균형을 시정하는 데 크게 이바지할 것이다. 그리고 예비고사는 암기력을 재는 문제는 될 수 있는 대로 없애고 사고력을 재는 문제로 바꾸어야 할 것이다. 이와 같은 시험은 어릴 적부터 여러 가지 책을 많이 읽고 스스로의 사고력을 기른 사람에게 유리할 것이고, 따라서 교과서와 같은 책 몇 권을 요령 있게 외우도록 하는 과외 공부는 쓸모없게 될 것이다. 이와 같은 시험문제 개발을 위해서는 오랜 시간을 두고 시험문제를 연구하고 개발하는 상설 전담 기관을 설립하지 않으면 안 된다. 그리고 여러 대학에서 시행하는 시험은 높은 사고능력을 측정하는 주관식 문제가 되어야 할 것이다. 물론 주관식 시험의 약점은 평가의 객관성이라 할 수 있지만, 이것은 입학의 문을 넓히고 상대적으로 졸업의 문을 좁히는 졸업 정원제를 함께 쓰면 그 약점이 보완될 수 있을 것이다. 또 입학의 문은 대학의 시설에 따라 넓히고 졸업은 국가적인 차원에서의 인력 수급과 학생의 학업 성취도에 따라 결정하는 것이 바람직하다. 이러한 제도는 덮어놓고 들어가기만 하면 거의가 다 졸업할 수 있는 현재의 제도보다는 훨씬 대학의 유인력을 줄일 것이다. 그리고 이것은 대학교육을 더 알차게 하는 데에 크게 이바지할 것이며, 국민학교나 중고등학교의 교육을 정상화시키는 데에 간접적으로 이바지할 것이다.

대학교육을 더 알차게 하고 나아가 민족문화를 자주적이고 창조적이게 하려면 현재의 대학교육제도는 크게 개혁되어야 한다. 현재와 같이 학부 학생을 학과에 소속시켜 거의 한 가지 분야의 학문에만 치우친 교육을 하게 되면 창조적이고 전체적인 안목을 지닌 지성을 길러내기 어렵다. 학부 학생을 학과에 소속시켜 졸업시키는 제도는 제국주의 일본이 물려준 유산에 지나지 않는다. 이 나라의 대학교육제도가 미국 제도라고 믿는 사람들이 많으나 실제로 학부 학생의 학과 졸업제는 미국 제도가 아니다.

응용 분야가 아닌 순수 이론을 따지는 학문의 경우에 학부 학생을 학과에 소속시켜 졸업시키는 제도는 두 가지 방향에서 그 문제점을 지적할 수 있을 것이다.

먼저 학부를 졸업하고 대학원에 진학하여 학자가 되는 경우이다. 잘 아는 이야기이지만 어떤 학문 분야를 조금 깊이 파고들면 곧장 다른 학문 분야와 연결되고 그것은 또 다른 것과 연결되어 있음을 발견하게 된다. 그러므로 우리가 선진국의 학자들이 만들어놓은 이론을 단순히 이해하고 응용하는 것을 넘어서서 '자신이 새로운 이론을 개발할' 수 있으려면 폭넓은 안목을 갖추지 않으면 안 된다. 해방된 뒤로 이 나라의 학문은 외국의 이론을 허겁지겁 수입하여 그것을 배우는 수준에서 크게 벗어나지 못했다. 이러한 학문의 수준을 극복하려면 우선 현재 대학에서 시행되고 있는 교육의 제도가 개혁되어야 하겠다.

다음으로 순수 이론 분야의 학과에 소속되어 졸업하고 사회에 나가는 경우이다. 법률 계통이나 공과 계통이나 의약 계통의 기술 분야가 아닌 일반 사회의 한 분야에서 직업인으로 종사하며 부딪히는 문제는 어떤 하나의 순수학문의 이론만으로 해결될 성질의 것이 아니다. 그것은 여러 가지 분야의 이론들의 도움을 받아 해결되어야 할 복합적인 성질의 문제이기가 쉽다. 관료, 정치인, 언론인, 기업인이 부딪히는 문제는 어떤 하나의 순수학문의 이론으로만 처리될 수 있는 문제가 아니다. 현대는 여러 순수학문의 이론을 폭넓게 이해하지 못하고서는 적절하게 대응하기 어려운 문제들이 사회의 일선에서 일하는 지도자의 위치에 있는 사람에게 부닥치는 것이 사실이다. 대학은 모름지기 이러한 사회의 요구를 채워줄 수 있는 교육적인 장치를 갖추지 않으면 안 된다. 그렇다면 그 새 제도는 어떤 것이어야 할까? 그 뼈대를 다음과 같이 추려볼 수 있을 것이다.

이를테면, 순수학문을 가르치는 분야들을 한데 묶어 문리대학으로 하고, 문리대학의 학부과정은 학과 졸업제를 폐지하고 문리대학에 다니는 학부 학생은 4년 동안 어떤 학과에도 소속되지 않은 채 학생 스스로의 관심에 따라 여러 가지 분야의 과목을 이수하도록 한다. 인문사회계의 경우에는 전체 졸업 이수 학점의 5분의 1에 해당하는 학점을 얻으면 그 분야를 전공 분야로 인정해 주고, 자연계의 경우는 4분의 1이면 인정해 주는 방법도 있겠다. '핵과목 제도'를 두어 현대사회에서 요구하는 전체적인 안목을 가질 수 있도록 현대 학문의 핵심이 되는 이론들의 알맹이를 균형 있게 이수하도록 한다. 이 핵과목은 종래의 교양과목이 지닌 산만하고 피상적인 교과 내용을 지양하도록 새로운 교과목을 개발하여 만든다. 물론 이 핵과목은 여러 분야의 전문가들이 공동으로 상당한 기간에 걸쳐 연구한 것이라야 할 것이다.

이 새 제도 밑에서 인문사회계와 자연계의 순수학문 분야를 공부하여 학부를 졸업한 사람은 현재의 세노에서처럼 어떤 학과를 졸업했기 때문에 취직이 봉쇄당하는 수난은 겪지 않아도 될 것이다. 이렇게 되면 사람을 쓰려는 쪽은 그 사람이 이수한 과목의 내용들을 검토한 뒤에 그 사람이 맡을 일과 관련이 많은 과목을 고루 이수했다는 판단이 서면 그를 채용하면 될 것이다. 그리고 대학에서는 사회의 많은 분야에서 필요한 과목을 수강하는 사람이 늘어날 것이 예상되지만, 강의 내용만 풍부하다면 수강자가 없어 폐강이 되는 강좌는 거의 없을 것 같다. 대학에 남아 학자가 되기를 희망하는 사람보다 사회에 나가 실제 활동에 나서기를 바라는 사람의 수효가 많을 것이므로, 사회와 쉽게 연결되는 분야의 과목을 이수하는 학생이 자연히 많아질 것이고, 대학원에 진학하여 대학교수로서만 수요가 거의 다 채워지는 분야를 전공하는 학생은 적어질 것이다. 이러한 추세는 교육받는 사람의 편에서 보거나 사회의 수요의 측면에서 보거나 온당한 일이 아닐 수 없다. 예를 들어 사회는 A라는 분야를 전공이나 부전공의 형태로 여러 과목 이수한 사람이 한 해에 천 명이 필요한데 대학이 백 명밖에 공급하지 못하여 그 분야는 인력난에 놓여 있다거나, B라는 분야는 대학원을 끝낸 사람으로 교수나 학자로서만 대학이나 연구소에서 한 해에 두 명밖에 수요가 없는데 대학이 200명이나 공급한다면 이것은 참으로 불합리하기 짝이 없는 일이 아닐 수 없다. 실제로 지금의 학부 졸업제는 이와 비슷한 불합리한 요소를 지니고 있다.

여기서 제안하는 제도에 생길지도 모를 불안은 아마도 어떤 분야에 속하는 과목의 강좌의 강의실은 수강자가 넘쳐 터지는데 어떤 분야의 과목의 강좌는 수강자가 없어 아예 문을 닫게 될지도 모른다는 것이다. 이것은 크게 걱정하지 않아도 될 것 같다. 전공에 필요한 학점수를 위에서 말한 대로 이수 학점의 5분의 1이나 4분의 1로 한정하면 나머지 학점은 자기의 흥미에 따라 이 분야 저 분야의 과목을 수강하게 될 것이므로, 비록 전공으로 수강하는 학생이 그리 많지 않은 분야라고 하더라도 강의만 잘한다면 강의실은 비지 않을 것이다. 그뿐만 아니라 소속 학과 제도를 철폐하고 나면 그 소속 학과에 붙어 다니던 명예와 불명예의 딱지도 벗겨질 테니 학생들은 지금까지 가지고 있던 학문에 대한 상품적인 편견의 색안경을 벗어버리고 자기의 지적인 관심과 필요에 따라 모든 분야의 학문에 접근하게 될 것이다. 그렇게 되면 현재는 상품적인 가치 때문에 학생들로부터 푸대접을 받는 학문 분야에도 많은 학생들이 지적인 관심 때문에 몰려들 것이다.

지금까지 순수학문 분야의 경우에 대해서만 이야기했다. 응용 분야나 전문 분야도 마땅히 재정비해야 한다. 공과대학, 약학대학, 간호대학 같은 특수한 대학은 학과로 입학해서 학과로 졸업한다. 이런 분야는 그 전문성 때문에 그렇게 하는 것이 마땅하다. 그리고 의학과 법학의 경우는 대학을 졸업한 뒤에 진학하는 3년제의 대학원 수준의 학교로 승격시켜야 한다. 현재 의과대학은 6년의 과정을 이수하게 함으로써 그 분야에 필요한 어느 정도 만족할 만한 교육을 시키고 있으나, 법과의 경우는 문제가 많다. 법과대학을 지금 대학에 두고 있는 목적은 법조인을 양성하는 것이라고 하겠다. 법조인은 판사나 검사나 변호사로서 사람을 심판하는 엄숙하고도 어려운 일에 종사하는 사람들이다. 우리가 모두 다 아는 바와 같이 현재 법조인이 되는 과정을 보면 대학의 법과에 입학하여 법률 과목을 이수하고 3, 4학년이 되면 사법고시에 응시한다. 사법고시에 합격하려고 안간힘을 다하는 이 사람들은 고시와 무관한 과목에 대해서 관심을 둘 겨를이 없다. 코앞에 닥친 문제는 어떻게 법률 책을 잘 익혀 시험에 통과하느냐에 있기 때문이다. 이런 상황에서 용케 고시에 합격하면 법관의 실무와 연관된 교육을 하는 연수원을 거쳐 판사나 검사가 된다. 심하게 말해서 법조문만 달달 외워서 법조인이 된다는 것은 아무리 생각해도 얼른 이해가 잘 안 되는 일이다. 법조인이 심리해야 하는 문제는 인간의 삶이 뿌리박고 있는 사회의 모든 영역과 얽혀 있기 때문이다. 그럼에도 그러한 모든 문제에 대해 인간이 지금까지 머리를 쥐어짜서 창출해 놓은 학문적인 성과를 대학에서 제대로 교육도 받지 않은 채 법조문만 잘 암기하면 인간의 심판관이 될 수 있도록 마련해 놓은 지금의 제도는 마땅히 고치치 않으면 안 된다. 법과를 대학원 수준의 과정으로 상승 이동시켜야 하는 이유가 여기에 있다.

넷째로 서울로 집중되는 모든 분야의 개발 정책을 지방으로 분산시켜야 한다. 과열 과외가 안고 있는 독소는 불평등의 첨예화에 있다. 불평등은 사회계층 사이에서도 문젯거리이지만 지역 사이에서도 심각한 문젯거리가 아닐 수 없다. 물론 지역 사이의 불평등은 사회계층의 불평등으로 이어지기도 한다. 앞으로 개발 정책은 '지방 우위'로 전환하지 않으면 안 된다. 이런 관점에서 볼 때 권력을 지방으로 분산하는 효과를 지닌 지방자치제는 하루빨리 이루어져야 한다. 나라의 힘의 활력소가 한 군데에 몰려 있어서야 어떻게 건강한 나라가 될 수 있을까? 비록 몸의 심장이 몸의 한가운데 있다고 하더라도 피가 온몸의 어디에든 고루고루 힘차게 흐르지 않으면 우리의 몸이 건강해질 수가 없다. 이 나라는 어쩌다가 좋다고 여겨지는 모든 것들이 서울에 몰려 있으니, 지방과 서울의 이 불균형을 하루빨리 바로잡지 않고서는 날이 갈수록 더 거칠어지는 이 저돌적인 아귀다툼은 그 기세가 누그러지기는커녕 그 열기를 더해 갈 것이다.

다섯째로 단기 대책으로 대학 입학 정원의 재조정, 학군제의 재검토, 각종 자격시험제도의 실시 같은 것을 생각할 수 있다. 학군 안에 있는 학교를 몇 개의 등급으로 나누어 시험을 치러 선택권을 주는 방안도 생각해 볼 수 있을 것이다. 이것은 교육을 학생의 수준에 어느 정도 맞도록 시행할 수 있게 함으로써 현재와 같은 학교교육의 질의 저하를 줄이는 데에 도움이 될 것이다. 각종 자격시험을 실시하는 것은 덮어놓고 대학에 들어가 간판을 얻으려는 경향을 줄이는 데에 도움을 줄 것이다. 더구나 대학의 입학의 문을 넓게, 나가는 문을 좁게 하는 경우에 도태된 학생들에게 새로운 기회를 주기 위해서도 필요할 것이다. 그리고 우리 사회에서 한 정점을 향한 과열 경쟁을 누그러뜨리기 위해서는 '가치의 다원화'를 실현하는 온갖 종류의 제도 장치가 마련되어야 할 것이다. 가치의 다원화가 이루어지지 않은 사회는 소외감과 좌절과 열등의식으로 충만된 음산한 사회가 되지 않을 수 없다. '하나의 가치'가 지배하여 하나의 정점과 연결되는 사회에서는 그 가치에 대한 만인의 경쟁이 치열해지지 않을 수 없게 될 것이고, 또 그 경쟁에서 승리한 사람보다 패배한 사람이 더 많게 될 것이며, 그 수많은 패배한 사람들의 탄식과 좌절의 울음소리가 넘치게 될 것이기 때문이다.

지금까지 다섯 가지 대책을 말했다. 그것들은 현실적으로 실행하기 어려운 것도 아니다. 아무튼 오늘 우리가 치르는 과외 열병은 사회 불균형의 한 징후이다. 평준화 시책은 그 불균형에서 나온 과열을 식히려는 대책이었으나, 자기부정적인 결과만을 낳았을 뿐만 아니라, 한국의 중등교육을 위기로 몰고 온 듯하다. 불균형을 일으키는 요인은 그냥 놓아둔 채겉으로 나타난 불균형에만 손을 댔기 때문에 그 불균형이 다른 쪽으로이동해 간 결과를 낳았을 뿐이다. 과외 문제는 단순한 교육학의 문제가아니다. 그것은 사회구조적인 문제의 한 표현이라고 볼 수 있다. 따라서이 사회구조적인 역학에 대한 근본적인 통찰과 변혁 없이는 우리가 지금당면한 과외 열병은 치유되지 않을 뿐만 아니라 더 심화되어 갈 것이 틀림없다. 그 사회구조적인 차원에서의 근본적인 개혁이란 배분의 정의가 제대로 실현된 평등한 사회, 사람이 모두 자기 나름대로 삶의 보람과 의미를 느끼고 살 수 있는 사회로 변화하는 것일 것이다. 인간이 인간답게 살 수 있는 그런 사회로 변화하기 위해서 이 땅 위에 사는 모든 사람들은 새로운 마음가짐을 가지고 모든 인간적인 노력을 기울여야 할 것이다.

『뿌리 깊은 나무』(1984년 4월)

인문학 연구 활성화 위한 획기적 정책이 요구된다

학술 논문 글쓰기에는 크게 두 가지 종류의 언어가 동원된다. 하나는 자연언어(natural language)이고, 다른 하나는 인공언어(artificial language)이다. 한국어, 일본어, 중국어, 영어, 프랑스어, 독일어 등과 같이 각 문화권에서 사용되는 언어가 자연언어요, 수학, 수리논리학 등에서 사용되는 전문적인 기호체계가 바로 인공언어이다.

자연과학에 속하는 대부분의 학문 영역에서는 인공언어를 동원하여 이론의 뼈대를 구성한다. 이에 반하여 인문학 영역에서는 자연언어를 동원하여 이론을 구성하고 논의를 이끌어간다. 특히 철학이나 문학 연구에 있어서는 정교한 언어의 요리술을 터득하지 않고서는 전문적인 연구 활동을 제대로 수행할 수가 없다.

이러한 사정은 실제로 학자들의 연구 논문 투고 행태에서 뚜렷이 나타난다. 수학 공식을 이론 전개의 핵심으로 삼는 자연과학 논문들은 영어와 같은 외국어에 능통하지 않은 대학원생들도 외국의 저명한 전문 저널에 투고하는 것이 그렇게 어려운 일이 아니다. 외국어를 얼마나 잘 활용하여 좋은 문장을 엮어내는가보다는 소정의 주제에 관해 핵심 논리를 얼마나 잘 전개했는가에 따라 논문 투고의 성패가 가려진다.

이에 반하여 인문학 계통의 논문들은 국제 저널이 발행되는 언어에 능통함이 없이는 핵심 이론을 제대로 전개하는 것이 거의 불가능하다. 사태가 이렇고 보면 인문학을 비롯한 문과 계통의 학자들은 국제 저널에 투고하는 일이 용이하지 않다.

학문 연구 실적에 대한 평가에 따라 교수 개인의 학문적 위치와 그가 소속한 대학의 질적 평가가 이루어진다. 그런데 그 연구 실적은 어떤 전문 저널에 실렸느냐에 따라 달리 평가되고 있다. 국제적으로 높이 인정되는 국제 저널에 실린 논문이 높이 평가되는 것은 말할 것도 없다. 오늘날 한국에서 자연과학 분야의 경우 국제적으로 평가받는 저널에 실린 논문 중심으로 평가가 이루어지고 있다.

인문학 계통의 경우 대부분의 학자들의 논문이 국내에서 발행되는 학술 저널에 투고되고 있는 것이 오늘의 상황이다. 그런데 좀 부끄러운 현실은 투고 논문의 엄격한 심사가 우리나라 특유의 문화인 '인정(人情)과 덕(德)을 존중하는 인간관계' 때문에 제대로 이루어지지 않고 있는 경우가 허다한 게 사실이라는 것이다. 여기에 요구되는 것은 '인정'에 이끌리지 않는 제삼자의 입장을 어떻게 동원하는가이다. 그것이 바로 '국제적인 평가'가 가능하도록 문과 계통의 학술 저널을 개편하는 일이라고 나는 생각한다.

이것을 실현하기 위해서는 정부의 재정적 지원 아래 한국 주도의 국제 저널 창간 사업을 본격적으로 추진해야 할 것이다. 이 사업이 내실 있게 추진되려면 다음의 몇 가지 사항이 필수적이다.

(1) 저널의 편집, 인쇄, 배포 등에 요구되는 일체의 비용을 정부가 지원한다.

(2) 편집진 안에 반드시 외국의 능력 있는 학자들을 포함시킨다.

(3) 저널 매호마다 외국의 저명한 학자의 논문이 실릴 수 있도록 대책을 강구한다.

(4) 한국 학자가 투고한 논문은, 한국어로 쓴 논문들도 1차 심사하여 1차 심사에 통과한 논문들은 정부 지원금에 의해 전문가로 하여금 외국어로 번역하게 한 다음, 외국 학자들을 포함한 최종 심사에 통과한 논문을 게재한다.

지금까지 문과 계통의 경우 주로 '우리끼리'의 평가에 의존하여 정부는 연구비 지원 정책을 펴왔다. 우리나라의 학문과 학자들이 세계무대로 등판해야 될 때가 왔다. 이것을 위해서는 정부의 연구비 지원 정책이 획기적으로 전환되어야 할 것이다.

『인문정책포럼』(2012년 3월)

마구잡이 해외 유학

    서류를 한 지게 잔뜩 지고 3년이 넘도록 관청 문을 드나들어도 그 무슨 '백'인가 뭔가가 없으면 비행기를 타고 외국 유학을 가는 영광(?)을 얻기가 좀처럼 쉽지 않았던 때가 있었다. 6·25를 전후한 1950년대가 바로 그런 때였는데, 유학이라는 말이 그 어느 때보다도 육중한 무게를 지니고 있었던 시절이었다. 그렇기에 유학을 간다는 말이 조선시대 과거 시험에 장원급제를 했다는 말과 비슷한 정서적 반향을 일으켰던 것이 아닌가 한다.

    유학 간다는 것이 이처럼 큰 무게를 갖게 된 것은 유학 가기가 그렇게 어려웠다는 사정에만 그 원인을 돌려버릴 수는 없다. 오히려 그것은 자유당 시절 관가(官街)의 속사정에서 그 원인을 찾을 수 있을는지 모른다. 그도 그럴 것이 자유당 정권 때 이승만 대통령은 외국에 가서 대학 문이라도 좀 드나든 사람이라면 으레 높은 자리를 하나 내주었기 때문이다. 반드시 박사학위를 가질 필요도 없었을 뿐 아니라 아무리 너절한 대학을 다녔다고 해도 한자리하는 데 별문제가 되지 않았다. 그러니 당시 외국에 유학을 간다는 것은 어쩌면 조선시대에 장원급제하는 것보다 훨씬 큰 위력을 지닌 것이 아닐 수 없었다. 한가락 해보려는 사람이면 너도나도 유학을 꿈꾸었던 것은 너무나 당연한 일이었고, '유학 = 출세'의 등식이 사람들의 머릿속에 깊이 새겨지고 말았다.

그러나 유학의 길은 오랫동안 매우 좁은 길로 남아 있었다. 그것이 정부의 정책이었다. 유학 시험과 까다로운 해외여행 허가가 통과하기 매우 어려운 좁은 문이었다.

최근 정부가 취한 일련의 유학 자유화 조치는 그 좁은 문을 아예 철거해 버린 셈이었다. 그러자 너도나도 커다란 여행 가방을 싸들고 해외 유학의 꿈을 안고 최신형 점보기를 타고 양코쟁이의 나라들로 건너가기 시작했다. 예전 같으면 대학을 졸업하고 병역 의무도 마쳐야 하고, 유학 시험에 합격한 후에도 또 무슨 재정 보증이라는 것도 해야 하는 등 갖추어야 할 요건이 많았는데, 이제 그 모두가 거의 철폐된 것이다. 유학을 가고자 하는 젊은이는 외국 대학으로부터 받기가 그리 어렵지 않은 입학 허가서 한 장만 받으면 그 영광스럽고 꿈에 부푼 유학에의 길을 떠날 수 있게 된 것이 오늘의 현실이다.

그래서 너도나도 유학을 떠난다. 돈 많은 부잣집 아들만 유학을 떠나는 것도 아니고, 대학을 졸업하고 난 후 우리나라에서는 배우기 어려운 고등 학문을 연구하기 위해서 유학을 가는 것만도 아니다. 심지어는 고등학교를 마친 후 바로 유학을 떠나는 학생들까지 등장하게 되었다.

이렇게 되고 보니 한국 손님을 맞는 외국 대학의 당국자들은 이 갑작스러운 한국인의 민족 이동(?)에 대해 공포 섞인 의아심을 갖게 되었다. 독일 여행 중에 만난 어느 독일 대학의 당국자로부터 당혹스러운 질문을 받고 나는 얼떨떨한 표정을 지은 적이 있다.

"최근 1, 2년 사이에 한국 학생이 급증하고 있는데, 그 무슨 곡절이라도 있나요? 대학 지망생이 갑자기 늘어나서 한국 대학에는 갈 수가 없어 그러는 것인가요?"

어쨌든 상당히 많은 외국 대학의 당국자들이 이 갑작스러운 한국 유학생의 대거 출현에 대해 갖가지 억측을 하고 있었다.

사정이 이쯤 되다 보니 이미 어려운 좁은 문을 통과하여 공부하고 있던 고참 유학생들 입에서는, 자기네들이 무슨 피해자라도 된 듯이 신참 유학생들의 대거 유입 현상에 대해 한두 마디씩 불평이 쏟아져 나오기도 한다. 과거에는 한국 학생이라고 하면 꽤 우수한 학생으로 인정받을 수 있었는데 이제는 그 좋던 분위기가 다 사라져버렸다는 것이다. 거기다가 "우리는 여기서 장학금을 타거나 또 벌어서 공부함으로써 '없는 나라'인 조국의 돈을 없애지는 않는데, 요새 오는 친구들은 거의 모두가 우리나라에서 달러를 가져다 펑펑 쓰고 있으니 도대체 무슨 꼴이냐"고 핏대를 올려가면서 정부의 여행 자유화 및 해외 유학 자유화 시책을 힐난하기도 한다.

사실 외국이라는 곳을 다니다 보면, 달러 한 푼을 벌기 위해 동분서주하는 무역상사의 최전방 요원들의 노고나, 그보다 더 심한 중동의 열사(熱砂) 속에서 악전고투하는 우리 동포들의 모습을 눈여겨보게 되고, 달러 한 푼 벌기가 얼마나 피 마르는 일인지를 절감할 수 있다. 어찌 그뿐이랴. 한국 땅 안의 노동 현장에서 박봉에 시달리며 땀 흘리는 수많은 근로자들의 고통도 바로 저 달러를 벌어오기 위한 것이 아닌가. 그러니 "그 돈이 어떤 돈이라고 우리가 외국에다 마구 퍼내다 쓰고 다닐 수 있겠는가"라고 목청을 돋우는 젊은이들의 말을 어찌 가볍게 보아 넘길 수 있겠는가.

이 시점에서 유학을 가려는 사람들이 분명히 알아야 할 것이 있다. 이제는 더 이상 '외국 유학 = 박사학위 취득 = 출세'라는 등식이 성립될 수 없다는 점이다. 누구나 무턱대고 외국 대학에 간다고 해서 박사학위 증서가 그냥 손에 쥐어지는 것이 아님은 말할 필요도 없다. 외국에서 공부하고 있는 어느 제자는 나를 만나더니 이런 고백을 하는 것이었다.

"외국에만 가면 귀국하는 여행 가방 속에는 으레 박사학위 증서를 넣어 올 수 있을 것이라고 생각했어요. 그런데 막상 그런 기분으로 외국에 와서 몇 년 동안 공부하면서 느낀 것은 그것이 정말 허망한 착각이었다는 사실입니다. 제가 이곳에 와서 얻은 최대의 수확은 바로 그것이 착각임을 깨달은 것입니다. 이것만으로도 저의 유학은 값어치가 있다고 여기고 저는 곧 귀국하려고 합니다."

자신이 처한 상황을 분명히 깨닫고 그것에 알맞은 행동을 취하겠다고 마음을 굳힌 그 제자의 지혜와 용기에 나는 아낌없는 격려를 보내주었다.

그렇다고 내가 외국 유학을 반드시 박사학위를 얻기 위해서만 가야 하는 것이라고 말하려는 것은 아니다. 내가 확실히 꼬집어 말하고 싶은 점은 '외국 유학 = 박사학위 취득 = 출세'의 등식은 언제나 어디에서나 성립하는 보편적 원리가 아니라는 점이다. 유학을 간다고 해서 누구나 박사학위를 얻어 가지고 올 수 있는 것이 아닌 것과 마찬가지로, 유학을 다녀왔다고 해서 그 무엇으로 모시던 시대는 이미 호랑이 담배 피우던 시절의 옛날이야기가 되고 말았다는 것이다.

또 한 가지 분명한 사실은 외국 대학이라고 해서 무조건 한국의 대학보다 여러 가지 면에서 우수한 것이 아니라는 것이다. 전반적으로 볼 때 한국의 대학 수준이 선진국의 그것보다 낮은 것은 물론이다. 그렇다고 외국 대학이라고 해서 모두 수준이 높은 것은 아니며 한국의 명문대학보다 못한 대학이 외국에도 얼마든지 있다. 또 외국 대학이라고 해서 한국에서 가르치지 않는 것을 가르쳐주는 것도 아니다. 그러니 제대로 생각이 든 사람이라면 무턱대고 눈이 벌개져서 보따리 싸들고 유학을 떠나는 어리석은 짓을 하지는 않을 것이다.

그렇다고 유학 가는 것을 굳이 막거나 반대할 필요는 없는데, 그것은 다음과 같은 이유에서이다.

첫째, 어떤 의미에서든지 폐쇄적인 자세는 장기적인 안목으로 볼 때 한 사회나 국가를 '조무래기'로 만들기 때문이다.

둘째, 대학에 가고자 하는 사람은 많은데 그 모든 사람들을 수용할 수 있는 능력을 갖고 있지 못한 현재의 우리 실정에서는, 비록 박사학위를 목표로 한 유학이 아니더라도 외국에서 대학 과정을 마친다는 것이 그리 나쁠 것이 없다. 특히 프랑스나 독일처럼 대학 등록금을 받지 않는 유럽의 대학에서 공부한다는 것은 장려라도 해야 한다. 그 나라 국민들이 낸 세금으로 운영되는 대학에서 세금도 내지 않는 외국인이 공짜로 공부할 수 있다는 것은 얼마나 좋은 일인가.

셋째, 대학 이외의 기술전문학교 같은 곳으로 공부하러 가는 사람들의 경우도, 우리와 다르거나 앞선 전문 기술을 배워 와서 우리 사회를 창조적으로 발전시킬 수 있는 밑거름이 될 수 있다.

결국 문제가 되는 것은 유학을 위해 많은 외화를 외국에 내다 쓰는 것이 과연 현실적으로 적절한 일인가 하는 점이다. 이 문제는 정말 차분히 계산해 보아야 한다. 외채에 시달리고 있는 우리의 각박한 경제 여건 아래에서는 유학에 투자하는 씀씀이나 그로 인해 얻을 수 있는 효과를, 만약 다른 곳에 그 돈을 사용했을 경우의 효과와 냉정하게 따져보아야 하겠다. 물론 이 문제는 쉽사리 직관적으로 판가름하기는 어려운 문제이기는 하지만 말이다.

이제 우리는 서양 것이라면 똥도 좋다는 식의 '외국병'에 걸려 외국 유학을 가야겠다는 생각을 버려야 할 때가 되었다.

우리의 못된 사회적 병폐 가운데 하나는 이 땅에서 온갖 특혜와 특권을 다 누리며 떵떵거리며 살던 소위 상류층 사람들이 그 엄청난 돈 보따리를 싸들고 혼자 잘 살아보려고 이민이라는 이름을 빌려 외국으로 도피

행각을 벌이는 일이다. 만약 외국 유학을 이런 상류층의 도망치는 방법의 하나로 활용하는 사람이 있다면 이것도 크나큰 사회적 문제가 아닐 수 없다. 다른 나라에서는 이민이란 것을 자기 나라에서 별 볼일 없는 사람들이 새로운 가능성을 찾아 떠나는 '일종의 우수에 젖은 모험'으로 이해하고 있다. 이민을 돈 가진 사람들이 돈 보따리를 챙겨 부자 나라로 도망가는 일종의 사회적 범죄 행위라고까지 할 수 있는 우리의 현실과는 아주 대조적이다.

그렇다고 국가가 이민을 막을 필요는 없다. 또 막아서도 안 된다. 어쩌면 우리는 진짜 맨손으로 이민을 가겠다는 사람들을 위해서는 적절한 지원을 해주어야 할 것이다. 그 점은 유학의 경우에도 마찬가지다. 돈 없는 사람이 맨주먹 하나만 가지고 공부하러 외국에 가겠다고 나선다면 정부가 돕지는 못하더라도 막을 필요는 없는 것이다. 그러나 이 나라에서 온갖 알짜와 노른자위만 빼먹고 다니다가 외국으로 도망치는 사람처럼, 외화나 빼돌려 낭비하면서 그곳에 눌러앉으려고 이곳저곳 기웃거리는 사이비 유학생들 또한 이 사회의 공적으로 규탄받아 마땅하다.

한 가지 덧붙이고 싶은 말은, 이 땅의 이른바 일류 학교에서 선택된 교육을 받고 유학을 떠난 사람은, 공부를 마친 후 다시 돌아와서 조국의 발전을 위해 조금이라도 보탬이 되어야 하는 시민으로서의 도덕적 의무를 결코 저버려서는 안 된다는 사실이다.

나는 몹쓸 '외국병'에 걸려 있는 오늘날의 기생적(寄生的)인 우리 문화가, 우리가 애써 키우고 있는 자생적(自生的)인 문화에 의해서 극복될 날이 그리 머지않을 것임을 굳게 믿고 있다. 마구잡이 해외 유학이라는 한심한 풍조도 결국은 기생적인 문화 현상과 함께 사라져버릴 운명에 처해 있는 과도기적인 현상에 불과한 것이라고 할 수 있겠다.

『한국인』(1984년 4월)

평가와 대학입학정책

요즘 소위 '지역할당제' 입학전형 방법을 놓고 찬반 논쟁이 곳곳에서 벌어지고 있다.

지역할당제를 반대하는 사람들의 논지의 핵심은 두 가지인 것 같다.

첫째는 대학 입학은 점수라는 잣대에 의해 결정되어야 하는데 지역할당제는 엉뚱한 잣대로 입학을 결정하는 제도라는 것이다. 이 제도는 '능력'에 의해서 교육기회를 균등하게 배분해야 한다는 헌법정신에 위배된다.

둘째로 지역할당제는 도시 거주자들을 '역차별'하는 제도라는 것이다. 따라서 그것은 정의(正義)의 원리에 위배된다.

그럴듯한 논지이다. 그런데 우리가 여기서 깊이 생각해 보아야 할 것은 "도대체 교육이란 무엇이며, 사람의 능력이란 무엇인가? 그리고 도대체 제대로 된 정의(justice)란 어떤 것인가?" 하는 물음들이라고 필자는 본다.

옛날 사람들은 학교라는 특정한 장소에서 특정한 시간에, 특정한 교재와 특정한 가르치는 사람(교사)에 의해서, 특정한 절차에 의해 운영되는 제도의 틀 안에서 배우지(교육) 않았다.

공자는 일찍이 셋이 걸어가면 누군가는 나를 가르칠 수 있는 사람(교사)이 있다고 말했다.

선생(先生)이라는 한자가 말해 주듯이 먼저 세상에 태어난 사람이 곧 선생이다. 먼저 태어나서 이것저것 경험을 많이 한 사람은 나중에 태어났기에 경험이 적은 사람에게 가르쳐줄 것이 많다는 말이다.

가르치고 배우는 일은 삶의 현장 모든 곳에서 일어날 수 있다. 세상 사는 일이 곧 가르치고 배우는 과정이라 볼 수 있다. 그래서 옛날에는 농업학교를 졸업해서 농사꾼이 되는 것이 아니라, 할아버지와 아버지 그리고 어머니를 따라다니면서 농사일을 배워 농사꾼이 되었다.

기술자인 장인(쟁이)이 되는 것도, 사업가인 장사꾼이 되는 것도 아버지를 따라다니며 배워 일해서 되는 일이었다. 먼저 태어난 사람들을 쫓아다니면서 삶의 현장에서 귀로 듣고 눈으로 보며 배운 것이다.

우리가 '학교'라 부르는 제도는 그런 배움의 틀을 인위적으로 만들어 놓은 것이다. 그래서 오늘의 학교교육은 삶의 현장으로부터 유리된 매우 추상적이고 형식적인 것이어서 거기서 배운 것 가지고는 현실을 살아가는 데 많은 결함을 지니고 있다는 것이 많은 교육 전문가들이 목청 높여 지적해 온 사항이다. 그래서 어떻게 하면 그 결함을 보충할 수 있을까 하여 여러 가지 현장 체험적 요소를 학교교육에 투입할 것을 제안해 왔다. 도덕적 인성교육을 위해서는 각종의 봉사활동이, 교과서라는 글자에 매인 추상적 지적 학습을 보완하기 위해서는 각종의 현장 체험 교육이, 몸을 지니고 살아가는 인간 삶의 역동적인 숨결을 느끼기 위해서는 여러 가지 형태의 노작교육이, 삶의 다양한 영역에 걸친 공동적 체험을 위해서는 각종의 과외 활동이 그 보완적 교육 장치로 제안되었다. 이른바 선진국의 제대로 된 학교에서는 이러한 각종의 보완적 교육 장치를 총동원하여 학교교육의 결함을 극복하려 하고 있다.

그런데 우리나라의 경우는 어떠한가? 다 아는 바와 같이 '교과서 중심의 암기교육'이 교육의 전부가 되다시피 해온 것이 지난 50여 년의 우리 교육의 실상이었으며, 그런 상황 아래서 평가도 이루어져왔다. 소위 '능력'이라는 것이 바로 이런 매우 추상적이고 제한된 인간의 교육의 일부에 초점이 맞추어진 '시험 점수'로 재단되어 왔던 것이다. 그래서 '점수 기계'란 날까지 만들어졌던 것이다. '점수 기계'란 말은 한마디로 우리의 교육이 얼마나 비인간화된 교육인가를 단적으로 보여주고 있다.

그런 가운데 우리의 대학입학정책은 시행되어 왔다. 그 결과는 한마디로 좋은 '점수 기계'들을 족집게로 잘 뽑아내는 것이 매우 좋은 입학제도란 인식을 이 땅에 너무나 뿌리 깊게 심어놓았다. 그 결과 좋은 '점수 기계'들을 얼마나 많이 모아놓았느냐에 따라 대학의 서열이 매겨졌다. 그것이 이 땅에 '간판' 위주의 학벌 사회를 고착시켜 놓는 데 크게 공헌했다.

오늘 한국에서 벌어지고 있는 온갖 형태의 교육 병리의 근원은 바로 여기에 있다. 그런데 역설적인 것은 여기에 문제의 핵심이 있다고 누구나 입으로 말하면서도 정작 '개혁'을 하려 하면 할 수 없는 기막힌 현실에 우리 모두가 빠져 허우적거리고 있다.

우리 마음속에 깊이 자리 잡고 있는 '능력 = 필기 점수'라는 인식과 '좋은 대학입학제도 = 좋은 점수 기계를 잘 골라낼 수 있는 제도'라는 인식이 우리 교육의 개혁을 계속 발목 잡고 있다는 것이 필자의 판단이다.

사람을 바로 평가한다는 것은 매우 어려운 일임에 틀림없다. 인사(人事)가 망사(亡事)가 되었다는 말이 한때 유행어가 되기도 했지만 사람을 바로 본다는 것(평가한다는 것)은 참으로 어려운 일이다. 사람은 매우 복잡한 존재이기 때문에 어떤 양적인 단순한 잣대로 평가하는 일처럼 위험한 일은 없다.

우리가 지금 가장 먼저 착수해야 할 일은 '능력 = 필기 점수'라는 매우 편협한 생각을 던져버리는 일이다. 그런 다음 학교교육을 교과서 중심의 암기교육을 넘어서서 산 인간의 산 체험의 교육으로 변화시키는 일이다. 그와 더불어 대학 입학도 필기 점수라는 단순한 잣대만으로 학생을 선발하는 입학제도를 던져버리는 일이다. 우리가 선진국이라고 부르는 미국의 소위 '아이비리그 스쿨(Ivy League School)'이라는 명문대학에서는 학생 선발을 어떻게 하는지 배워야 한다. 한마디로 점수는 입학 선발의 여러 기준 가운데 한 가지일 뿐이라는 것이다. 여러 가지의 질적 판단을 요구하는 기준을 세워 소수의 전문가들이 선발의 전권을 가지고 입학 결정을 하고 있다. 만일 이런 제도를 우리나라에 당장 도입하자고 하면 아마도 소송 사태로 이 나라 대학들은 학교 행정의 일대 마비 사태를 맞게 될지도 모른다.

　미국의 유수한 대학에서 흑인 인구에 비례해서 흑인 학생을 인종할당제에 의해서 선발해 온 지 오래라는 사실을 우리가 눈여겨보아야 한다. 자유와 평등을 기치로 삼는 민주주의 나라를 자부할 뿐 아니라, 법의 심판을 신주 모시듯 하는 나라인 미국에서 인종할당제를 위헌이라고 소송을 제기한 일은 벌어지지 않았다. 그뿐만 아니라 대학의 입학 결정에 대해서 법정의 시빗거리로 끌고 다니는 일은 미국에서는 벌어지지 않고 있다.

　그리고 우리가 똑똑히 들여다보아야 할 것은 미국의 대학들이 우리의 경우와 같이 철저하게 서열화되어 있지 않다는 사실이다. 그래서 가령 여러 가지 점에서 뛰어난 고등학교 학생이 우리가 제일로 아는 '하버드대학'에 떨어지고 '윌리엄스대학'에 입학했다고 해서 그 학생이 실력이 없다고 생각하지 않는 것이 상례이다. 그 까닭은 미국에는 좋은 대학이 하버드 말고도 50여 개가 있을 뿐 아니라, 하버드에 들어가는 학생이 제일 우수한 학생이라는 생각을 하지 않기 때문이다. 각 대학은 자기가 설정한 기준에 따라, 소수의 전문가들의 판단에 따라 결정하기 때문에 입학 여부가 한 학생의 능력을 가늠하는 그 무슨 절대절명의 객관적 잣대라고 믿지도 않는다. 미국에는 좋은 대학들이 있을 뿐 우리처럼 뛰어넘을 수 없는 학벌의 서열화란 없다. 따라서 어디에 가서도 자기의 실력을 잘 기르기만 하면 언제든지 그 앞에는 길이 열려 있다.

대학교육은 오늘날 누구나 누릴 수 있는 '보편교육'의 일부로 정착되어 가고 있다. '특별한 사람'만이 가는 과거의 대학교육은 사라져가고 있다.

특별한 예술적 재능을 가진 사람만이 예술가가 될 수 있다. 고도의 지적 우월성을 지닌 사람만이 훌륭한 학자나 연구자가 될 수 있다. 그런 특별한 예술가나 학자를 양성하는 교육은 별도의 교육적 장치가 필요할 것이다. 오늘의 대학교육은 일종의 직업교육이다.

따라서 특별한 지적 혹은 예술적 탁월성을 입학의 핵심적 잣대로 삼을 필요가 없다. 세상에서 요구하는 인간의 능력은 다양하다. 미래 우리의 대학은 이제 점수 기계에 초점을 맞추는 대학입학정책을 전면 수정해야 할 중대한 시점에 서 있다. 그럴 때 우리의 교육은 참된 인간화교육으로 전환될 수 있는 계기가 마련될 것이다. 정의로운 사회는 여러 가지 원인으로 불리한 처지에 놓인 사람들에게 덤을 주는 차등의 원리를 적용하는 사회라고 오늘의 위대한 철학자 존 롤스(John Rawls)는 그의 명저 『정의론』에서 갈파하고 있다. 그럴 때만이 다양한 능력을 지닌 사회 구성원들 모두가 더불어 잘 사는 사회가 이루어질 수 있다. 세상은 어떤 특수한 사람들만을 위해 만들어진 곳이 아니라는 것을 우리는 믿기 때문이다.

『교육광장』(2002년 9월)

대관절 대학이 무엇이길래

한때 '먹고 대학'이라는 말이 있었다. '밥이나 먹고 노는 곳'이 바로 대학이라는 뜻이 그 안에 담겨 있었다. 거기다가 대학을 나와도 '먹고 대학생' 신세가 되기 일쑤였다. 빈들거리며 몇 해 동안 대학 문 안을 드나들다 보면 손에 쥐어지는 것이 '학사'학위증이었으나, 그렇게 해서 그 잘난 학사가 되었다 해도, 일자리 얻기가 매우 어려웠던 그때에는 '학사 곧 실업자'의 등식이 성립하였다. 그리고 보니 대학은 '백수건달' 양성소가 되었던 셈이다.

그리고 그 '먹고 대학'은 '우골탑'으로 불리기도 했다. 그것은 쇠뼈로 쌓아 만든 탑이란 뜻인데, 상아탑이라 부르던 대학을 비꼬아 부르던 말이었다. 그도 그럴 것이 시골 출신이 대학을 다니려면 논이나 소를 팔아 등록금을 마련하여야 했으며, 대학은 학생들이 낸 등록금을 받아 대학 건물들을 지었기 때문이다. '학원 재벌'이란 말이 생겨난 것도 그때부터였다.

이 땅에는 해방 뒤로 비온 뒤에 죽순 돋아나듯이 앞을 다투어 수많은 대학이 세워졌다. 신분사회가 아닌 세상에서 사회적 위치를 위로 옮기는 가장 좋은 방법은 고등교육을 받는 일이라는 믿음이 한국 사람들로 하여금 우골탑을 향해 몰려들게 하였던 듯하다. 교육의 중시는 우리나라뿐만이 아니라 모든 유교 문화의 공통된 특징이라는 지적도 있긴 하다.

그 뜨거운 대학에 대한 열정은 1980년대 초에 정부의 추상같은 금지령으로 묶어버린 과열 과외를 낳기도 하였으나, 그 뜨거운 열정 때문에 한국은 이제 대학생이 인구에서 차지하는 비율이 높기로 세계의 정상권에 속하는 나라가 되었다. 그리고 그러한 고등교육을 받은 풍부한 고급인력 자원은 미래의 후기 산업사회의 밝은 전망을 보증해 주는 중요한 변수라는 지적도 있다. 겨우 마흔 몇 해 안에 이룬 일치고는 매우 놀라운 일이기도 하다.

'먹고 대학'과 '우골탑'이라는 말이 말해 주는 바와 같은 음울했던 시절로부터 학사 징계라는 채찍에 시달리며 최소한의 학점 따기 공부라도 하지 않으면 안 되는, '면학'하는 오늘의 대학에 이르기까지는 그 시간이 비록 마흔 몇 해에 지나지 않지만, 그 우여곡절은 여덟 번이나 헌법을 뜯어고치며 다섯 번째의 공화국이 수립되었으며, 이제 또 헌법을 뜯어고쳐 여섯 번째의 새 공화국이 수립되려는 그 수난의 정치 역사와 맥을 같이하였으니, 우리 대학의 역사는 고뇌와 수난의 역사 그 자체라 하지 않을 수 없다.

1973년부터 가르치는 신분으로 대학에 몸을 담고 있었던 나의 지난 열다섯 해 동안의 삶은 바로 그 아픈 역사 현장 체험의 기록이며, 더 뒤로 돌아가, 내가 대학에 입학하여 3주를 채 넘기도 전에 터진 4·19와 자유당 정권의 몰락은, 배우는 신분으로 대학에 몸담고 있었던 내가 체험한 대학 역사의 현장 경험이었다. 이제 40대 중반을 넘어선 내가 경험했던 대학의 역사는 최루탄과 곤봉과 방패, 그리고 돌멩이와 화염병이 동원되어 이 나라의 형제들의 서로 치고 받는 격전의 역사 바로 그것이었다. 그것은 바로 내가 대학생으로 체험한 역사인 동시에, 내가 대학교수로 관찰하고 경험한 그 역사이다.

그러니 고통의 역사가 아닌 한국 대학의 역사란 나에게 존재하지 않았다. 이제 예순을 헤아리는 나이에 접어든 이 땅의 어른들이 체험한 대학의 역사는 좌우익의 편싸움이 벌어지는 이데올로기 격투의 역사이며, 그보다 조금 나이가 적게 든 사람들이 체험한 대학은 전쟁과 그 폐허의 사이 틈바구니에서 이름만이 겨우 보존되었던 '천막 대학'의 어설픈 모습이었다. 말이 대학이었으니, 요즈음의 아주 너절한 학원이나 강습소가 어디 그 천막 대학보다 못할 수 있을까? 그러니 그 속에서 학생이 공부를 했으면 얼마를 했겠으며, 교수가 연구를 했으면 그 무엇이 신통했을까? 짐작하고도 남음이 있다.

오늘 이 땅에 몸담고 있는 사람으로 대학의 문을 드나든 경험이 있는 사람이면, 위에 적은 이야기는 그리 한갓진 옛이야기가 아니라 자기의 뼈아픈 삶의 기록의 한 부분이 될 터이다. 그리고 오늘 대학의 고민과 고통은 대학인만의 고민과 고통이 결코 아니다. 이러한 사실은 최근 연세대학교 학생 이한열 군의 장례식과 장례 행렬이 웅변으로 증언하고 있다.

이한열 군은 최루탄 파편에 목숨을 잃은 한 대학생이다. 그런데 어찌하여 백만이나 되었다는 학생들과 서울 시민들이 그의 죽음을 애도하여 서울의 중심가를 터지도록 메웠을까? 이 물음에 대한 답변은 오늘의 한국 대학이 당면한 고뇌와 문제의 실체가 무엇인가를 또렷이 보여준다.

그뿐만 아니라, 1960년의 4·19 뒤로 자그마치 스물여덟 해째나 이 나라의 대학이 앓고 있던 지병에 대한 정확한 진단도 저 물음에 대한 답변으로부터 얻을 수 있다.

한국 사람의 연상에서는 최루탄 하면 데모로 연결되고, 데모 하면 대학을 떠올리게 된다. 최루탄, 데모, 대학은 한국인의 사고 속에서는 서로 뗄 수 없는 복합어가 되어버렸다. 그러니 '최데대'라는 약칭 신조어가 나올 법도 하다.

이 땅의 최루탄의 첫 희생자는 물론 이한열 군이 아니다. 마산의 김주열 군이 최루탄의 첫 희생자이며, 그 첫 희생자가 자유당 정권의 몰락을 가져온 4·19 데모를 촉발한 결정적 계기가 되었음은 역사적 사실로 이미 만인에게 알려져 있다.

내가 최루탄의 위력과 실재를 처음으로 체험함 것은 그때 '경무대'로 부르던 대통령 관저로 향하던 4·19 데모대의 행렬 속에 끼어 봉의동을 막 통과하던 그 무렵이었다. 어디선가 총소리가 들린 뒤에 눈이 쓰리고 아프기 시작하더니 눈물과 재채기가 쏟아져 나왔다. 도대체 영문을 몰라 모두 쩔쩔매고 있는데 누군가 최루탄 때문에 그렇다고 말했다. 최루탄의 실재와 위력을 나는 그때 처음으로 몸으로 짜릿하게 배웠다. 그 뒤로 학생과 선생의 지위를 바꾸어가며 줄곧 대학의 울타리 안에서 삶을 영위해 온 나에게 '최루탄이 없는 대학'은 실재하지 않았다. 그것은 오로지 나의 상상의 세계와 희망의 영역에서나 가능할 뿐이었다.

그 사이에 나와 나의 동시대인들은 제3공화국과 제4공화국의 출몰 현장을 목격하였으며, 또 제5공화국의 출현을 목도하였으며, 이제 막 제6공화국으로 바뀌는 것을 눈으로 보려는 시점에 서 있다.

여기서 우리는 '최루탄, 데모, 대학'이라는 복합어와 정권의 출몰 사이에 그 어떤 인과관계가 있음을 짐작하게 된다. 그러나 한때 어떤 사람들은 '공부하기 싫어하는 덜된 아이들'이 공연히 벌이는 철없는 불장난이 바로 학생 데모라고 생각하기조차 하였다. 이와 같은 발상과 진단에 토대를 두고 만들어진 문교부 관리들의 데모 근절 대책이 아마도 '면학 분위기 조성'이었으며 '졸업 정원제'와 같은 것이었는지도 모른다. 그 모든 처방이 실효를 거두지 못했음은 말할 것도 없다. 바른 진단 위에서 하는 바른 처방만이 실효를 거둘 수 있음은 너무나 뻔해 들먹이기조차 진부한 진리이다.

정부 관리들은 문제의 근본 원인이 자신 속에 있음을 애써 보지 않으려 했을 뿐 아니라, 올바른 진단을 내리는 입을 봉쇄하려고 온갖 방법을 다 동원하였으나, 그것은 손바닥으로 하늘을 가리려는 것과 같은 어리석은 짓에 지나지 않았다.

그 사이에 이 땅 위에서 '양심의 소리'를 내질렀던 수많은 사람들이 치른 희생은 이만저만한 것이 아니다. 권력을 쥔 편에 서 있던 사람들이 흔히 간지로 짜낸 '허구의 언어'로 말미암아 이 땅의 언어가 입은 상처도 이만저만한 것이 아니며, 더구나 그 상처 입은 언어로 말미암아 이 땅 사람들의 양심이 입은 상처 또한 이만저만한 것이 아니다. 상처 입은 언어와 상처 입은 양심이 산출하는 것은 세상을 움직이는 대의의 파괴요, 도덕적 원리의 붕괴이다. 대의와 도덕적 원리가 흔들리는 사회에서 질서를 이야기하는 것은 빈말에 지나지 않는다. 모든 질서의 토대는 바로 대의와 도덕적 원리의 건재함이기 때문이다.

저 '허구의 언어'의 창안자들이 종종 빠지기 쉬운 함정이 다름 아닌 '돼지 셈법'의 오류이다. 돼지 셈법은 자기를 늘 빼놓고 셈하는 오류이다. 돼지 셈법은 자기를 객관화하지 못하는 사람이 빠지는 함정이요 오류이다. 독재는 돼지 셈법의 사고가 낳은 정치 형태의 전형이라 할 수 있다. 그리고 정당성이 없는 권력이 애국을 말하는 것도 돼지 셈법의 정치적 표현의 또 다른 한 형태가 된다.

우리 속담에 "똥 싼 년 사설하기"라는 말이 있다. 이것은 돼지 셈법의 사고에 대한 희화적 표현밖에 아무것도 아니다. '똥 싼 년 사설'과 같은 언어가 판치는 세상에 가장 만연되기 쉬운 반작용이 다름 아닌 냉소주의와 허무주의라는 정신의 어두운 그림자이다. "혼자 잘해 보라 하지", "잘 먹고 잘 살아라" 같은 말은 그런 냉소주의를 담뿍 실은 부드러운 언어들이다.

웃기는 소리 하면서, 자기가 웃기는 소리 하는 줄 깨닫지 못하는 것도 바로 '똥 싼 년 사설'의 다른 한 형태라 할 수 있다. 이때 "웃기시네"라고 말하고 돌아서면 그는 점잖은 냉소주의자라 할 수 있으나, 웃긴다는 말조차 하지 않은 채로 입을 꼭 다물고 있으면 그는 침묵을 금으로 삼고 사는 과묵한 인간이라기보다는, 모든 합리적 사고의 무용론을 실천하는 허무주의자라고 해야 옳다.

허무주의가 나래를 드리우기 시작하는 세상은 희망보다는 절망이 고개를 크게 쳐드는 세상이다. 절망이 고개를 크게 쳐드는 세상에서는 아무런 화사한 언어도 설교도 맥을 추지 못한다.

이 땅 위의 대학은 그 허위의 언어를 해부하고 고발하는 '진리의 수호자'로서 소임을 실행하려고 여러 가지 몸짓을 보였으며 목소리를 내질러 왔다고 스스로를 변호하고자 한다. 그렇기에 스스로를 '역사의 순교자'로 자임하기도 하였으며, 새 역사를 선도하는 '선구자'로 자처하기도 하였다. 그러나 이러한 진리의 수호자가 받은 대접은 수난뿐이었다. 그리고 수난을 받은 당사자들은 그 수난을 자신이 역사의 순교자임을 입증해 주는 산 증거로 인식하였으며, 그런 인식은 수난이 심하면 심할수록 용기를 더욱더 불러일으켜 주었다.

그렇기에 고문도 법정의 유죄 판결도 감옥살이도 '젊은 선구자들'의 기를 꺾는 일에 성공하지 못했다. 법정의 정죄는 자기의 죄를 시인하는 사람만을 굴복시킬 수 있다. 법정의 판결만 가지고서는 사람을 참으로 굴복시킬 수 없다. '양심의 판결'이 법정의 판결과 일치하지 않으면, 사람들은 법정의 판결을 조소의 대상으로 여긴다. 양심범은 다름 아닌 법정의 판결에서는 유죄하나 양심의 판결에서는 무죄한 사람들이다.

지난 스물일곱 해 동안에 이 땅의 대학들은 양심범의 양성소가 되어 버렸다. 자식의 대학 입학 소식을 들음과 동시에 희비쌍곡선이 마음에 자리 잡았던 학부모가 이 땅 위에 한두 사람이 아니었던 까닭이 무엇인지 묻지 않아도 넉넉히 알 수 있다. 그렇게 원하던 대학에 자식이 합격했다는 소식을 전해 듣자마자, 전경들과 치고받는 대학생들의 모습과 '닭장'으로 불리는 경찰 연행 버스에 실려 가며 아우성치는 젊은 대학생들의 광경이 눈앞에 떠오르게 되는 것이 오늘 우리가 살고 있는 삶의 세계이다.

제발 자기 자식만은 그런 참혹한 꼴을 당하지 않기를 원한다고 해서 감히 누가 그를 한갓된 이기주의자라고 꾸짖을 수 있을까. 그렇다고 자식이 내쏟아 놓는 진리의 열변을 듣고서, 그 소리 모두 허튼소리라고 일축해 버릴 수 있는 부모가 이 땅 위에 몇이나 되었을까. 하기야, 그런 부모가 더러 있다손 치더라도, 당장 먹을거리 마련을 책임 맡은 부모와 그 책임으로부터 면제되어 있는 자식 사이에 언어가 서로 엇갈리게 되는 것은 너무나 당연한 일인지도 모른다. 오늘의 있음(사실)의 현실적 조건에 관심의 초점을 두지 않을 수 없는 어른과, 내일의 마땅히 있어야 할 것(당위)의 이상적 가능성에 관심의 초점을 두는 젊은이가 서로 똑같을 수는 없다.

세상에 어떤 사람도 늘 어른인 사람은 없으며 늘 젊은이인 사람도 없다. 오늘의 어른도 어제의 젊은이와 아이였으며, 오늘의 아이와 젊은이도 내일의 어른이 되는 것이다. 어른이라고 해서 젊은이를 이해하지 못하겠다고 큰소리치는 것은, 오늘의 내가 어제의 나를 이해하지 못하겠다고 말하는 것과 다름이 없다. 그리고 젊은이가 어른들이 마주 앉아 이야기할 상대가 되지 못한다고 세대 결별 선언을 하고 나오는 것은, 오늘의 내가 내일의 나를 이해할 수 없다고 고집하는 것과 다름이 없다.

사람이 가장 빠지기 쉬운 함정은 '우물 안 개구리'의 사고이다. 사람의 생각이 자기중심적이라는 것은 인간의 어쩔 수 없는 한계라고 하더라도 자기 울 안에 갇혀 자기를 넘어서서 세상을 보기를 거부하는 '자기폐쇄적 태도'는 인간을 독단과 아집의 포로로 만든다. 가장 인간답지 않은 인간이란 다름 아닌 자기를 뺀 인간을 이해하지 못하는 사람이다. 특히 자기와 다른 관점과 처지에 서 있는 사람을 이해하려면 자기의 관점과 처지를 넘어서서, 타인의 관점과 처지에 상상력을 동원하여 자기가 서 보지 않으면 안 된다.

'우물 안 개구리'가 자기폐쇄적 태도를 표현하는 것이라면, '돼지 셈법'은 자기의 꼴 자기가 못 보는 '아맹'이라 할 수 있다. 자기를 객관화하여 볼 수 있는 능력이 바로 지성일진대, 자기를 못 보는 아맹은 비지성적인 태도의 화신이라 할 수 있다. '우물 안 개구리'는 자기 밖의 타인을 못 본다는 점에서 언뜻 보기에 자기 자신을 제대로 보는 지성적 능력을 갖춘 것이라 할 수도 있으나, 자기를 참모습으로 보려면 자기 아닌 다른 존재와의 연관 속에서 볼 수 있어야 하기 때문에, 자기폐쇄적인 우물 안 개구리는 자기를 객관적으로 보는 데까지 이르지 못한다. 모든 사물을 자기 식으로만 보고 자기화하려 한다는 점에서 그것은 반지성적이라 하지 않을 수 없다.

대학이 추구하는 것은 진리이다. 진리는 돼지 셈법의 사고에는 말할 것도 없고 우물 안 개구리의 사고 세계 속에도 드러나지 않는다. 자기의 관점과 관심을 끊임없이 비판하고 넘어서려는(초월하려는) 의지가 없는 곳에 진리의 빛은 비치지 못한다. 돼지 셈법은 위선의 사고이며, 우물 안 개구리는 독선의 사고이다. 위선과 독선은 진리로 인도하지 않는다. 위선은 진리 아닌 것이 진리로서 가장된 것이며, 독선은 진리를 혼자 독점하는 행위이다. 도둑이나 무지한 자가 진리의 깃발을 쳐들고 다니는 것은 위선이며, 남의 이야기를 들어보지도 않은 채로 나의 소리만이 참소리라고 선험적으로 주장하는 것은 독선이다.

대학이 함양하려는 인간의 자질은 위선과 독선을 넘어선 비판적 지성이다. 자기가 감당할 수 없는 소리만을 입가에 내고 다니는 것은 누구나 할 수 있다. 자기 자신을 자기가 말하는 대상에서 제외시켜 자기를 늘 예외적 위치나 초월적 위치에 올려놓는 일은 누구나 할 수 있다. 물론 뻔뻔

스러움이 보통이 아닌 사람이라면 말이다. 이것은 자기를 자기의 언어와 일치시키려는 비판적 지성과는 거리가 멀다. 남도 나와 동일한 지평선 위에 존재하고 있기에 남의 소리도 나의 소리와 같은 논리에 의해 평가되고 비판되어야 한다는 것을 인정하는 비판적 지성은 나의 소리에만 가치를 인정하는 독선과는 거리가 멀다.

비판적 지성은 내가 선 처지와 내가 보는 시각에 특권적인 위치를 부여하지 않는다. 내가 만일에 나에게만 그런 특권적인 위치를 부여할 수 있다고 생각하면, 나 말고도 수많은 타인들도 나와 똑같이 자기의 특권적 위치를 고집할 때 아무런 대책이 있을 수 없게 된다. 세상은 수많은 특권적인 독불장군들로만 충만하게 되며, 그 독불장군의 수효만큼이나 많은 절대 진리들이 우글거리게 된다. 그리고 그 절대 진리들 사이의 갈등과 모순을 해결할 아무런 방도가 없게 된다. 이쯤 되면 입을 열어 떠들어대는 것이면 진리 아닌 것이 없게 된다.

비판적 지성은 자기와 더불어 모든 타자를 동일한 지평선 위에서 비판하고 저울질하는 것이다. 그렇기에 여기서는 나의 시각과 처지도 상대방에 의해 비판되고 저울질되도록 열려 있다. 비판적 지성은 열린 지성이다. 진리는 열린 지성에 드러난다. 그리고 참다운 대학에는 여러 가지 시각들과 입장들이 개방되어 있어야 한다. 이러한 여러 가지 시각들에 의해 모든 논의가 자유롭게 되고 근본적으로 검토되고 평가되는 사유의 광장이 바로 대학이다. 진리는 이러한 자유분방한 사유의 광장에서 그 빛을 발한다.

지난 마흔 몇 해 동안의 대학은 그러한 진리를 향한 사유의 열린 광장이 못 되었다. 가장 주된 원인은 말할 것도 없이 정치권력에 의한 대학의 종속화이다. 그러한 정치권력의 대학에 대한 부단한 간섭과 제재가 대학을 병신으로 만들어놓았다. 요즈음 대학의 자율성에 대한 요구가 소리 높여 외쳐지는 것은 그와 같은 정치권력에 의한 타율적 지배와 종속으로부터 벗어나려는 요청의 목소리의 반영이다.

그 다음의 부차적인 원인으로 지적되어야 할 것은 대학인 자신의 태도라 할 수 있다. 물론 대학인 자신의 참다운 비판적인 열린 지성적 태도를 우리가 여기서 재점검해야 한다고 말하는 것은, 오늘의 상황에서 정치권력의 제재로부터 대학이 자유로워지자마자 곧바로 우리의 대학이 대학 본연의 모습을 갖추게 되지 않는다는 점을 말하기 위해서이다. 오늘의 대학인들이 과연 '우물 안 개구리'와 '돼지 셈법'의 사고를 극복한 비판적인 열린 지성적 태도를 모두 지니고 있다고 볼 수 있는지, 오늘의 대학인들은 겸허하게 점검해 보아야 한다.

대학은 진리의 수호자일 뿐만 아니라, 진리의 발견자이자 창출자이다. 이러한 명제의 빛 아래 조명되는 오늘 한국 대학의 모습은 어떠할까? 지금까지 한국 대학이 온갖 정치 수난을 거듭하며 목이 메도록 소리친 것은 주로 진리의 수호자로서의 역할에 해당된다고 볼 수 있다. 하기야 그 수호자로서의 역할을 우리의 대학이 제대로 수행해 왔는지도 문제이지만, 적어도 우리 대학인의 얼마쯤은 힘이 부족한 대로 진리의 수호자로서 사명을 하기 위해 온갖 번민과 고초를 겪어왔다는 것은 엄연한 사실이다. 그리고 오늘 한국의 대학이 우리의 역사 발전을 위해 무슨 공헌을 한 것으로 치부될 수 있는 것이 있다면, 아마도 맨 먼저 손꼽아야 할 것은 지금까지 진리의 수호자로서 바친 희생과 정열이 아닌가 한다. 박종철 군과 이한열 군을 비롯한 그 수많은 희생자들이 바친 희생과 정열이 그 두드러진 사례로 손꼽힐 수 있을 것이다.

그러나 우리 대학인은 진리의 수호자로서 역할 수행으로 우리의 사명이 모두 완수되는 것이 아님을 다시 한 번 명심해야 할 필요가 있다. 이미 말한 대로 대학은 진리의 수호자일 뿐 아니라, 진리의 발견자요 창출자이기 때문이다. 우리의 대학은 서양의 대학을 모형으로 설립되었을 뿐만 아니라, 논의되는 이론들이 거의 전부 서양의 학문에서 수입해 온 것이 엄연한 사실이다. 다시 말해서 우리의 대학에서 새로 발견해 내거나 창출해 낸 이론이 거의 없다는 사실이다. 이 사실이 우리 대학인에게 말해 주는 것은 무엇일까? 그것은 새 진리의 발견자로서, 새 진리의 창출자로서 우리가 지닌 사명감이 막중하며, 그 사명을 다하기 위해서 더 열정적이고 끈질긴 노력이 우리에게 요청된다는 것이다. 우리가 우리의 역사에서, 특히 근세사에서 뼈아프게 느끼는 것은, 우리의 역사를 우리의 힘으로 주체적으로 성공적으로 이끌어가는 일에 실패했다는 사실이다. 이와 같은 자각은 오늘 우리에게 민족 자주 역량의 노력이 얼마나 절실하게 필요한가를 깨우쳐주고 있다. 그런데 그 자주 역량의 시발은 어디에서 올 수 있을까? 잘라 말하면, 생각의 자주 역량으로부터 민족 자주성의 기틀이 생겨난다고 나는 본다.

인간은 동물임에 틀림없으나, 생각하는 동물이다. 아리스토텔레스는 그 생각하는 힘을 이성이라 하여, 인간을 이성적 동물이라 불렀던 것이다. 사람들 사이의 차이도, 육체적 조건의 차이가 있는 것도 사실이지만, 가장 근본적인 차이를 만드는 것은 생각하는 힘으로부터 나온다고 볼 수 있다. 높은 문화 문명과 낮은 문화 문명, 선진국과 후진국의 차이는 마침내 생각의 역량과 뗄 수 없는 관계를 맺고 있다.

문화와 문명은 사람의 생각의 산물이다. 대학은 바로 그 생각의 힘을 빌려 진리를 발견하며 진리를 창출하는 진리의 산실이다. 대학이 만일 진리의 산실로서 구실을 제대로 못하게 되면, 그런 부실 대학을 지닌 사회와 나라는 다른 사회와 나라에 종속되는 상태를 넘어서기 매우 어려울 것이다.

그러므로 이제부터 대학은 참으로 대학의 본연한 임무에 충실하지 않으면 안 될 것이다. 진리의 산실로서 임무가 바로 그것이다. 그럴 때에만 예속과 종속의 수준을 벗어나 진정한 자주와 자립의 사회를 만들 수 있을 것이며, 그때에만 우리가 자주적인 인간으로 떳떳하게 사람답게 살 수 있는 사회 속에 살게 될 것이다. 그렇기에 오늘의 우리 대학이 이제부터 힘써야 할 것은 자생적 문화의 산실이 되도록 하는 일이라고 나는 생각한다.

『샘이 깊은 물』(1987년 8월)

변혁의 도전 앞에 선 오늘의 한국 대학

1. 상황

오늘의 한국 대학은 변화하지 않으면 내일을 기약할 수 없는 상황에 놓여 있다. 변화는 왜 필요한가? 당면한 역사의 도전에 적절히 대응하기 위해서는 현재의 모습으로부터 탈바꿈해야 한다.

당면한 역사의 도전은 크게 두 가지 차원으로부터 나온다. 하나는 국내의 여건이고, 또 다른 하나는 세계적 차원의 여건이다. 국내 여건은 다음과 같이 말할 수 있다. 한마디로 오늘 한국인의 민생고의 하나는 과열 과외와 입시전쟁인데, 그러한 민생고는 대학교육과 관련되어 있다. 세계적 차원에서의 도전은 새로운 문명의 대전환으로부터 나오는 도전이다. 지금까지 하나의 사회나 국가의 테두리 안에서 이루어져온 인간의 삶이 이제부터는 지구촌이라는 넓은 공간 안에서 경쟁과 협조의 관계 속에서 이루어지게 된다는 것이 그 하나요, 앞으로의 인간의 삶은 지식과 정보가 역사의 추동력을 형성하는 새로운 사회, 새로운 역사 속에서 영위된다는 것이 다른 하나이다. 이러한 두 가지 사항은 우리에게 세계적 차원의 경쟁 능력을 가진 인재 양성을 요구할 뿐 아니라, 고등교육체제의 새로운 혁신을 요청하는 것이다.

이것은 그냥 지나쳐도 되는 그런 도전이 아니다. 이 역사의 도전에 제대로 응전할 수 없는 대학은 그 존립 자체가 크게 위협받게 될 것이다. 그것은 마치 오늘의 경제 위기가 시간만 지나면 해결되는, 그냥 지나쳐 버릴 수 있는 성질의 깃이 아닌 것과 같다. 그것은 모두 우리의 체실과 구조를 바꾸지 않으면 지속적 존재 자체가 어렵게 되는 그런 엄청난 도전이다. 자체 변혁만이 오늘의 대학에 내일을 담보해 줄 것이다. 변화를 거부하는 것은 죽음에로 이르는 길이 될 것이다. 따라서 대학개혁은 오늘의 한국 대학에 주어진 최대의 과제가 아닐 수 없다.

2. 변혁의 방향

지금까지 한국 대학은 정부의 규제 아래 획일적으로, 타율적으로 운영되어 왔다. 앞으로 이러한 획일적이고 타율적인 규제 중심의 운영으로부터 벗어나, 다양한 대학체제로 자율적으로 변화되어야 할 것이다.

자율적 운영은, 첫째로 대학 자체적으로 개발한 다양한 모델에 따라 새로운 대학으로 태어나는 것을 의미하며, 둘째로 각 대학은 대학의 합리적 운영을 위한 새로운 제도적 장치를 도입함과 더불어 그 모든 운영에 대한 공공적 책임을 다하기 위해 진력하는 것을 뜻한다. 그리고 정부는 대학에 대한 규제를 통해 통제를 하는 대신에, 평가를 통한 지원 사업에 헌신하게 될 것이다.

대학의 자율성이 지니는 참된 가치는, 대학이 **국가적 차원의 거시적 안목에서 수행하는 공공적 헌신**을 통해서만 획득된다는 점을 우리는 명심해야 한다. 대학이 소아적(小我的)인 대학 이기주의의 포로가 되었을 때, 대학의 자율성은 하나의 사회적 방종과 무책임, 더 나아가서는 하나의 집단 이기주의가 낳는 무절제한 행동으로밖에 인식되지 않을 것이다. 대학은 최고의 지성의 전당으로서 대학의 위상에 걸맞은 거시적 안목에서 대학 경영을 할 때만 그 자율성은 더욱 존중되며 그 빛을 발하게 될 것이다. 오늘의 한국 대학은 이런 점에서 새로운 각오로 거듭나는 노력을 하지 않으면 안 된다.

이제 자율의 공은 대학의 편으로 넘어가고 있다. 앞으로 한국 대학은 입학전형과 학사운영 그리고 행정 및 재정 운영에 있어서 대학의 위상에 걸맞은 국가 차원의 공공적 안목과 미래지향적 시각에서 새로운 틀을 짜서 실천에 옮겨야 할 것이다. 그리고 국가는 대학에 대해 지배의 자세가 아니라 **봉사의 자세**로 대학의 이러한 변화의 노력을 뒷받침하는 데 정성을 다해야 할 것이다. 따라서 대학과 국가의 관계는 협력과 봉사의 관계로 재정립되지 않으면 안 된다.

3. 개혁의 주요한 틀

1) 입학제도

지금까지 대학의 입학제도는 국가의 획일적인 관리 아래 교과목시험 중심의 총점에 의한 선발이었는데. 이러한 총점주의적 시험 선발은 전 국민을 교과목시험 성적에 의해 한 줄로 세우는 결과를 초래했다. 이러한 선발제도는 우리의 초중등교육을 대학입시를 위한 입시전쟁터로 만들어버렸을 뿐 아니라, 정상적인 인간교육을 저버리게 했다. 또한 이것은 국가의 균형 발전에도 크나큰 장애 요소가 되어왔을 뿐 아니라, 이른바 '과외 망국론'을 이야기하게끔 하는, 교육에 대한 비정상적인 과열을 부채질도 하였다.

총점에 의한 선발은 대학을 명시적으로 서열화할 뿐 아니라, 또한 학문 분야를 서열화함으로써 한 줄 서기 교육을 크게 조장하였다. 이제부터 각 대학이 추구해야 할 것은 자기의 대학의 특성에 알맞은 다양한 학생을 전형하는 데 필요한 다양한 방법을 스스로 개발하고 시행하는 것이다.

여기서 고려해야 할 몇 가지 중요한 사항을 지적하면, 총점주의를 지양하고 다단계 전형의 여러 가지 방식과 각종 할당제를 도입하는 것이다. 할당제 가운데 **지역할당제**는 국가의 균형 발전에 크게 기여할 것으로 사료된다. 그리고 모집 단위 범위를 될수록 넓게 하는 것도 고려해야 할 중요 사항이다.

2) 학사운영

(1) 학사학위 과정

여기서 고려해야 할 중요한 사항은, 첫째로 미래 지식사회가 요구하는 다양한 현장 인력과 학문과 기술을 창조해 낼 수 있는 수준 높은 연구 인력을 양성하는 데 필요한 다양한 교육 프로그램을 마련하는 일이다. 둘째로 다양한 교육 프로그램을 프로그램의 소비자인 학생이 자유롭게 선택할 수 있도록 해야 하며, 미래 지식사회가 요구하는 **다전공**(多專攻), **복합학문**이 가능하도록 학사운영의 틀을 짜야 한다. 이러한 학사운영의 틀을 어떻게 짜느냐에 따라 대학 모형의 다양화, 대학의 특성화가 이루어질 것이다.

비유로 표현하자면 'a la carte', 'set menu', 'buffet style' 등과 같이 고객의 구미에 맞게 식단을 짤 수 있도록 구상해 볼 수 있을 것이다. 'a la carte' 식이 학생 마음대로 전공을 선택하는 식이라면, 'set menu'는 몇 가지 전공 영역을 학교가 연계과정으로 짜서 학생이 그 가운데서 선택하도록 하는 것이고, 'buffet style'은 학생의 설계에 따라 여러 영역의 과목을 선택 조합해서 새로운 복합학문 영역을 전공하는 것이라 하겠다.

오늘 우리나라 대학의 학사운영은 공급자 중심의 매우 경직된 교육 프로그램을 제공하고 있기 때문에 학생이 자기의 적성과 능력에 적합한 교육을 받기 어려울 뿐만 아니라 단일 전공에 그치고 있어서 미래사회에 적합한 틀이라고 볼 수 없다. 그뿐만 아니라, 사회의 다양한 인력 수급에 탄력적으로 대응할 수도 없다. 이러한 새로운 학사운영에 있어서 무엇보다도 매우 중요한 것은 최소 전공 학점제를 전공 분야에 따라 탄력적으로 잘 활용하는 것이다.

(2) 전문대학원 과정

사회의 각 전문 영역에서 중추적인 역할을 담당할 전문 인력의 양성은 지구촌 경쟁 시대에 있어서 어느 때보다도 화급한 일이다. 더구나 앞으로 다가오는 지식정보화 사회에 이들의 양성은 더욱 절실하다.

서구의 선진국들에 있어서 이미 이러한 전문 인력의 양성을 위한 전문대학원 제도는 확고하게 정착되어 있다. 미국의 경우 신학, 의학, 법학은 학부과정을 졸업한 사람이 들어가는 대학 학사 이후의 과정으로서 오래전에 정착되었다. 그리고 새로운 실천학문 영역으로서 언론(신문방송), 경영 등의 분야의 중견 인재를 양성하기 위한 학사과정 이후의 전문대학원 제도가 또한 정착되었다. 그뿐만 아니라 국제 통상 전문가, 지역 전문가 등 새로운 사회적 수요에 따른 중견 전문 인력을 양성하는 전문대학원의 수요가 급증하고 있다.

이러한 사회적 요구에 적절히 대응하기 위해서 상기한 여러 분야의 전문대학원 제도의 도입은 우리가 해결해야 할 현실적 과제로 우리 앞에 다가서 있다.

3) 연구

대학의 기능이 교육에만 한정되어 있지 않다는 것은 너무나 자명한 것이지만, 우리나라에 있어서 대학을 단순한 교육 기능의 차원에서만 바라보는 경우가 허다하다. 대학은 단순한 학교가 아니다. 대학은 진리의 산실이다. 한 나라의 대학이 진실의 산실이기를 포기할 때, 그 나라는 진정한 의미의 자주적인 나라이기가 어렵다. 진리에 무슨 국경이 있는 것은 아니지만, 남의 머리만 빌리는 처지에 있는 나라가 제대로 된 나라일 수는 없다. 더욱이 국경은 없어져도 지적 소유권은 강력하게 주장되는 세상에서 지적 소유권을 별로 주장할 것이 없는 나라의 사람이 세계에 나가 얼굴을 들고 살기가 어려울 것이다.

대학의 연구 능력은 한 나라와 사회의 질을 평가할 수 있는 척도요, 국가경쟁력의 핵심 요소이다. 이런 점에서 볼 때, 한국의 대학은 갈 길이 아직 멀고도 멀다. 연구를 촉진시키기 위해서는 무엇보다도 정부의 재정 지원이 필수적이다. 연구비의 지원뿐 아니라, 연구에 필요한 도서와 정보가 모든 연구자가 쉽게 접근할 수 있도록 마련되어야 한다. 이 점에 있어서 우리의 대학은 너무나 빈약한 상태에 있다.

또한 대학의 연구 기능을 촉진시키기 위해서는 교수의 인사에 있어서 능력에 대한 엄격한 평가가 선행되어야 한다. 이러한 점도 우리 대학은 낮은 수준에 머물러 있음을 솔직히 인정하지 않을 수 없다. 이것을 시정하기 위해서는 무엇보다도 대학에 대해 정부가 지원을 함에 있어서 하드웨어보다는 소프트웨어 중심으로 대학을 평가하여 차등 지원 정책을 써야 한다,

대학 지원에 있어서 하드웨어에 치중한 평가를 봉해 차등 지원할 경우 빈익빈 부익부의 결과를 초래하기 쉽다. 대학의 교육 프로그램과 교수의 연구 업적과 같은 소프트웨어에 대한 평가를 통한 대학 지원 정책

은 교육과 연구의 질을 제고하는 데 크게 기여할 뿐 아니라, 대학의 인사 비리를 해소하는 데도 크게 기여할 것이다. 한마디로 표현해서 교수가 '황금알 낳는 암탉'이 되도록 하는 재정 지원 정책을 정부가 구사하는 것은 대학의 질을 높이는 데 결정적인 관건이 될 것이다.

이러한 교수의 연구 업적에 대한 평가가 제대로 이루어지기 위해서는 국제적 수준의 평가 장치가 마련되어야 할 것이다. 한국 주도의 국제 학술지 지원 정책은 그러한 장치를 마련하는 하나의 좋은 수단이 될 것이다.

4) 행정 및 재정 운영

두말할 것도 없이 대학은 기업과 같은 영리 목적의 기관이 아니다. 인재 양성과 연구라는 공공의 목적을 수행하는 공익기관이다. 따라서 대학의 운영은 공공성의 이념에 맞게 이루어져야 한다. 효율성은 말할 것도 없고 투명성과 공정성이 그 운영에 있어서 확보되어야 한다.

한국 대학의 다수를 차지하고 있는 사립대학들에 있어서, 주지하는 바와 같이 공공성에 대한 논란이 끊임없이 제기되어 왔으며, 그것이 오늘의 사립대학 분규의 중요한 원인이 되어왔다. 또한 국립대학의 경우는 무엇보다도 그 운영에 있어서 낮은 효율성이 문제로 지적되어 왔다. 대학의 행정 및 재정 운영이 신통치 못할 때 교육과 연구가 제대로 이루어지기를 기대할 수 없을 것이다. 국민의 혈세로 지탱되고 있는 국립대학의 운영이 제대로 되기 위해서는 국립대학의 행정 및 재정이 책임경영제로 전환되어야 한다. 인사와 재정이 총괄 배정될 뿐 아니라 이것을 위해서는 특별회계 독립채산제의 도입이 요청된다. 그렇게 함으로써 총장이 전적으로 운영의 결과에 책임을 지도록 해야 한다. 이를 위해서는 총장 선임제도의 합리적 개선과 함께 대학 경영 평가제도의 정착이 필요할 것이다.

그리고 사립대학에 있어서는 지금까지 고질적인 문제로 지적되어 온 점을 시정하기 위한 새로운 대안이 모색되어야 할 것이다

4. 맺음

영원한 제도란 없다. 모든 제도는 새로운 역사적 조건과 인간의 요구에 의해 수정되고 또한 새롭게 태어난다. 대학의 제도도 마찬가지다. 서양에 있어서 대학은 애당초 지배계급의 교양교육과 학자 양성을 위한 상아탑으로서의 대학으로 탄생하였다. 그것이 다시 100여 년 전부터 농공상에 종사하는 산업인력의 지도적 인물을 양성하는 기능을 수행하는 대학인 미국의 주립대학, 독일의 '호흐슐레(Hochschule)' 등과 같은 새로운 유형의 대학이 출현하였다.

우리나라의 대학은 일본 식민지 통치 하에서 유럽의 전통적인 상아탑 대학의 모형을 지닌 경성제국대학이 세워졌으며, 그것이 해방 후 미군정 시대에 국립 서울대학교로 탈바꿈하였는데, 이것은 미국의 주립대학과 유사한 형태의 대학이다. 그 후 한국의 여타 대학들은 이러한 서울대학교의 모형과 동일한 대학의 모습을 갖추고 나타났다.

21세기는 지식사회, 정보사회라는, 지식과 정보가 사회의 원동력인 사회가 될 것이라고 많은 사람들은 예견하고 있다. 이러한 정보화 사회에서는 오늘날의 대학 졸업자들이 수행하고 있는 직업과 유사한 직업만이 존속하고 그 이외의 대부분의 직업이 소멸할 것이라고 예견하는 사람들이 있다.

한 가지 우리가 쉽게 예견할 수 있는 것은, 지식과 정보가 사회 운영의 추동력이 되는 사회에서는 지식과 정보로부터 도출되는 기술을 익힌 사람들이 인구의 대부분을 구성하게 될 것이라는 사실이다. 이것이 함

축하는 것은 적어도 대부분의 사람들이 어느 정도의 고등교육을 받게 되리라는 것이다. 말하자면 고등교육이 만인의 보편교육이 되는 세상이 머지않아 닥쳐오리라는 것이다. 그뿐만 아니라 정보화 사회에서는 지식과 정보의 생산 유통의 주기가 짧아짐으로 인해서 각종 직업의 생성과 소멸의 주기도 매우 짧아지게 될 것이 예견된다.

이러한 상황 아래서 성공적으로 살아가기 위해서는 새로운 지식과 기술을 끊임없이 재충전하지 않으면 안 된다. 따라서 미래사회에 있어서 교육은 평생교육이 될 것이다. 미래 사람들은 '평생고등교육 사회' 속에서 살게 될 것이다.

이것을 위해서는 전통적인 교육, 전통적인 학교 개념을 근본적으로 변화시킨 새로운 교육, 새로운 학교가 등장하지 않으면 안 된다. 그것은 다름 아닌 정보화의 첨단 기술을 동원한 새로운 교육체제의 실현이다. 그것은 바로 언제 어디서나 자기가 원하는 교육을 받을 수 있는 **열린 평생학습** 사회를 의미한다.

역사의 도전에 제대로 응전할 수 있는 준비를 한 개인과 나라만이 역사의 앞자리에 설 수 있다는 것을 우리는 역사로부터 배웠다. 오늘 한국의 대학은 이러한 역사의 교훈을 마음에 새기면서 오늘의 이 엄청난 역사의 도전에 직면하여 변화를 향한 새로운 발상과 실천에 온 힘을 기울여야 할 것이다.

(1998년 5월 22일)

'대학병' 환자들

또 입시철이 다가왔다. 우리나라처럼 대학 입학 경쟁이 뜨거운 나라도 세상에 없는 것 같다. '입시전쟁'이니 '입시지옥'이니 하는 언어가 오늘 우리의 실상을 잘 말해 주고 있다.

해마다 대학을 가고자 하는 젊은이는 많건만 그 가운데 4분의 1 정도만 대학의 문을 들어선다. 지금 이 땅에는 '대학을 가야만 산다'는 대학 지상주의가 만인의 신앙처럼 되어 있다. 천당에 대한 믿음보다도 대학에 대한 신앙이 더 보편적인 나라가 바로 우리나라이다. 우리는 모두 대학교(大學敎)의 독신자(篤信者)라고나 해야 할까.

어찌 보면 이보다 더 좋은 믿음(신앙)이 또 어디 있을까 싶기도 하다. 자연자원도 신통치 않은 나라에 인간자원, 그것도 고등교육을 받은 인간자원이 많은 것처럼 다행스러운 일은 없기 때문이다. 어떤 후진국들에서는 돈을 주어가며 학교에 가라고 나라가 권장해도 좀처럼 가려 들지 않아 골치를 앓는 곳이 있다 하니, 우리나라는 그에 비하면 얼마나 다행스러운가도 싶다. 없는 돈 있는 돈 다 털어 오직 자식교육 하나 시켜보겠다고 온 국민이 열에 달아오르고 있으니 말이다.

그런데 문제는 '너무 많다'는 데 있다. 현재도 대학 졸업자가 직장을 구하지 못해 허덕이는 판인데, 현재 대학을 가고자 하는 모든 사람을 모두 대학에 입학시켜 졸업을 시킨다고 할 때 벌어질 엄청난 상황은 상상하기조차 두렵다.

세상에는 여러 가지 일거리들이 있다. 그 여러 가지 일거리들을 고루 잘해 내야 사회가 원만히 돌아갈 수 있다. 대학 졸업자가 할 수 있는 일거리는 그 많은 일거리들 가운데 일부분에 지나지 않는다. 대학 졸업자 일꾼들만 가지고는 사회를 제대로 운행해 갈 수 없다. 이것이 오늘 우리가 살고 있는 세상의 구조이다.

그러므로 '대학에 들어가야만 산다' 대학교(大學敎) 신자들이 이 땅에 가득 차 있다는 것은 결코 다행스럽기만 한 일일 수가 없다. 그것은 이 나라를 엄청난 갈등의 도가니로 들끓게 하는 중요한 원인으로 작용하고 있기 때문이다. 대학교(大學敎)는 일종의 사이비 종교이다. 그것은 우리 모두를 구제하기보다는 갈등과 파멸로 인도하는 데 크게 기여하기 때문이다.

오늘 우리에게 필요한 것은 가치다원주의(價値多元主義)이다. 여러 가지 일거리들이 모두 자기 나름의 고유한 특성과 고유한 가치가 있다는 믿음이 바로 그것이다. 대학 졸업자가 맡은 일거리만이 쓸모가 있고 가치가 있는 일이 결코 아니다. 사람은 먹지 않고는 어느 누구도 살 수 없다. 그런데 그 먹이를 생산해 내는 사람들이 농부요 어부이다.

농부와 어부가 하는 일거리처럼 우리의 생명과 직결된 일은 없다. 세상에 생명보다 더 귀한 것이 없으니, 그 생명을 유지하기 위해 절대로 필요한 먹이를 생산해 내는 일거리보다 더 소중하고 가치 있는 일이 있을 수 없다. 우리가 이 너무나 평범한 진리를 망각하지 않는다면, '대학에 가야만 산다'는 저 믿음이 옹졸한 편견이며 하나의 옹고집에 불과하다는 것을 분명히 깨달을 수 있을 것이다.

이러한 가치다원주의의 관점에서 볼 때 오늘 이 땅의 교육제도는 크나큰 문제를 지닌 제도라고 평가하지 않을 수 없다. 한마디로 말해서 가치의 획일화를 부추기는 데 크게 기여하는 제도적 측면을 가지고 있다.

우선 고등학교 수준을 보면, 대학에 들어가지 못하는 4분의 3이라는 절대다수의 젊은이들이 사회에 제대로 진입할 수 있게 하는 교육적 장치가 매우 부실하다. 한마디로 대학에 들어가는 4분의 1에 해당되는 학생들을 위한 들러리 인생 취급을 받는 게 오늘의 현실이다.

오늘 길거리에서 방황하다가 급기야 범죄까지 저지르는 사태가 하나 둘이 아닌 이 심각한 사회적 병리 현상의 밑바닥에는 아마도 우리의 교육제도의 부실도 큰 몫을 차지하고 있을 것이다. 요즈음 우리나라 강력범의 40%가 청소년이라는 통계의 뜻을 우리가 심각하게 읽을 수 있어야 한다. '대학은 가도 좋고 안 가도 좋다'는 가치다원주의 철학이 이 땅의 사람들의 마음속에 뿌리내릴 수 있으려면, 대학을 가지 않는 대다수의 젊은이들이 사회에 즐거운 마음으로 진입할 수 있게 해주는 교육적 장치가 마련되어야 하며, 그와 함께 임금 문제를 포함한 여러 가지 사회적 장치도 아울러 마련되어야 한다.

가치다원주의의 관점에서 볼 때 대학입시제도 또한 문제를 지니고 있다. 한마디로 말해서 모든 대학이 동일한 기준과 잣대로 학생을 선발하도록 규정하고 있는 정부 방침이 문제이다. 이제까지의 대학입시는 하나의 잣대로 학생들을 서열화하고, 학교를 서열화하고, 학문과 학과를 서열화해 놓았다. 그 서열에 의해서 모든 것이 결정된다. 이 얼마나 엄청난 획일주의의 횡포인가.

가치다원주의를 대학교육에서 구현하기 위해서는 대학마다 다른 기준에 의해서 학생을 선발하고, 거기에 알맞은 다양한 교육 프로그램에 의해 교육을 할 수 있는 제도가 마련되어야 한다.

이런 점에서 새로 제안된 입시제도는 어느 정도의 개선이 모색되고 있으나, 아직도 가치다원화를 위해서는 너무나 거리가 멀리 떨어져 있다.

그리고 새로 제안된 대학입시제도와 관련해서 한 가지 지적해야 할 중요한 점이 있다. 한마디로 말해서 입시의 불확실에서 오는 불안과 투기 심리를 해소해 주어야 제대로 된 입시제도라 할 수 있는데, 새로 제안된 대입제도도 그렇지 못하다는 점에서 근본적인 결함을 지니고 있다.

말하자면 자기 실력에 어느 정도 상응하는 대학에 들어갈 수 있도록 제도가 보장해 줄 수 있을 때 투기적 불안을 해소할 수 있다. 우리가 소위 선진국이라 부르는 나라의 대학입학제도는 바로 그러한 투기적 불안을 해소해 주는 장치를 마련해 놓고 있다. 복수지원제도가 바로 그것이다.

복수지원제도는 비단 제 실력에 어느 정도 상응하는 대학에 입학할 수 있도록 보장해 주는 데 필수적인 제도일 뿐 아니라, 대학마다 각기 다른 기준에 의해 학생을 선발하고 교육하는, 교육에 있어서의 가치다원화를 위해서도 요구되는 매우 중요한 사항임은 말할 것도 없다.

인간의 고통이 과도한 욕심, 탐욕에 그 뿌리가 있음을 인식하고 탐욕을 줄임으로써 우리는 고통의 짐을 덜 수가 있다. 또한 우리의 고통이 우매한 머리로 짜놓은 제도의 틀로부터 발생한다는 것을 인식하고, 새로운 틀을 고안해 냄으로써 우리는 고통을 줄일 수 있다.

『조선일보』(1989년 12월 5일)

대학의 본질

1.

　인간은 제도를 만드는 동물이다. 인간이 변화하는 역사세계 안에 살면서 부딪히는 문제 상황에 대처하기 위해 마련해 놓는 장치가 바로 제도이다. 하나의 제도가 지닌 본질이 무엇인가 하는 물음은 하나의 제도가 일정한 역사적 상황 속에서 어떤 기능을 수행해야 하느냐 하는 물음에로 직결된다. 우리가 무엇의 본질을 논의한다고 하면, 흔히는 그것의 불변하는 속성이 무엇인가를 논의하는 것으로 생각한다. 그러나 우리가 이야기하려는 대학의 본질은 그런 것이 아니다. 대학은 하나의 사회적 제도이기 때문이다. 그러므로 대학의 본질이 무엇인가 하는 물음은 오늘의 역사적 상황 속에서 대학이 수행해야 할 기능(혹은 과제)은 무엇인가 하는 물음에 지나지 않는다.

　대학의 본질이 무엇인가? 이 물음에 대한 가장 간단한 대답은 이것이다. 진리 탐구(학문 연구)와 교수(가르치는 일)를 담당한 사회 속의 한 제도이다. 이것은 예부터 외쳐온 대학의 자기 호칭이었다. 우리가 오늘 가지고 있는 대학은 과거 유럽의 전통사회에 그 뿌리를 두고 있다. 그 전통사회 안에서 대학이 지니고 있던 기능이 곧 현대사회 안에서 대학의 그것이 될 수 없을 것이다. 대학이 진리 탐구와 교수를 본질로 한다고 하지만, 진리 탐구와 교수의 내용과 대상에 상당한 변화가 생겼기 때문이다. 그리고 사회구조에 있어서 근본적인 차이가 있다.

과거 전통사회가 농업경제를 토대로 한 귀족 중심의 사회라 한다면, 현대사회는 과학기술의 힘을 빌린 산업사회요, 모든 인간이 똑같이 존중되는 대중 민중 사회이다. 과거의 대학이 그 당시의 역사의 중심 세력에 봉사하는 사회적 장치였기에, 그것은 자연히 사회의 엘리트의 지적 향상을 도모하는 교양교육과, 승려와 법률가와 의사를 양성하는 전문교육에 치중했다. 그러나 현대사회는 과거의 전통사회에 있어서 밑바닥에 놓여 있던 일반 서민층이 인간으로서의 제자리를 찾아가는 시대요, 고도의 기술과 합리적인 조직 체계를 지닌 복잡한 사회이기에, 여기에서 어떤 직업을 갖는다는 것은 고도의 전문적 지식과 기술을 필요로 하게 된다.

따라서 단순한 인문적 교양을 갖추는 것만으로는 현대사회에 있어서 충분한 교육이 될 수는 없게 되었다. 여기서 우리는 과거의 전통적 대학이 담당했던 역할에 상당한 수정을 가하지 않을 수 없는 현대적 상황을 발견하게 되는 것이다.

2.

대학의 본질은 학문 연구와 교수를 통해 역사 창조에 이바지하는 데 있다. 그런데 학문 연구는 크게 두 가지로 나누어볼 수 있다. 첫째는 사실의 구조가 어떻게 되어 있는가를 설명하는 작업이다. 그런데 설명의 대상이 되는 사실세계는 사회적 실재와 물리적 실재로 나누어볼 수 있다. 전자를 연구하는 것이 인문사회과학이요, 후자를 연구하는 것이 자연과학이다.

둘째로 학문이 제기하는 물음은 무엇이 인간에게 바람직한 것인가 하는 지표 설정의 작업이다. 이것은 다름 아닌 가치의 문제요, 이념 설정의 문제이다. 개인과 집단에 바람직한 것, 이상적인 것, 선한 것, 옳은 것이 무엇인가를 다루는 윤리학, 사회철학, 정치철학과 같은 작업이 여기에 속한다.

우리는 대학의 연구 대상을 이렇게 한마디로 요약할 수 있다. 인간을 포함한 모든 존재세계가 어떤 구조로 되어 있으며, 그러한 세계 안에서 사는 인간에게 가장 바람직한 개인의 삶의 형태는 무엇이며, 그러한 개인들이 가장 알맞게 살 수 있는 사회조직은 어떻게 이루어져야 하는가를 밝히는 것이다.

대학은 이러한 학문 연구를 할 뿐 아니라 그러한 연구에 의해 얻어진 지식의 체계를 새로운 세대에게 전수하는 작업을 담당하고 있다. 이것이 바로 교수이다. 오늘날 대학이 수행해야 할 교육은 크게 세 가지이다.

첫째는 학문의 계승을 위한 학자 양성 교육, 둘째는 고차적인 종합적 판단력을 지닌 지성을 함양하는 전인적 교육, 셋째는 전문 직업에 필요한 지식과 기술을 습득하게 하는 전문 직업교육이다. 전통적 대학에 있어서는 셋째 범주에 해당되는 교육은 승려와 법률가, 의사를 위한 교육에 한정되어 있었다. 첫째 범주에 속하는 학자가 되기 위해 교육을 받는 사람 이외의 일반 학생들은, 종합적인 판단능력을 지닌 높은 지성의 함양을 목표로 교육을 받았다. 그리하여 전통사회의 대학에서는 셋째 범주에 속하는 전문적 직업교육은 극히 한정되어, 신학부, 의학부, 법학부에서만 실시되었다. 이 이외의 분야에서는 전문적 직업교육이란 거의 문제시되지 않았다.

따라서 전통사회에서 대학교육의 기능은 폭넓은 인식과 종합적 판단력을 지닌 지성인을 함양하는 데 있었다고 봄이 옳다. 그러나 현대사회에서는 대학이 그러한 지성인을 양성하는 것만으로는 만족할 수 없게 되었다. 현대사회 자체의 내적 요구에 의해 대학의 기능에 수정이 요청되는 것이다. 그것이 다름 아닌 산업사회, 조직사회에 필요한 고도의 기술과 전문적 지식을 가르치는 전문 직업교육이다. 현대사회에 있어서 대학은 학생들에게 폭넓은 인식과 종합적인 판단력을 지닌 지성의 함양을 도모하는 기본교육과 동시에 어떤 특정한 분야에 필요한 전문적 지식과 기술을 습득하게 해야 하는 이중적 과제를 지니고 있다.

고차적인 지성인을 함양하기 위한 교육은 인간이 문제 삼을 수 있는 모든 현상에 관한 전반적인 이해와 통찰을 통해서만 가능하다. 따라서 그것을 위해서는 제 현상의 기본적인 성격과 구조를 설명하는 기본학문(basic sciences)에 대한 이해를 하지 않으면 안 된다. 그러므로 대학이 수행해야 할 첫째 과제는 학생들에게 기본학문에 대한 교육을 제공하는 것이다. 전문 직업에 필요한 지식과 기술은 응용학문(applied sciences)의 학습을 통해 습득된다. 응용학문은 어떤 특정한 목적을 위해 기본학문의 이론들을 결합하여 구성해 낸 실제적 이론들이다.

따라서 대학의 학부 4년을 통해 학습해야 할 것은 기본학문들에 대한 전체적 이해와 어떤 특정한 응용학문에 대한 이해라고 요약할 수 있다. 이 두 가지 교육이 제대로 이루어졌을 때만 현대사회 안에서의 대학교육의 기능이 제대로 충족될 것이다. 물론 학문 자체의 연구에 종사할 학자 양성 교육은 학부 4년의 교육으로는 어림도 없음은 너무나 자명한 일이다. 학문에의 본격적인 수업은 대학원 수준 — 석사과정과 박사과정 — 에서 이루어지기 마련이다. 따라서 학부 4년 과정에서 어떤 한 가지 분야의 학문 연구에 집착하려는 것은 가소로운 일이 아닐 수 없다.

어떤 특정한 학문 자체에 대한 깊은 연구는 다른 인접 학문에 대한 폭넓은 이해 없이는 도저히 불가능하다. 인간의 학문치고 완전히 다른 학문과 유리된 독자적인 학문은 존재하지 않는다. 학문의 분과화는 하나의 실제적 편의상 만들어진 것이요, 결코 이론적인 독립성을 뜻하는 것은 아니다. 그러므로 학문 자체를 연구하는 학자 양성 교육도 학부 4년 동안은 기본학문들에 대한 폭넓은 교육을 토대로 해서만 성공을 거둘 수 있다. 우리는 과거 역사상에 나타난 위대한 학자들의 교육 배경에서 그것을 너무나 뚜렷이 읽을 수 있다.

3.

그러면 이러한 현대사회에 있어서 대학이 수행해야 할 과제에 비추어 오늘 한국사회의 대학의 모습은 어떠한가? 다 아는 바와 같이 종래 한국의 대학은 학부 학생들을 일정한 학과에 가두어놓았다. 그런데 이러한 교육제도가 노리는 것이 무엇인지 분명치 않다. 아마도 사회에 진출할 사람에게 전문적인 지식과 기술을 습득하게 하자는 데 그 목적이 있는 것 같다. 물론 그 목적은 어느 정도 달성될 수 있으리라고 본다. 그러나 대학이 이렇게 되면 단순한 직업훈련소로 전락하기 마련이다. 고차적인 지성의 함양이란 아랑곳없게 됨은 너무나 뻔하다. 대학이 지성의 전당이란 말은 한갓 헛된 구호에 지나지 않게 된다.

대학은 회사에 부설된 직업양성소의 위치밖에는 점유하지 못한다. 높은 지성의 함양이란 어느 특정한 한 가지 분야에 대한 기술적인 지식의 습득에 의해 이루어지지 않기 때문이다.

그러나 가만히 생각해 보면 학부 학생을 어떤 특정한 학과에 묶어놓는 것은 직업교육도 제대로 되지 않음이 드러난다. 공장이나 회사에서 필요로 하는 지식이나 기술을 가르치지 않는 학문에 속하는 어떤 학과에 묶어두는 것은 도대체 무엇을 하자는 것일까? 학자 양성을 위해서일까?

그 많은 사람들을 다 흡수할 대학이나 연구기관도 없거니와 그 모든 학생이 다 학자가 될 수도 없는 게 사실이다.

더구나 앞에서 지적한 바와 같이 한 학문 이외에는 전연 모르는 사람이 그 학문을 크게 발전시킬 이론을 만들 수 없다는 점을 감안할 때, 학부 학생을 한 학과에 묶어두는 것은 무엇을 노리는 제도인지 정말 알 수가 없다.

이러한 나의 지설에 대해 어떤 사람은 이렇게 응수할는지 모른다. 대학의 하급 학년에서 실시되는 교양과목의 교육은 바로 위에서 지적한 결함을 보완하기 위해 설치된 장치라고. 그러나 솔직히 말해서 우리의 대학의 내부를 잘 아는 사람이면 그 형식적 장치가 무슨 구실을 하고 있다고 말할 수 있을 것인가.

다행스럽게도 요즈음 실험대학이라는 형태로 실시되고 있는 계열별 모집은 확실히 종래의 결함을 보완해 주는 점에서 극히 환영할 만하다. 그러나 이것은 다시 1년 혹은 2년 후에 학생을 다시 어떤 특정한 학과에 묶어놓는다는 점에서 우리의 불만과 서글픔이 있다. 도대체 무엇 때문에 학부 학생을 어떤 특정한 학과에 묶어두려고 하는지 모를 일이다. 여기에서 새로운 제도 개선을 위한 구체적 논의를 펼 지면도 없거니와 그런 제목의 글을 요청받지 않았기에 구체적인 제도 개선 문제에 대해서는 논의하지 않으려 한다.

여기서 우리는 다만 모든 사람이 동의하지 않을 수 없는 다음과 같은 일반적 명제를 상기시킴으로써 만족하려 한다. 대학은 인간이 그 자신의 문제 상황을 해결하기 위해 만들어낸 하나의 제도이다. 따라서 오늘의 한국의 대학은 대학의 중요한 구성원인 학생의 요구와 사회의 요구에 부응할 수 있는 형태로 과감히 탈바꿈을 해야 한다.

마지막으로 우리의 대학사회, 좁게는 교수사회를 지배하고 있는 학문 연구의 풍토에 관해 언급해야겠다. 첫째로 지적하고 싶은 것은 전공병이다. 학문의 울타리를 너무 높게 쳐놓고 한 울 안에 칩거하며 밖을 내다 보려 하지도 않고 또 밖을 내다볼 수 없는 시력을 지닌 것을 미덕으로 숭상하는 풍토이다.

이 전공병은 하나의 학과에 학부 학생들부터 묶어놓은 상황에서 자생하는 하나의 풍토병인지도 모른다. 이것은 학문의 건전한 성장을 위해 꼭 치유되어야 할 병이 아닐 수 없다.

둘째로 지적되어야 할 것은 대학과 소위 바깥세상 — 매스컴 — 과의 거리에 관련된 문제이다. 대학사회의 적자(嫡子)로 자처하는 양반들은 매스컴이라는 무대 위에 오르내리는 사람들을 접대부처럼 깔보며, 자신을 안방에 자리 잡은 규수로 인식하려 한다. 그런가 하면 매스컴 속의 저명인사들은 자기들이야말로 역사에 공헌하는 산 학문의 기수이며, 대학 골짜기에 묻혀 있는 대학인들은 일개의 무능한 서생으로 가엾게 보아 넘긴다.

여기에 우리는 하나의 깊은 몰이해의 양극화 현상이 있음을 본다. 대학의 학자들이 연구하고자 하는 대상은 앞에서도 이야기한 바와 같이 우리가 매일 몸을 담고 있는 구체적 존재세계이다. 따라서 근본적인 의미에서 대학이 구체적 현실과 유리되어야 할 아무런 근거가 없다. 대학의 적자로 자처하며 매스컴과의 절연을 고조하는 분들은 상아탑의 이념을 내세울는지 모른다. 그러나 그것이 대학에서 학자들이 하고 있는 일이 인간이 매일 살고 있는 실제 세계와 다른 어떤 것이라는 뜻에서 상아탑의 이념을 내세우는 것이라면, 그것은 크게 잘못된 인식이라 하지 않을 수 없다.

상아탑의 이념을 우리가 대학의 자율성 확보라는 뜻에서 이해할 때만 그것은 정당한 것이 아닐까. 대학의 자율성이란 대학이 지닌 고유한 기능인 진리 탐구와 교수를 수행하는 데 어떤 이익을 도모하려는 입김이 작용해서는 안 된다는 것을 뜻한다. 대학의 자율성은 대학의 생명이다.

대학의 연구 결과가 사회로 확산되어야 한다는 것은 대학의 존재이유나 기능과 상치하는 것은 결코 아니다. 그 확산의 매체로 매스컴을 이용하는 것 자체가 규탄의 대상일 수도 없다.

그러나 문제는 현재의 매스컴이 전파하고 확산하려는 내용의 질과 방법에 있다. 적어도 지금 대부분의 매스컴은 근본문제를 진지하게 다루려 하기보다는 말초신경의 자극만을 노리는 센세이셔널리즘에 혈안되어 있다고 해도 과언이 아니다. 따라서 이러한 매스컴을 통해 간질거리는 몇 마디를 전파하는 것을 강의실에서 진지하게 강의하거나 연구실에서 연구하는 것보다 소중하다고 믿는 태도에도 분명히 반성의 여지가 많다.

대학의 지성이 해야 할 일은 구체적 현실과 무관한 장기나 바둑과 같은 지적 유희도 아니요, 더구나 매스컴의 무대에서 얄팍한 미소를 파는 연기일 수도 없음은 너무나 자명하다.

대학은 모름지기 인간이 살고 있는 세계를 근원적으로 파악하려는 진리의 산실이며 인간이 추구하는 이정표를 그리는 설계실이다. 그리고 내일의 주인공으로 등장할 새로운 세대에게 보다 풍성하고 차원 높은 삶을 살기 위한 혜안과 능력을 길러주는 도장이다. 오늘의 대학은 오늘의 역사의 도전에 가장 효과적으로 그리고 적합하게 응전할 때만 그 본래의 사명을 다할 수 있을 것이다. 대학은 인간이 그가 당면하는 문제로부터의 도전을 해결하기 위해 창출해 낸 인간 자신의 도구이기 때문이다.

『외대학보』(1977년 1월 1일)

이명현

계간『철학과 현실』발행인
심경문화재단 이사장
서울대학교 인문대학 철학과 명예교수
2008년 세계철학자대회 조직위원회 위원장
제37대 교육부장관
미국 하버드대학교 철학과 Visiting Scholar
서울대학교 인문대학 철학과 교수
독일 트리어대학교 연구교수(Humboldt재단 fellow)
서울대학교 철학과 학사 · 석사
미국 브라운대학교 철학과 박사(Ph.D)
청조근정훈장 수상
저서 :『이성과 언어』,『신문법 서설』,『열린마음 열린세상』,『길이 아닌 것이 길
이다』,『보통사람을 위한 철학』등
역서 :『열린사회와 그 적들』등

교육혁명

1판 1쇄 인쇄	2019년 3월 5일
1판 1쇄 발행	2019년 3월 10일

지은이	이 명 현
발행인	전 춘 호
발행처	철학과현실사

출판등록　1987년 12월 15일 제300-1987-36호
서울특별시 종로구 동숭동 1-45
전화번호 579-5908
팩시밀리 572-2830

ISBN 978-89-7775-816-2 93100
값 18,000원